SERIOUS PERFORMANCE
CONSULTING:
ACCORDING TO RUMMLER

流程绩效实战

《流程圣经》续篇

［美］吉尔里·A. 拉姆勒（Geary A. Rummler）著

杜颖　王翔　译

人民东方出版传媒
People's Oriental Publishing & Media
东方出版社
The Orientol Press

SERIOUS
PERFORMANCE
CONSULTING:
ACCORDING TO
RUMMLER

目 录

关于作者

　　本书的作者吉尔里・A．拉姆勒先生 35 年来长期致力于绩效咨询领域。他已成功完成了 120 多个重大的绩效咨询项目，客户类型既有私营企业也有公共机构。其咨询的业务领域广泛，涉及销售、服务、生产、新品研发、战略实施、供应链管理、订单交付、信息系统实施，以及客户服务。

　　拉姆勒成功开发了一套全面完善、切实有效的绩效咨询方法论。最早的模型是由其在 20 世纪 60 年代与 Dale Brethower 在密歇根大学开发的。到了 70 年代，他与合伙人 Tom Gilbert 在 Praxis 公司共同实践和完善这些模型。在过去的 20 年间，先是在拉姆勒 – 布拉奇集团，现在绩效设计实验室，拉姆勒已将自己的这些模型应用于组织、流程与岗位层面，并且还在持续完善这些模型的同时，不断地开发大量实用的分析工具。

　　拉姆勒努力通过一系列的现场培训演练，与成百上千人交流并传授这些模型和咨询方法。同时，最广为人知的是与艾伦・P. 布拉奇共同创作的一本书，名为 *IMPROVING PERFORMANCE:HOW TO MANAGE THE WHITE SPACE ON THE ORGANIZATION CHART*（中文版《流程圣经：让流程自动管理绩效》，东方出版社，2014 年引进出版）。这本书被译成六种语言印刷出版，销量超过 15 万册，一直被全球数以万计管理组织、流程和岗位的专业人士视作极其实用的指南。

　　拉姆勒也取得了其他显著成就：在密歇根大学获得了硕士和博士学位，曾担任国际绩效改进协会主席，也曾入选美国培训与发展协会董事会；1986 年，入选人力资源开发名人堂；1992 年，被国际绩效改进协会授予杰出职业成就奖；1996

年，被《企业再造》杂志授予企业再造优秀奖；1999 年，被美国培训与发展协会授予组织学习与绩效杰出贡献奖；1999 年，组织行为管理联合会向他颁发了终身成就奖。

吉尔里·A.拉姆勒先生和他的夫人玛格丽特生活在美国亚利桑那州的图森市。他们有三个优秀的儿子和儿媳，还有四个出色的孙子孙女。

读者可以通过以下的方式与作者联络：

绩效设计实验室

P.O. Box 64640

图森，亚利桑那州 85728−4640

电话：520.529.1151

邮件：grummler@performancedesignlab.com

网址：performancedesignlab.com

前　言

在过去的几年间，绩效咨询经历了迅猛的发展，也吸引了大量来自各个领域的号称绩效咨询师的专家们。

但事实上，并不是每位称作绩效咨询师的人都具备开展绩效咨询的知识和技能；绩效咨询需要的不仅仅是一张印着时髦头衔的名片。

这本书将邀您一起，随同一位出色而资深的绩效咨询师，来开启一个真实咨询项目的体验之旅。在这里，你会发现真正的绩效咨询到底是怎样做的。正如有经验的旅行者所知，去到一个陌生的地方，如能事先了解自己可能会在那里遇到和经历什么，自然会使旅行更加顺利。

绩效咨询全景

请允许我向您介绍这个绩效咨询项目的全景，在此我们可以总览这位绩效咨询师的工作经历中有多个里程标，每个里程标都将引导新的旅行者了解前方的未知。(Addison，2003)

绩效咨询师的方法

"绩效咨询师会以全系统的视角来看绩效，查遍员工工作的每个地方，从中找出与总体绩效系统之间的对应关系。而非以他们使用的干预方案来定义绩效咨询。因为员工并不是工作在真空里，成功的绩效咨询师通过系统观来了解岗位、流程与组织目标之间的相互关系，以及整个绩效系统是如何运作的。该系统包括环境、文化、输入、流程、输出、反馈，以及对组织具有特别影响的组织利益相关方。"（Addison，2003）

绩效咨询的工作

绩效咨询以系统科学方法为基础，与常规方法从始端开始提问不同，而是"以终为始"，从终端结果提问开始：如果工作达成，结果会如何？绩效顾问会以一个全面的、系统化的视角来审视工作环境，识别组织中对结果产生影响的所有子系统。他们聚集于业务的运作过程和模式，确保组织的客户能够从流程中获得价值。为确保项目成功，绩效顾问还会与项目客户以及项目专家建立良好的合作关系。

绩效咨询师如何工作

一般情况下，绩效咨询师在项目工作期间所采取的步骤，会从分析澄清问题、业务或机会所能带来的价值开始。一旦这个确定后，他们将转移到流程的末端来定义结果，这些结果应能够反映产生价值或填补当期与理想结果之间差距的具体要求。下一步，他们会对绩效进行分析。在现有的绩效系统中，识别出有哪些因素会影响达到要求的结果。

此时，有了从上一步骤收集到的绩效信息，再基于一系列最能满足要求的备选解决方案，绩效咨询师掌握了选取解决方案和突破口的所需信息。现在，他们准备好了设计和开发他们打算要实施的干预方案或解决方案，也决定了为适应特定的组织文化环境，怎样更为经济有效地实施这些解决方案。在这一阶段，当绩效咨询师为满足特定要求而进行设计的时候，他们已准备好开发干预方案或解决方案。

最后，绩效咨询师进行效果的评估，通过对干预方案或解决方案的流程、产出成果和结果进行衡量，来了解要求是否得到了充分的满足，以及要为客户提供更好的结果还应做哪些改进。

一份特殊的邀请

在这本书中，吉尔里提出了少有的邀请，随同他一起执行项目任务。他运用一个带有全面注释和观点的案例研究，来回答这样一个问题：绩效咨询师做什么？透过一系列的数据扫描，他向我们展示了由一位知名专家所做的绩效分析其中的内在逻辑。作为回馈，我们获得了这个案例所得出的大量研究成果和建议。

即使该案例研究的对象是生产型组织，但它在服务型和金融型组织里同样可以奏效，我为此而深受触动。在此案例研究中挖掘和呈现出来的业务问题，与我多年来在数十家世界 500 强企业中所遇到的问题几乎一样，这些企业涉及各个行业领域。毫无疑问，当你阅读本书的时候，你也许会认为这是有关你所在的组织。

最终的想法

大约在 25 年以前，我从吉尔里·A . 拉姆勒那里接手了我的首个绩效分析工作室，那时他在 Praxis 公司。自那以后，我就一直在应用他所提供的工具和资源，并且我能够十分确定地讲，通过聚焦于结果，并为人们提供可以创造最佳工作表现的环境，组织每年可以节约数百万美元。

Roger M. Addison

注册绩效工艺师，国际绩效改进协会人力绩效技术总监

加利福尼亚州　索萨利托市

序

为什么这本书，为什么现在？

似乎现在每个人都是或都想成为一名绩效咨询师。总的来说，这是一个很好的趋势，但当我见到由"绩效咨询"项目敷衍出来的一些作业成果时，我却着实感到有点可怕。

我自认为是一名绩效咨询师，即使我和我的一小批同事已经在这个重要而崇高的领域里实践了 35 年，可我必须承认在这一主题方面，我曾发表的很多内容，也只能算是在绩效咨询方面的浅显涉猎。

确实，当人们踏上绩效咨询这条职业之路时，在他们不断地证实其能力的同时，必然也在逐步接近显著机会的边缘。可是被大大忽视的是，《流程绩效实战》已超越了岗位层的绩效改进，跃升到流程与组织层面的绩效改进。

这才是绩效咨询真正能够创造的改变。因此，来读这本书吧！

谁会从本书中获益？

许多读者可以从本书中寻获其所需的价值。第一类读者当然包括书中始终提到的一类从业者——"绩效咨询师"。在这类读者中，又大致可分为三个子人群：

- **考虑要成为绩效咨询师的个人**：对于他们来说，我希望这本书能帮助他们了解一位绩效咨询师该做什么，绩效咨询师这个角色有多么令人振奋和富有挑战。但是这个角色并不是适合每个人的，如果你不确定绩效咨询这个职业是否适合你，那么这个案例研究会帮助你来做出决定。

• 开始从事绩效咨询师职业的个人：我希望这本书会激励这些人更加坚定地追求这份职业，并且为他们在从事绩效咨询的工作中，提供一些路标和引导，使得绩效咨询真正能够持久地带来改变。

• 绩效咨询界有一定经验的从业者：如果你像我一样，你也一定总在追求更为精进而有效的方法，来更好地为你的客户服务。如果你真的是这样，那么我希望这本书能够为你提供这样的启示，并丰富你做绩效咨询的方法。

第二类读者是那些在组织内部扮演一定咨询角色的人，要不断推动个人及组织绩效提升。这类读者中，列举一二，包括致力于组织发展、组织效能提升，以及六西格玛的专门从业人员。

第三类读者是那些负责实现结果并持续改进他们各自所辖部门绩效的经理和主管们。这本书会为他们提供一个框架，这个框架可以帮助他们识别并管理那些对他们所辖工作部门的绩效有影响的不定变量。本书也会让管理者明白是否应该找一名绩效咨询师，一旦开展了绩效咨询项目，应该对绩效咨询师持有哪些期待。

这本书的目的

这本书的目的在于阐明和描述真正的绩效咨询是（或者应该是）什么样的，同时，除了能够处理暂时存在的绩效差距外，一位真正的绩效咨询师还能够额外做到什么。

为了达到这样的效果，首先我会呈现一个用于实施绩效分析的概念化且详尽的框架，接着，我会针对一个具体的案例来采用这个框架，以进一步阐明一位真正的绩效咨询师的角色。在案例研究之后，是对绩效咨询师角色的点评以及对如何成为一名绩效咨询师提出了必要的要求。本书的核心是绩效改进案例研究，通过此案例研究，读者可以有机会接触到三个层面的详细内容。

在第 3 章，读者有机会纵览整个项目，看到项目总的脉络和时间节点。同时，在此章里，读者还可以通过阅读我对项目实施过程的评注，从另外一个角度来了解这个项目。所有的项目成果和建议都在附表中列有详尽的描述。这些具体的项目成果和建议还会出现在提交客户的项目最终报告中，这样，又能够使读者从第三个角度来了解此案例研究。

这个案例研究是基于一个真实的项目，本书对该项目的始末进行了详尽的描述。这并不是将一些项目或案例拼凑在一起来说明理想的状况。我还有意将有关这个项目的所有细节放在了书中，因为我希望读者能够理解真正的绩效咨询到底应该是什么样子的，我们必须对很多细节进行系统的挖掘、分析、理解、记录和沟通。

本书也同样适用于内部和外部的咨询师。第 2 章中所介绍的基本框架，通用于任何在组织中追求创造显著绩效的人，无论他或她是一名咨询师（内部或外部）还是一名管理者。内部的绩效咨询师平日里要面对大量独特的挑战，第 5 章专门为内部绩效咨询师提供了战略、战术及工具。

这本书不是什么

一位同事问我，这本书是不是继拉姆勒和布拉奇 1995 年创作的 *IMPROVING PERFORMANCE:HOW TO MANAGE THE WHITE SPACE ON THE ORGANIZATION CHART*（《流程圣经：让流程自动管理绩效》，东方出版社）一书的第二版得以发行之后，我的一些新的心得呢？

不是的。

这本书反而是关于一名绩效咨询师，如何通过实践应用 *IMPROVING*

PERFORMANCE:HOW TO MANAGE THE WHITE SPACE ON THE ORGANIZATION CHART 一书中提到的许多概念和原理，来提升组织的绩效。而且，也可以说，在这本书里，还有大量有关如何改进绩效的新想法和对绩效改进概念的进一步扩展。

这本书显然也不是一本绩效咨询的工具书。因为书中没有大量的工具（确实有一些），也没有关于如何实施绩效咨询的指南和检核清单。它更多的是一本"做什么的书"。书中的案例研究阐述了我认为真正的绩效咨询师应当做些什么，以及在他们为客户提供有价值的结果的过程之中，他们应该做出什么。然而，你可以从案例研究和后续的讨论中，找到大量隐藏在其中的方法指引。

最后，写这本书的初衷并不是关于如何创建和管理一个绩效咨询机构，而是关于如何做绩效咨询。但在第 5 章里，却包含了管理内部绩效咨询机构所需要的，已被验证十分行之有效的战略和战术。

这本书是怎样构成的？

本书分为以下几个部分。开篇是一个介绍的章节，在这里定义了什么是真正的绩效咨询，以及一位真正的绩效咨询师所应具备的特点。

第一部分包括专门有关 NuPlant 案例研究的四章内容：

• 第 1 章：简要描述了导入这个绩效改进项目的背景。

• 第 2 章：展示了绩效咨询师所需具备的心智模式，以期能够识别 NuPlant 未达成绩效结果的阻碍以及找出为实现这些绩效结果而应采取的改变。

• 第 3 章：是有关项目的宏观过程，以每周作为一个阶段，从项目设计开始一直到最终的建议。其内容做了较为结构化的安排，所以你可以从附录 A 里了解任何一个有关你所感兴趣的项目成果的详细情况，从附录 B 里了解有关任何一项建议的详细内容。里面还包括我对项目的标注点评，指出我认为哪些是对于绩效咨询师非常重要的东西。我的标注点评是以方框形式呈现在书中的，注有"拉姆勒如是说"的标题。

• 第 4 章：提供了对项目的一个简要的重述，同时说明了项目的方法，项目本身的一些有待改进的地方，以及为什么这一直以来是我最偏爱的一个项目。最重要的是，我还总结出来，对于绝大多数的绩效改进情形，你都可以从这个案例中找到那些普适通用的方式方法。

本书的第二部分涉及绩效咨询的专业内容：

• 第 5 章：讨论了内部绩效咨询师在做绩效咨询的过程中，所遇到的一些特殊的挑战。同时，也展示了成功帮助其解决了那些问题的，经验证十分有效的战略与战术。

• 第 6 章：建议绩效咨询师应在哪些方面学习和精进他们的专业能力。

• 附录 A：包括 NuPlant 项目最终报告中所呈现的那些真实的项目成果。这些项目成果与附录 B 中的项目建议和第 3 章的项目描述之间可交互参照。

• 附录 B：包括 NuPlant 项目最终报告中所呈现的那些真实的项目建议。这些项目建议与附录 A 中的项目成果和第 3 章的项目描述之间可交互参照。

• 参考文献清单提供了本书中提及的参考文献资源。

• 其他资源部分为那些希望了解更多关于真正的绩效咨询的读者，提供了有帮助的一些资源。

为何我仍然是绩效咨询师（这么多年过去）

让我来总结一下，为何这么多年了，我依然在坚持从事真正的绩效咨询，并且还乐享其中。有这样三个原因：

首先，它很重要且很有价值——在两个层次上而言。第一个层次很显然：绩效咨询工作能让组织更具效能，而且，组织效能可以从其向客户提供的产品和服务、向股东提供的权益回报，以及向员工提供的高效工作环境这三个方面实实在在地反映出来。第二个层次也属于组织效能方面，但聚焦于组织绩效的表演者——员工，在本书的 NuPlant 案例中，您将从生产主管角色中获得具体的认识。

40 年前，我观察到"将好的绩效执行者放到一个劣系统中，那么系统每次都会赢"。这一事实的结果是，员工个人往往被错误地归罪为"问题"的根源，同时，组织要花费巨资针对错误的问题诊断来实施长时间的、无效的、耗时的、非增值的"干预方案"。对于这种情况，有些事情着实令我感到气愤：

• 大量的资金和员工的时间被耗用在解决问题的表象上，而没有解决造成绩效差距的、真正的系统问题。

• 绩效执行者被拖入劣系统中，从一开始就注定了失败。导致这种情形发生的管理者既不胜任也不负责任。管理者最基本的职责是为他或她的直接汇报人提供一个富有成效的工作环境。

事实上，在组织里，没有人对这些劣系统承担责任。通常情况下，管理者们甚至根本就不了解有这样的事情。系统中的绩效执行者（正如你从 NuPlant 案例研究中可以看到的）很少能够主动有意识地改变他们所在的系统。这样就把改变系统的工作留给了绩效咨询师。绩效咨询师的工作就是将绩效执行者从恶劣的、不堪一击的工作环境中解放出来。

第二，真正的绩效咨询是富有成就感的工作。 还有什么能够比改进组织的绩效并同时解放一群绩效执行者而更具有成就感的职业呢？在我的经历中，还没有找到。

第三，真正的绩效咨询是非常有趣的工作。 找出导致绩效劣绩的真正原因是一件非常有趣和令人振奋的工作。在很多方面，它是一种侦探的工作。基本上，我要回答的问题是"是谁谋杀了成果"。正如你会在 NuPlant 案例研究中看到的，我们有系统地开展分析和调研的有效模板，就像针对凶杀案的系统的调研方法。

我的目标是，书中的这个案例研究及随后的讨论，能够鼓励你加入到真正的绩效咨询师的行列中，来追溯"到底是谁谋杀了成果"。

流程绩效咨询的本源

本书呈现的绩效分析与改进概念，及其相关技术最早源自于 1956 年，并多年来承蒙许多人在此基础上不断地丰富和精进，在此我要特别致以深深的感谢。

我首先要感谢的是提供机会让我第一次看到了真正的组织系统是如何运行的人：

• Carl Anderson, Royce Rivard 和 Richard Rummler（我的父亲），Mitchell–Bently 集团的前辈。

我要由衷感谢以下几位，感谢他们对流程绩效咨询的内在基本理念所做出的贡献：

• Dale M. Brethower（西密歇根大学），他将我引导到这个领域，包括通用系统模型与行为分析。（自 1961 年）

• George S. Odiorne（formerly of 密歇根大学），感谢他清晰明确了"一切要以结果为中心"。（1960 — 1966 年）

• Gus Rath, Len Silvern 和 Malcolm W. Warren，感谢他们教会我系统性思考。在当时，系统性思考还尚未成为热门。（1965 — 1966 年）

• Karen S. Brethower 和 George L. Geis（formerly of 密歇根大学），感谢他们对人资绩效系统的专业研究。（自 1963 年）

• Thomas F. Gillbert（Praxis 公司的原合伙人），感谢他对绩效的经济原理的研究。（1967 — 1979 年）

• Kai Dozier，感谢他对人性面的研究。（自 1990 年）

• Carl C. Semmelroth（formerly of 密歇根大学），感谢他帮助我引发对行为与绩效的思考。（自 1965 年）

我要感谢以下这些人，是他们在这些理念与工具的基础上，通过孜孜不倦的创新性应用，不断使这些理念与工具得以不断发展：

• Pamela Moulton, Sandra Cowen, Steve Anderson, Rick Rummler（我的兄弟），Michele Smith 和 Jim Webber, formerly of Praxis 公司。（1969 — 1979 年）

• Saura Morgenstern 和 Carol Panza, formerly of 拉姆勒集团。（1982 — 1986 年）

• Rummler Brache 集团的 Paul Heidenreich, Alan Ramias, Alan Brache, Patricia Floyd, Bob Morrow, Alison Burkett, Sean McLernon, Mike Hammer, Roger Proulx, Paul Fjelsta, Patrick Murphy, Marty Smith, Rick Rummler（我的儿子）, Bernie Miller 和 Cherie Wilkins 。（1987 — 1997 年）

• Jaime Hermann（ formerly of 福特汽车公司），Kenneth Massey（ formerly of 阿尔法集团），Roger Addison（ formerly of 富国银行），John Swinney（ formerly of Eckerd Drug）与杜邦公司的 Ron Mathos。

我还要感谢以下这些人为我提供机会来应用和发展我的理论：

• Malcolm W. Warren（ formerly of AP Parts），提供了第一次实施绩效审计的机会。

• C.C. Schmidt（ formerly of 福特汽车公司），提供了将此方法论应用于制造生产型企业的机会。（1971 年）

• Kathryn Breen（ formerly of 华德零售公司）和 Art Maine（ formerly of 威廉公司），提供了将此方法论应用于零售业的机会。

• John R. Murphy（ formerly of 麦格劳－希尔公司和通用电话电子公司），提供了将此方法论应用于印刷业和电子通信业的机会。

• Bill Wiggenhorn, Carlton Braun, Steve Hanson 和 Alan Ramias（摩托罗拉），提供了能够影响跨国公司的思维与运营效率的机会。

• Lawrence McLernon（formerly of 理特尔仪器公司），提供了将此方法论应用于企业化运营中的机会。

•Thomas Schnick(英联邦保险公司)，提供了将此方法论应用于保险业的机会。

• Richard Rummler（我的兄弟，formerly of 蒂尔凯斯公司），提供了将此方法论应用于管理体系设计中的机会。

• Denny Taylor（壳牌公司），提供了将此方法论应用于石油工业的机会。

• Steve Hassenfelt（北卡罗莱纳信托公司），提供了将此方法论应用于金融类公司管理系统的机会。

• Barry Owens 和 Ron Mathos（杜邦公司），提供了将此方法论应用于绩效逻辑概念的机会。

• Charlie Bisshop（formerly of 巴克斯医疗器材公司），提供了将此方法论应用于管理培训的机会。

• Bob Moore, 提供了看到"完美的输钱系统"的机会。

• Yvette Montagne（formerly of 路易斯安那州 Pacific and Tektronix）和 Ken Sperling（formerly of 华纳－兰伯特公司），验证了组织设计专家用这一方法论能够为组织绩效结果带来显著的变化。

• Carroll Nelson（formerly of 半导体制造技术联盟和超大规模集成电路技术）和 Mark Munley（formerly of AG 咨询），提供了将此方法论应用于组织设计的机会。

• 我在 Tucson Seven 的同事——Dale Brethower, Bob Carleton, Roger Kaufman, Danny Langdon, Claude Lineberry 和 Don Tosti, 我们彼此间交流有深度并富有挑战的想法。

鸣谢

非常感激在我的著书之旅一路鼓励我的人：

我的兄弟 Rick Rummler, 对书中介绍的项目起到了至关重要的作用，并且还促进了这个重要的绩效改进项目的广泛传播。Dale Brethower，不断地使我更加坚信，需要出一本这样的书，并在书的创作过程中为我提供了非常有帮助的建议和引导。Kimberly Morrill, 绩效设计实验室的合伙人，成为了新一代绩效分析师的典范，在从口头到书面的实现过程中，为我提供了极为有价值的协助。

绩效设计实验室合伙人 Cherie Wilkins 和 Rick Rummler, 这两位都是顶尖的绩效咨询师，他们对这本书的创作自始至终提供了非常有帮助的支持和建议，促进了这本书的最终完稿。Roger Addison，在富国银行任职的 17 年间，创建并管理了世界上最成功的内部咨询机构，他为本书写了前言。Timm Esque, Roger Kaufman, Sally Lanyon, Mark Munley, Joe Sasson, Karloyn Smalley, Debbie Titus 和 Klaus Wittkuhn 都给我很大的鼓励，并对原稿提出了非常有帮助的意见。 Roger Chevalier 和 April Davis 监督了本书从手稿到正式出版的全过程。最后，我要感谢我的编辑 Karen Eddleman, 作为一名杰出的文学家，她成功地把我好的思想转化成极为有帮助的文学作品。

吉尔里·A. 拉姆勒

亚利桑那州 图森

2004 年 4 月

介　绍

> **Rummler 如是说**
>
> 　　我本意是希望这本书能够更多地"秀"而不是"聊"。本书最核心的内容是通过一个案例研究，来展示一名流程绩效咨询师是做什么的，以及他或她在流程改进项目中应做出些什么成果。
>
> 　　但也许，依照惯例，在前面加上一小段介绍性的"讲述"也是必要的。本章介绍了绩效咨询的典型情境，流程绩效咨询区别于"浅表"流程咨询的主要特征，以及基本的绩效咨询流程和绩效咨询师的独特之处。

典型情境

　　图 0-1 呈现出典型咨询项目的一些动态特征。

　　情况大多是这样的：大多数咨询项目的发起都是由某位高管或某部门的经理见到或听到一些事情（A），导致他们认定一个问题的存在。此外，在很多情况下，他们（需求提出者）也会找出可能的"解决方案"（譬如团队协作、培训、绳索户外拓展训练）。之后，他们（更糟糕的也许转由另外一个中间人，按照他自己对问题或解决方案的理解）联系某一资源（B）来提出具体的"解决方案"，很少会提及由于（A）而导致的员工工作绩效或组织结果（C）与目标之间的差距。现在，情况就显得很有趣了——需求的接收者（B）将做些什么？

　　绩效咨询说明了在这种情况下后续可能会发生什么。通常，需求接收者此时会有两种选择：一种选择是跟进路径（D），接受需求并毫不走样地按照"解决方案"去执行；另一种选择是跟进路径（E），并且：

1. 亲自考察状况（A）。

2. 确定表象问题是否与组织结果（C）之间存在一定联系。

3. 采用可靠的分析工具，针对问题及解决方案得出独立的结论。

4. 与需求提出者一起讨论确定出一个项目，通过项目来解决需求提出者认定的问题并实现可衡量的结果（C）。

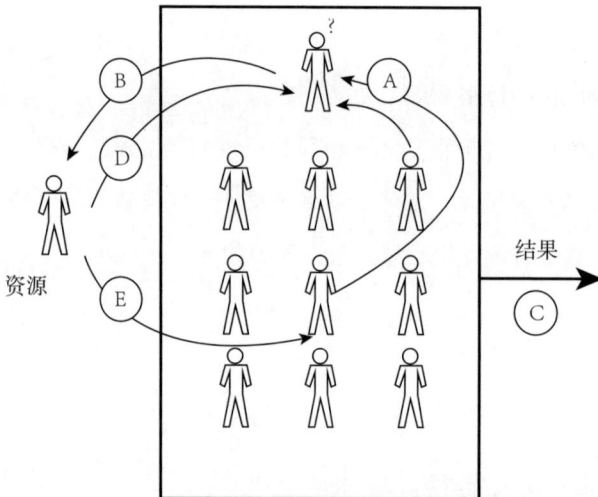

图0-1　典型的咨询项目情境

采取路径（E）的一个可能的结果是能够确认指出的问题与提议的解决方案。路径（E）相对于路径（D）更大的好处在于，它能够为随后的解决方案建立评估的标准。

如果在这种情形下所描述的资源是一位绩效咨询师，那么至少在理想的情况下，他或她多半会选择路径（E）。但很多时候，会受到现实的干扰。例如，假设有时发现这个资源仅仅是个"解决方案的提供者"，他再好不过，也只能实施所要求的解决方案而已，比如什么培训、团队建设或是流程改进。

很少有人总是会追求路径（E）。许多有志成为绩效咨询师的人，在他们的组织中所担当的角色有时会被要求实施"解决方案"，但他们必须能够选择路径（D）或路径（E）。在很多情况下，作为一名绩效咨询师，更多是一种角色，而不是一个全职的岗位。这本书就是有关如何能够扮演好这个角色或怎样做好一位专职的绩效咨询师。另外，这本书还提供了帮助这个资源由路径（D）转移到路径（E）的一些策略方法。

通过图 0-1 所示的典型绩效咨询项目，我们最后还观察到：很多情况下，绩效咨询师往往处于一种互动的状态下，即要对寻求帮助的需求做出回应。然而，要想真正成功，组织内部的绩效咨询师也必须通过各种各样积极活跃的方式，找机会通过改进绩效来验证绩效改进对于组织的价值所在。在第一部分展示的案例研究阐明了如何在一个活跃的环境下做到更加积极主动。第二部分探讨了其他活跃和积极主动的策略方法。

流程绩效咨询

正如 *IMPROVING PERFORMANCE:HOW TO MANAGE THE WHITE SPACE ON THE ORGANIZATION CHART*（《流程圣经：让流程自动管理绩效》拉姆勒与布拉奇著）一书中所描述的：在任何的组织中都存在三个绩效层面：

- 组织层：一个组织所期望的绩效结果。
- 流程层：为实现组织层的绩效，需要所有流程达成的绩效。
- 岗位层：为实现流程层的绩效，需要所有岗位达成的绩效。

理想状态下，所有这三个层面的绩效目标都是一致的。如果你对这三个层面的内容并不熟悉，别着急，在第 2 章里会对此有所介绍。

基于这三个层面的概念和现实世界的实际制约，有以下三个理念构成了流程绩效咨询的基础。

理念 1：绩效咨询与改进结果有关

绩效等同于结果。绩效咨询是要消除"当前态"（现在的状况）与"未来态"（客户期望达到的状况）之间的差距。那么，绩效咨询的目的就是改进绩效。表 0-1 提供了一些反映这三个绩效层面上的"当前态"与"未来态"结果的例子。

表 0-1　绩效咨询结果实例

层面	结果领域	"IS" 当前态结果	"SHOULD" 未来态结果
组织	市场份额	38%	60%
流程	接收订单的时间	30 天	5 天
岗位	未填完的销售订单表单	13%	0%

每个需求要对应一个结果方面的差距，而且这个差距应当是可衡量的。流程绩效咨询师必然要关注和针对显著的问题或绩效结果的差距。主要是因为，单纯岗位层的绩效改进极少会影响到组织层的绩效结果。所以作为这项工作的主要要求，非常有必要从岗位层绩效跃升到流程层及组织层绩效。

在第 2 章里，我们将详细讨论绩效的各个层面（岗位层、流程层与组织层）。另外，第 3 章的案例研究阐明了如何从岗位层需求上移到组织层需求。

理念 2：绩效咨询遵循系统的流程

图 0-2 中矩阵的上端展示了近似于流程绩效咨询师所遵循的结果改进流程（RIP）的一些举例。

你也许见过大量的结果 / 绩效改进流程，从 4 个框到 10 个框。但它们本质上与这张图表所描述的都是一致的。基本上，这个矩阵图是图 0-1 中咨询师所执行的路径（E）的详细图示。

图 0-2 中的第一行总结了绩效咨询师在结果改进流程（RIP）中的每个阶段

努力要达到的目标。第二行描述了每个阶段的典型成果。这四个阶段代表了一位绩效咨询师所必须完成"什么"工作。

绩效咨询师做结果改进流程（RIP）一般采用四个主要的方式或模型，如图0-2 的下面四行所示。不管是内部还是外部的绩效咨询师，基本的项目运作模式是：

结果改进流程	I 确定理想的结果并定义项目	II 识别障碍并将变革措施具体化	III 设计、开发并实施变革措施	IV 评估、保持或改进结果
阶段目标	· 识别是否存在需要消除的结果上的显著差距 · 识别消除结果差距的可行性 · 为消除结果差距制订项目计划	· 识别对结果差距产生负面影响的因素 · 明确要消除结果差距所需要的变革	· 采取适当的介入方案来尽可能消除结果差异，以确保持续改进	· 确定结果差距是否已经被消除了，如果还未消除，应该做些什么来消除差距
阶段产出	· 项目计划 · 对进一步实施的意向达成一致 · 项目进度计划	· 消除结果差距的变革建议 · 项目宏观设计与实施计划	· 变革的实施	· 可持续的结果
可选择的运作模型				
A	以咨询顾问*为主,辅以内部人员参与	→		→
B	以咨询顾问为主,辅以内部人员参与	→		
C	以咨询顾问为主,辅以内部人员参与	→		
D	咨询公司与内部人员共同合作(团队或项目团队)	→		→

＊在任何情况下，咨询顾问可以是组织内部的也可以是外部的。

图0-2　结果改进流程

A. 这四个阶段的全部工作主要由绩效咨询师与客户组织的成员共同完成。

B. 前两个阶段主要由咨询师在客户组织的成员的参与下来完成，余下的后两个阶段在很少或没有咨询师的参与下，由客户组织的成员来完成。

C. 前两个阶段的工作主要由咨询师来完成，客户组织的成员提供必要的参与，后两个阶段主要在咨询师的指导下，由客户组织的成员来完成。

D. 四个阶段的全部工作由咨询师来领导，客户组织的员工通常以团队或专门的工作组的形式来协助完成。

结果改进流程（RIP）四个阶段的运作模式会依据不同的项目范围、可用的时间和资源、项目的紧急程度、变革管理的挑战，以及绩效咨询师适于做什么，而有所不同。第 3 章中所介绍的案例研究采用的就是图 0-2 中展示的结果改进流程（RIP），并且选择的是第 2 种运作模式，即项目的前两个阶段由外部咨询师在客户组织的成员的参与配合下完成，后两个阶段由客户组织完成。在第 4 章中，我们会阐明选择这种模式背后的原理，同时包括案例研究的项目汇报。

拉姆勒如是说

本书中介绍的绩效分析方法已经历了长达 35 年的演进发展。在概念上，其最早源自 20 世纪 60 年代我与密歇根大学的 Dale Brethower 共同合作的概念。在应用上，源自 20 世纪 70 年代我与 Tom Gilbert 在 Praxis 公司一起应用的实践。还有其他很多人对这套绩效分析方法的开发与应用做出了贡献，我也在"序"部分向他们一一致谢。

理念 3：绩效分析是流程绩效咨询的核心

图 0-3 说明了绩效分析方法对有效实施结果改进流程（RIP）的第一和第二阶段有多么的重要。绩效分析的主要内容包括：找出与期待的绩效结果之间有哪些具体的差距，达成绩效结果有什么明确的阻碍，消除与绩效结果之间的差距需明确做出什么变革，变革的具体要求是什么。换句话说，绩效分析是绩效咨询工

作的中心所在。

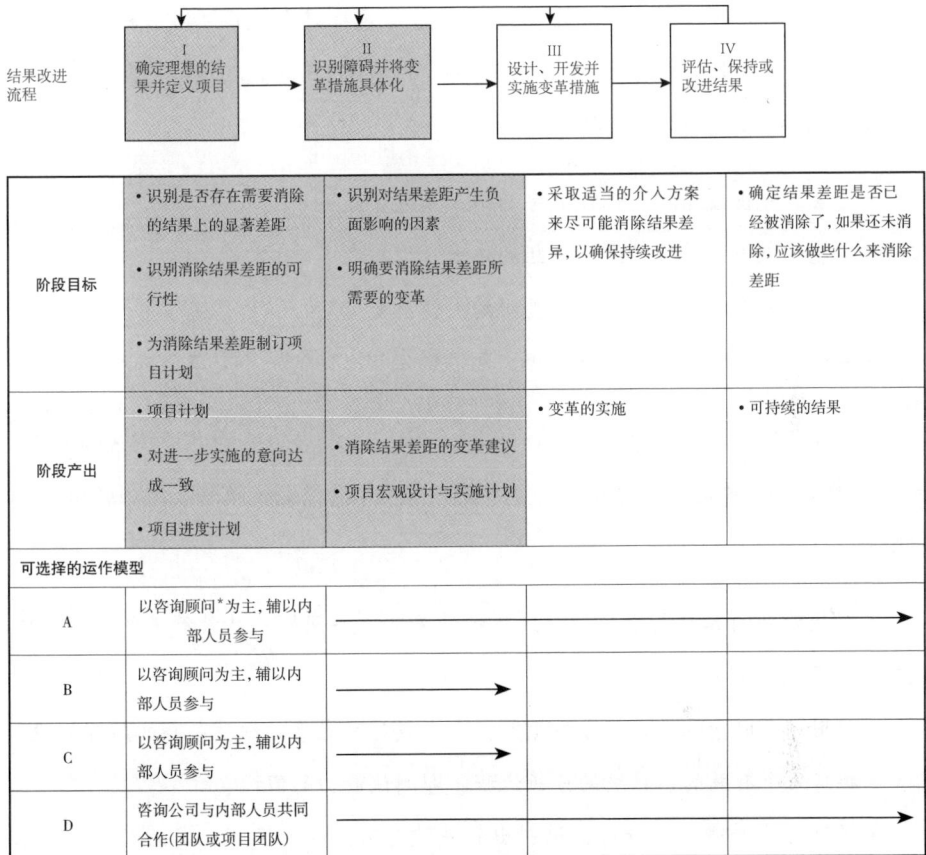

结果改进流程	I 确定理想的结果并定义项目	II 识别障碍并将变革措施具体化	III 设计、开发并实施变革措施	IV 评估、保持或改进结果

阶段目标	• 识别是否存在需要消除的结果上的显著差距 • 识别消除结果差距的可行性 • 为消除结果差距制订项目计划	• 识别对结果差距产生负面影响的因素 • 明确要消除结果差距所需要的变革	• 采取适当的介入方案来尽可能消除结果差异,以确保持续改进	• 确定结果差距是否已经被消除了,如果还未消除,应该做些什么来消除差距
阶段产出	• 项目计划 • 对进一步实施的意向达成一致 • 项目进度计划	• 消除结果差距的变革建议 • 项目宏观设计与实施计划	• 变革的实施	• 可持续的结果
可选择的运作模型				
A	以咨询顾问*为主,辅以内部人员参与	——————————————————————→		
B	以咨询顾问为主,辅以内部人员参与	————————→		
C	以咨询顾问为主,辅以内部人员参与	————————→		
D	咨询公司与内部人员共同合作(团队或项目团队)	—————————————————————————————→		

＊在任何情况下，咨询顾问可以是组织内部的也可以是外部的。

图0-3　结果改进流程

　　当然，绩效咨询的内容要远比绩效分析复杂。在第三阶段，咨询师们要设计和开发（或监督设计和开发）为达成理想的绩效结果所应采取的各种解决方案。他们管理或监督解决方案的执行。他们也许会亲自实施一些解决方案，包括对经理或高管层提供必要的辅导。在第四阶段，他们指导对结果的评估。在项目实施中，依据所采取的合作模式的不同，他们管理着与客户之间的关系，绩效咨询师们也有可能会指导客户的团队或工作组。

对于一个绩效咨询改进项目的结果来说，尽管绩效咨询师所做的其他活动都有其各自关键性的作用，但是尤以绩效分析对项目结果起到决定性的影响。假如绩效分析没有做好，绩效咨询师就会：

- 无法查找出或很难验证最显著的绩效结果差距
- 不能挖掘出导致绩效结果差距的根本原因
- 无法明确可以消除绩效结果差距的关键改变
- 即使他们消除了绩效结果差距，也不能评估出任何一个变革所产生的效果

正是绩效分析，才将真正的流程绩效咨询与"浅表"的绩效咨询区隔开来。第 3 章中介绍的案例研究恰恰是一个大型的绩效分析举例，阐明了绩效咨询师如何能够：

- 超越最初的客户需求，而找到可行的关键业务问题、绩效结果的差距，以及建立项目实施效果评估的方法。
- 应用一个概念性的绩效分析框架，而生成对可能绩效结果差距的原因假设。
- 执行一个有效的、系统的分析流程（即测试最初的假设）。
- 通过访谈和观察，针对已识别出的关键岗位，详细了解真实的人资绩效系统情况，从而理解并纠正导致不理想行为的根本原因。
- 找出示范的绩效，建立"IS"当前态与"SHOULD"未来态之间的差距，以及这些差距背后的原因。
- 利用绩效"硬"指标数据来测试假设，支持结论与建议。
- 对可能影响到绩效结果差距的所有因素，进行全面的分析。
- 明确能够解决绩效结果差距影响因素的一系列解决方案。

- 开发关键建议解决方案的样板，示范说明它们的范围和价值。
- 研究应提出哪些改变的建议，来满足客户的需求与优先事项。
- 跟进建议的实施并评估项目效果。

流程绩效咨询师所应具备的特征

如果你要自称为一名绩效咨询师（而不是一名培训顾问、媒介顾问、组织发展顾问，等等），那么你应该具备以下这些特征：

- 你致力于改进绩效和结果，而不是执行一些单一的、预先确定的解决方案，比如培训、团队协作、绩效辅导软件等。你应该是一位不预设立场的纯"解决方案主义者"。如果你是图 0-1 中所示的"资源"，你不会在一开始听到客户需求时，就已在头脑中预先想出了解决方案。你会挑战所有与需求提出时附带的那些提议的解决方案并趋向路径（E）发展。
- 你采用验证有效的、充分完善的方法，来确定组织期望达到的绩效结果，识别出要达成这样的绩效结果，会遇到哪些阻碍，需做出怎样的调整与变革才能达到绩效结果，并评估这些具体的改变将对结果带来什么影响。
- 你掌握一大箩筐备选的结果改进战略与战术，确保你能够向客户提供适合的系列解决方案，来解决绩效结果的差距（你不必对每个解决方案进行设计和开发，但你了解每个解决方案能够有什么样的作用，以及什么情况下应当提议采用）。

拉姆勒如是说

与 Tom Wolfe 达成一致，我把真正的流程绩效咨询师的这三个特征叫"做正确的事情"。你会发现这些特征与国际绩效改进协会（ISPI）和美国培训发展协会（ASTD）推出的注册绩效工艺师认证中对流程绩效咨询师提出的从业资质标准之间有很大的关联性。这整本书中，流程绩效咨询师（SPC）特指这样的绩效咨询师，即不仅能够消除"IS"当前态和"SHOULD"未来态绩效结果之间的差距，并且能遵循一个结果改进流程，正如图 0-2 和图 0-3 中所示，而且最重要的是，他能够进行完善而有效的绩效分析来推动绩效改进。

有个忠告给那些有过人力资源管理、培训、教育、社工、咨询或其他助人职业的从业背景，现在正转向绩效咨询的专业人士：你们必须明白，影响绩效结果的因素远不止绩效执行者个体。在流程绩效咨询中，往往在最终能够促成结果改进的措施方案中，与执行者个体相关的微乎其微。简而言之，这里的焦点是绩效，而不是绩效执行者。除了人以外，绩效与结果的改进可以来自于许多其他的机会，包括信息技术、工具、物料等。

向前展望

"讲述"部分暂且告一段落；让我们来看一看这个 NuPlant 案例研究吧。这个案例的焦点与注释是有关 RIP（结果改进流程，图 0-3）中绩效分析方面的内容，特别是阶段 I（明确组织的绩效结果期望与项目界定）和阶段 II（明确阻碍与具体改变）。为什么呢？因为现在有关绩效咨询的培训、文章与书籍中，都常忽略了绩效分析。但想要成为绩效咨询师，人们就必须明白应该如何做真正的流程绩效分析，如何得出结论与提出建议。这正是此案例研究所应提供给大家的。

这个案例说明了运作模式 B（图 0-2 和图 0-3）。阶段 I 和阶段 II 由一名外部咨询师主持操作，客户有相当多的参与。阶段 III（变革设计、开发与实施）以及阶段 IV（结果评估）由客户方人员来实施，没有外部咨询师的参与。其他运作模式也应可以采用，但是基于各种原因，他们没有采用其他的运作模式。即使运作模式的选择会在以后进一步讨论，但这个方面并不是本书的重点，其重点在于分析的结果上。

　　现在，接着往下来看第一部分以及 NuPlant 案例研究吧。

要点小结

1. 在很多情况下，绩效咨询师更多的是一种角色，而不是一份专职的工作。这本书是关于扮演绩效咨询师角色时或作为专职的绩效咨询师，应该做哪些事情。

2. 真正的流程绩效咨询在以下三个方面区别于"浅表"的绩效咨询：

• 项目的目标在于消除"IS"当前态与"SHOULD"未来态绩效结果之间可衡量的差距

• 应用系统的结果改进流程

• 采用有效的、严谨的绩效分析工具

3. 绩效咨询师该做的"正确的事情"包括：

• 执着致力于改进可衡量的结果

• 保持解决方案的中立性

• 能够使用验证有效的、全面完善的方法，包括：（1）确定期望的结果；（2）系统地识别未达成期望结果的阻碍；（3）明确要达成期望结果应实施的必要变革；（4）评估特定变革对结果的影响

• 拥有众多结果改进的战略与战术

4. 很多时候，绩效咨询师处于一个互动的状态，对求助需求给予回应。但若要确保绩效咨询成功，绩效咨询师必须学会如何做到积极主动，不断寻找结果改进的机会。

SERIOUS
PERFORMANCE
CONSULTING:

→第一部分←

案例研究：NuPlant

ACCORDING TO
RUMMLER

本部分专注于 NuPlant 的案例研究。第 1 章主要描述本绩效改进项目的起因情境。第 2 章展示绩效顾问在识别阻碍 NuPlant 达成预期成果的障碍及启动必要变革以获取预期成果时所使用的基础心智模式与模板。第 3 章概览项目的大框架层，包括涵盖从项目设计到最终建议阶段的周计划安排。

本案例讲述的是绩效顾问伯特在仅仅数月的时间内改变生产主管们的态度，并扭转 NuPlant 绩效的故事。可以稍嫌夸张地说，本案例精确地涵盖了伯特及其团队如何作绩效分析、如何寻找绩效监控低下的根本原因、如何提升绩效、如何主导变革的全项目过程。

本案例以绩效分析为路径，详尽描述伯特做了哪些咨询活动，并解释为什么他要做这些咨询活动，以及在整个过程中伯特学到了什么。

让我们开始伯特的 NuPlant 咨询之旅。

第 1 章

欢迎来到 NuPlant

"他们做了什么？"伯特难以置信地问道。

"是啊，上周有人往主管的饭盒里放了一只死老鼠，然后把饭盒与工作区里的一个钢柱焊在一起。"工厂的人资经理回答道，"我要说的是，事情在一步步地恶化。每过一天，生产主管与时薪工之间的矛盾就越发严重一些。主管们只是对时薪工耍耍小态度，这种态度导致我们无法使我们的工会协议得以签署。毋庸置疑！我们必须对我们的生产主管提供员工关系培训。"

需求

这个项目是由伯特接到一个熟人的电话而引发的，这个人是 Big Auto 公司，美国本土的一家汽车制造企业的集团培训机构负责人。在电话中，伯特了解到以下这些情况：

• Big Auto 公司旗下最新最大的一家冲压工厂（在此案例研究中称作 NuPlant）的人资经理向冲压系统的培训机构提出培训需求，即为一线生产主管提供员工关系培训课程。

• 冲压系统的培训机构没有满足这一需求的资源方（即咨询顾问），因此该需求被流转到 Big Auto 公司的集团培训部。

• 集团培训部总监并不认为培训就能够解决这个问题，因此很感兴趣寻求一下外部人士的观点和看法。

类似这样的任何一个绩效咨询项目的关键是，不管提出的需求是什么（这个案例中是培训），某联系人或发起人总是会认为这未必就是适合的解决方案。即使这位集团培训部总监怀疑这并不是一个培训能够解决的问题，但彻底忽略这项培训申请似乎也不合适。因此，她决定利用外部人士来证实，从客观的角度来分析这个问题会是怎样的。她选择伯特并非偶然，因为伯特与她曾交换过培训与绩效方面的观点。

集团培训部总监在想伯特和他所在的公司会不会将此视为一个业务机会？如果是这样的话，伯特是否会愿意和她一起近距离地考察一下 NuPlant 的现实情况？

伯特应允了这两个请求。他过往的经验和他称作"绩效剖析"的模型，激发了他对这个假设问题的好奇。对于能够导致人资经理认定，通过提供员工关系培训可以改善工厂一线主管绩效处境的这个问题，伯特认为绝对值得去探个究竟。

伯特相信下列作为绩效咨询师的原则：你千万不要相信任何人（尤其是管理层）对某一表面问题的描述、可能的原因分析或其倾向的解决方案。问题的提出者一般情况下会：

• 远离实际情况（或只是听说得知）
• 未接受过观察与分析问题的培训
• 极度倾向于可能的原因和解决方案

尽管伯特最初所获知的需求是为一线生产主管提供员工关系培训，但伯特认为自己一定要亲自去看一看 NuPlant 到底发生了什么。

响应需求

客户诉求是本项目，甚至任何项目的关键点。在图 1-1 中，资源方要选择路径 D 还是路径 E 就是一个关键。

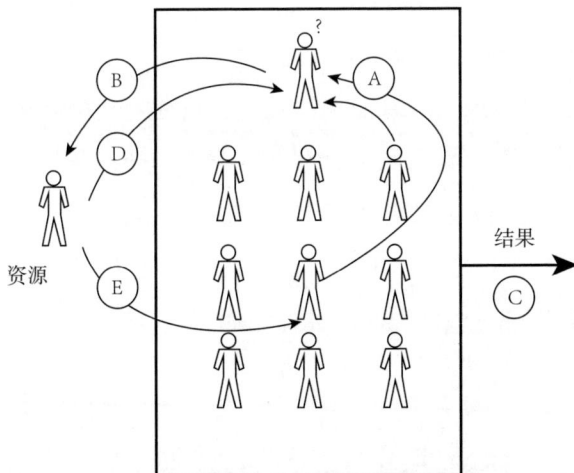

图 1-1　典型的绩效咨询情境

对于"我们需要针对一线主管的人际关系培训"这种客户诉求，基于不同的视角、不同的心智模式、不同的假设体系、不同的接受能力，其响应会各有不同。如果资源方选择了路径 D，即"干预式"咨询，本客户诉求的响应包括以下选项：

• 人际关系培训，此时"人际关系"被解读为所有与人际关系的知识与技能相关的领域

• 沟通培训

• 建立 360 度绩效反馈体系

• 员工态度调查

• 团队建设

- 户外拓展（绳索课程）

- 企业文化分析

现实情形下，"干预式"咨询完全受限于资源方 / 咨询顾问的交付能力。咨询顾问的能力影响着"问题"的定义，同样也会影响"干预"的选项。遗憾的是，多数情形下，路径 D 往往导致"买方担心"的局面。

相比之下，真正的流程绩效咨询却会保持解决方案的相对中立性。对于类似这样的情形（实际上对于任何情形），伯特真正的着眼点会从表面的征兆追溯回组织期望的目标结果，进而为能够更好地理解表象问题出现的背景，并从那一点（路径 E）开始推导。为了这样做，他应用了一种概念化的框架，称为绩效剖析（AOP），并按照"介绍"部分中的结果改进流程去操作。

拉姆勒如是说 1-1

在我们开始案例研究之前，我想让大家了解针对这个项目，伯特将要采取的流程以及他对改进绩效的思维模型。这些都将在下一章中讨论，继续往下读，你会发现在他的疯狂中的确是有一定方法的。

要点小结

1. 组织中绩效问题的界定，往往会受可提供的解决方案影响。

2. 经理与高管们在针对解决绩效问题来寻找专业资源支持的时候，一定要非常慎重。因为专业资源 / 咨询顾问往往会依据他或她感觉最轻松或最擅长的解决方案来界定绩效问题的性质。

3. 一位真正的流程绩效咨询师必须确保解决方案的相对中立，他或她会亲自去实地了解情况，并追溯到组织的期望目标结果，从那里反推到现在表象的问题。

第 2 章

绩效分析框架与流程

在伯特应求助需求来到 NuPlant 现场后，他发现自己所处的正是绩效咨询的一个典型情形（图 2-1）。

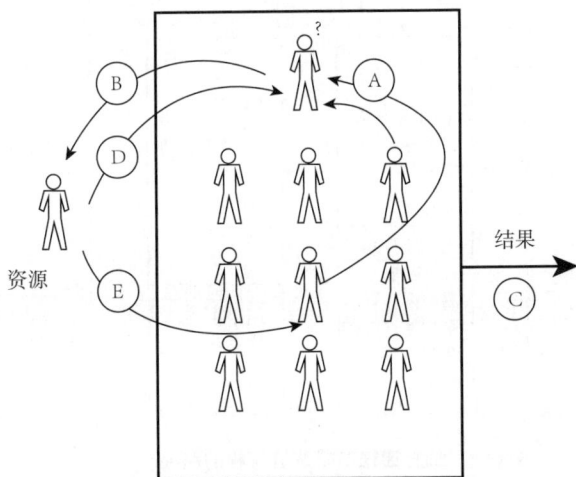

图 2-1　典型的绩效咨询情境

在这个案例中，NuPlant 的人力资源经理识别出问题（A）"生产主管态度"，并得出结论"生产主管需要员工关系培训"。人力资源经理联系（B）——Big Auto 集团的各个培训机构，最后这个需求到达了伯特。包括这位人力资源经理在内，任何人在交流这件事的过程中，未曾谈及绩效结果的差距（C）。

现在，伯特处于求助需求的关键节点。他会选择路径（D），按需要实施指定的解决方案（提供员工关系培训）；或者他会选择（E），获得第一手信息，了解实际到底发生和没发生什么？伯特，作为一名真正的流程绩效咨询师（我们的英雄），就要开始选择路径（E），亲自去探个究竟啦！

应用绩效剖析框架

在伯特采取路径（E）时，他所遵行的流程是在"介绍"部分描述并在图 2-2 中显示的结果改进流程。

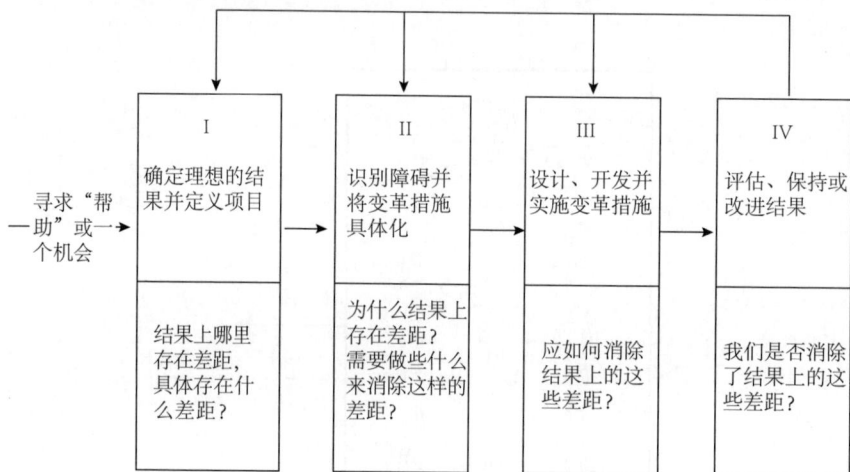

图2-2　伯特通往结果改进流程的路径

在执行路径（E）的过程中，伯特在他的思维模型或框架引导之下，找出影响个人绩效和组织结果的因素或变量。当伯特关注思考 NuPlant，或任何其他组织的时候，他想象的是绩效的剖析，如图 2-3 所示。

绩效剖析归结起来有以下两点：

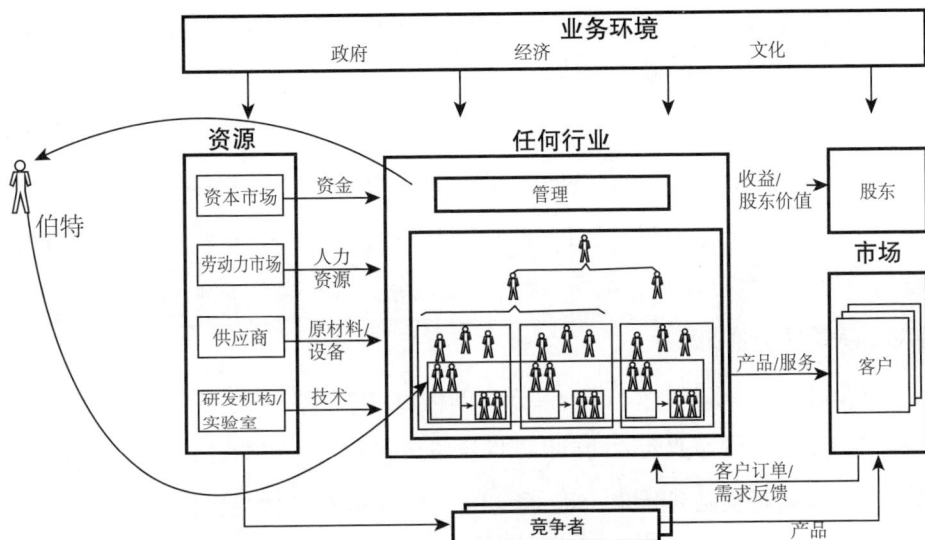

图2-3 组织绩效的剖析图

• 一个组织是由个体、岗位、流程、职能和管理所构成的一个复杂的系统。

• 组织绩效或结果就是为实现具体而清晰的目标，这些相互依存的元素通过排序组合所产生效果的情况。

在真正的流程绩效咨询师的眼中，每个绩效问题——个体、岗位或流程，都必须总是从重要的组织环境的视角来看，即绩效剖析（AOP）。

绩效剖析（AOP）对于伯特来说就相当于医师对人体的解剖一样。人体解剖知识让医师能够了解人体的构件相互之间如何作用和影响。每位医师都知道影响身体健康的因素，那些因素中的若干因素相互作用不好结果会怎样，应该做些什么来纠正一个错误的因素，以使得病患恢复健康状态。医师也同样知道，一个部位的症状也许会导致另一个部位的问题。因此，这使得他们需要系统地来看待问题。即使患者来自于不同的肤色种族或身高体态不同，但医师却知道人体内部的构造，他们拥有同样的构件，基本位于相同的身体部位，同时，它们也应该在系统中起到相同的功能。企业同样如此。

绩效剖析（AOP）为伯特提供一个相似的框架。正如你将看到的，绩效剖析（AOP）能够找到影响个体绩效与组织结果的基本因素或变量。即使各个组织从外部看似有很大的不同（大或小，公共的或私营的，产品或服务），但是它们各自的内部有着相同的构造。组织剖析的概念与应用对于伯特最初分析的探究阶段十分有帮助。开始了解一个组织时，他知道自己应该去了解些什么。他知道所有组织都包括绩效剖析（AOP）中的组成部分，对于这个案例，他只需要对应NuPlant 的具体细节即可。

无论是对人或是组织，掌握其内在的构造对于精确诊断分析是至关重要的。医师很清楚一个健康的人体构造和部件应该是什么样的，那么当他看着一位病患的 X 光片时，就会结合医学常识，将"IS"当前态情况与他头脑中的"SHOULD"理想状况相对比。伯特也是一样。他了解一个有效的"健康的"组织的绩效剖析（AOP）。他对组织所做的诊断或分析，就是将"SHOULD"理想状况 AOP 与"IS"当前态在组织中（如 NuPlant）所观察到的现实情况相比较。

绩效剖析

1. 组织即系统。

2. 组织是流程系统。

3. 组织是自适应系统。

4. 岗位或角色和部门的存在是为了支持组织的流程。

5. 所有的绩效执行者都是人资绩效系统（HPS）的一部分。

6. 管理层必须确保组织系统有序。

7. 结果链必须与关键业务问题相联系。

下面的内容显露出绩效剖析（AOP）关键点背后的一些细节。我们会从宏观讨论到微观，从组织讨论到流程，从流程讨论到岗位，再从岗位讨论到个人，就像剥洋葱一样，把组织层层剖析。后续将会讨论伯特在 NuPlant 执行分析的具体程序。

绩效剖析（AOP）关键点 1 ：组织即系统

伯特所知。伯特知道 NuPlant 就像其他每个组织一样，是一个系统（图 2-4），它的存在是要产生两种类型的系统输出：

- 为一些"接收系统"或客户提供理想的产品或服务
- 为股东提供经济回报（是股东承担了组织实体存在的责任）

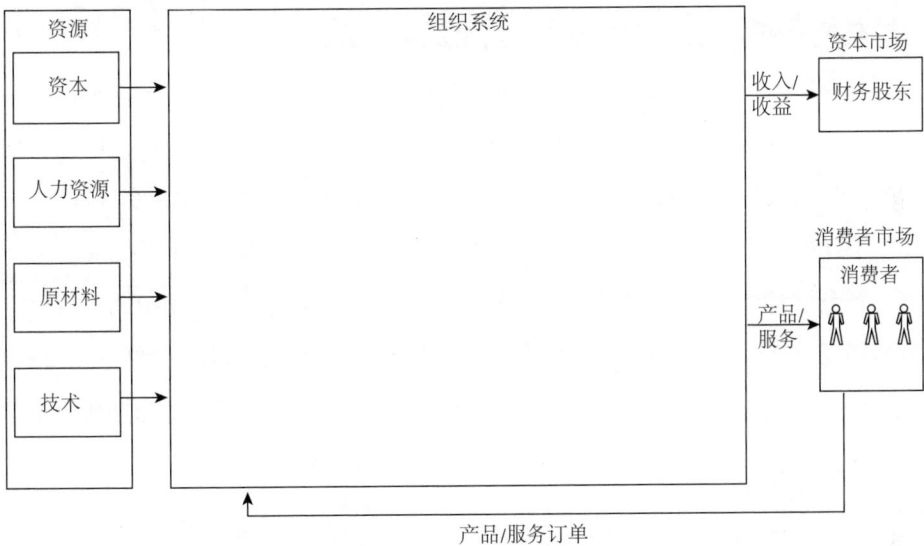

图2-4　视组织为一个系统

伯特也相信这两个基本系统的输出之间的关系：如果组织不能以适合的产品或服务满足客户需求，不用多久，其投入及产出就会开始影响到资本市场对利润的预期。如果仅简单地在产品或服务方面走捷径，试图改善收入产出，长期来看是绝对行不通的。

伯特在找什么? 为什么? 伯特想要了解NuPlant的产品和服务，NuPlant的客户，以及对于客户来说，产品与服务在交付的成本、质量和时间等方面有什么具体的需求，为什么? 对客户组织最快捷的熟悉方式就是了解其产品、服务及其客户。

伯特还想知道 NuPlant 绩效经济指标的预期结果是什么？与目标相比，实际达成的情况如何？对于任何绩效问题而言，经济目标的需求都是重要的因素。即使这是一个不能被改变的因素，那也仍然有必要清楚，这个因素是对伯特接下来将要推动变革的一个主要限制约束。同样的，如果客户是一个内部的部门，那么绩效咨询师也会出于上述的原因，同样了解这个部门的经济指标、预算或资金等情况。

绩效剖析（AOP）关键点 2：组织是流程系统

伯特所知。正如图 2-5 所示，伯特知道每个组织，包括 NuPlant，都是拥有主要和辅助流程的一个流程系统。从某种意义上来讲，每个组织都是能够接收投入，然后将投入转化或转换为有价值的产出的一部商业机器。在转换的过程中，组织消耗或使用关键的资源，如资金、技术、人力资源、材料，以及设备。

一个组织是一部价值机器，为它的客户和投资者创造价值。组织通过由主要的流程构成的一条价值链为客户提供有价值的产品或服务，这条价值链涉及研发、制造、销售和交付产品或服务，直接与客户发生商业关系。辅助流程是那些支撑主要流程的流程，典型的如人力资源、财务、信息技术等。

伯特知道，这个基本的流程系统的概念对于任何组织都是适用的，包括：

呼叫中心——将客户的问题或抱怨转换为客户满意

人力资源部——将人员空缺的招聘需求转换为到岗员工

银行分行——将工资单支票转换为现金，将现金转换为储蓄存款等等

基于他所掌握的一般业务知识，以及组织就是价值创造机器和流程系统的理念，伯特假设 NuPlant 是将钢板转换为汽车部件。他会用 1 个或 2 个快速的提问来确认这个假设。伯特还知道 NuPlant 不仅自身是一个流程系统，它同时也是 Big Auto 集团这个更大系统的一个组成部分。

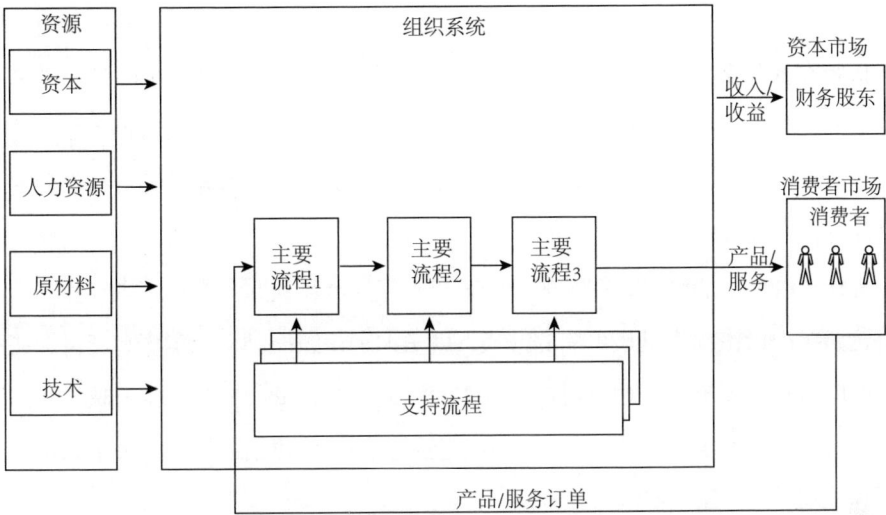

图2-5　视组织为一个系统

虽然他并不十分确定，但他能够假设那个更大的流程系统看上去就像图 2-6 所示（同样也是基于他所掌握的一般业务常识，和他平日空闲时看的汽车工业书籍中所了解到的知识）。

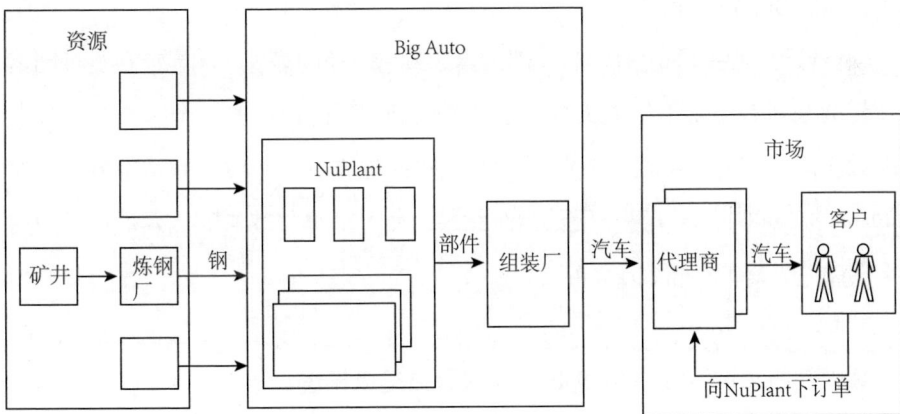

图2-6　NuPlant/Big Auto 的流程系统

伯特在找什么？为什么？ 伯特将要寻找这些问题的答案：NuPlant 生产部件的主要流程是什么？现在这些流程运行得怎么样？这些流程哪里运行得不好？为什么运行得不好？然后，他会针对那些对生产部件的主要流程起关键支持作用的辅助流程提出同样的问题。

为什么呢？一般来说，在了解一个客户组织的产品或服务之后，进一步深入了解这个组织最快捷也是最可信的方式，就是识别该组织制造、销售和交付那些产品或服务的主要流程。通过对这些基本流程的掌握，就会描绘一张反映该组织如何向客户提供价值的蓝图。并且，实际上所有的绩效改进最终都是关于如何能够更好地向客户提供价值。

对于 NuPlant 来说，伯特想要了解生产汽车部件的流程。最终，他要将生产主管（那些被定性为"态度不好"的生产主管）的工作表现与流程和工厂的表现建立起联系。

另外，伯特还想要更多了解这个更大的系统（NuPlant 所在的超系统）。为什么呢？因为 NuPlant 本身也是系统的一部分，它必将受到其所在系统其他部分的影响，包括 Big Auto 本身。

伯特想要尽快识别出有哪些外部因素导致它较差的表现。明显存在这种因素或变量的来源是上游单位或供应商。当咨询顾问明确或证实一个客户组织存在的绩效差距的明显影响时，了解更大的流程系统的下游单位是非常重要的。在 NuPlant 这个案例中，了解下游的汽车组装厂生产效率差的影响因素，对于为这个案例提供变革建议将十分有帮助。

绩效剖析（AOP）关键点 3：组织是自适应系统

伯特所知。正如在此之前所提到的，NuPlant 存在于 Big Auto 这个更大的系统之中。当然，伯特也知道即便是 Big Auto，也同样存在于一个更大的商业系统中，就是伯特所指的超系统（图 2-7）。图 2-7 中央的组织系统就是 Big Auto。框外的所有元素单位——消费者和资本市场，资源 / 供应链，竞争者和普遍的商业环境，都被视作该超系统的一部分。

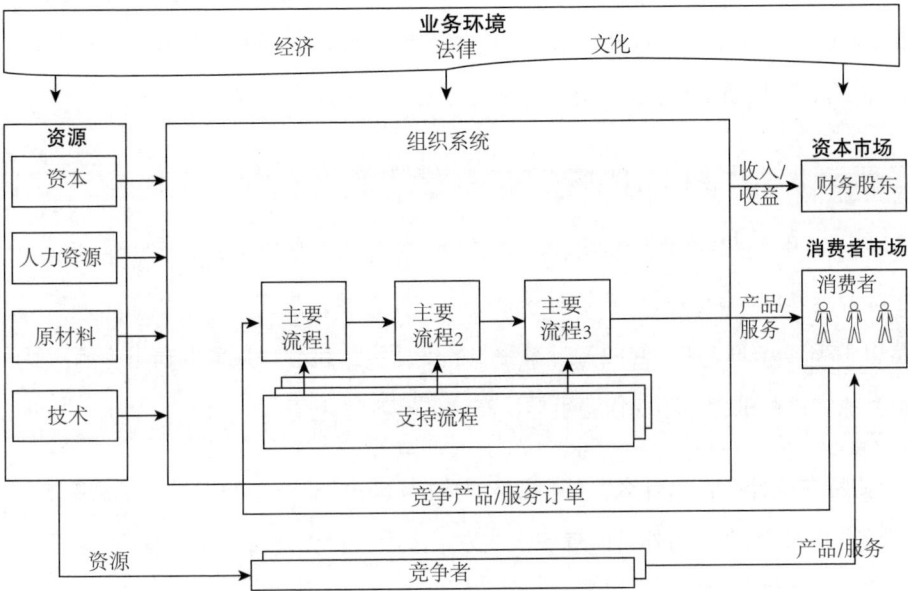

图2-7 视组织为一个具有适应性的超系统

要注意到，整个组织系统加上它的资源、竞争者、消费者和股东都处于商业环境这同一个大伞之下。当然，也同样受制于经济、法律法规和文化。伯特还知道每个组织所面临的最基本的事实是：它要么适应，要么消亡。组织必须适应它所在的超系统中所发生的任何变化——大的或小的、猛烈的或渐进的。例如，伯特假设 Big Auto 必须适应以下这样的变化：

- Big Auto 的竞争者正在降低它的价格
- 消费者所期望的新的产品性能正在被一个竞争对手提供
- 总的经济环境正在经历下滑
- 工会正在要求上调工资

- 扩建所需资本的利率正在上涨

- 原材料供应中断

同样的，NuPlant 也必须适应 Big Auto 内部的变化（例如：对其产品的需求越来越少，集团系统内部的其他工厂的效率越来越具竞争力）。另外，还有像劳动力供给、钢材质量和能源价格等这样在超系统中的外部因素。

拉姆勒如是说 2-1

一个组织要想在任何的层面获得成功，它都需要能够适应。但组织要能够适应两种速度：低速或高速。处于低速，组织能够适应超系统中的变化，从而得以生存。处于高速，组织将超系统中的变化视作机会，采取主动出击的方式努力抓住这些机会，不仅能够生存，而且能够蓬勃发展。

伯特在找什么？为什么？ 伯特要努力找出 NuPlant 所在的超系统中影响其当前绩效的一些因素。另外，他意识到在超系统中，也许会有可能限制或支持他可能提出建议的某些因素。

为什么呢？一般而言，对客户所处超系统的了解，能够在以下方面，为你作为一名绩效咨询师或分析师提供帮助：

- 解释当前你在这个组织内部所见到的压力

- 洞悉你的客户可能面对的潜在挑战，建议你们能够在未来积极协助他们的途径

- 使你能够将内部问题与外部的现实联系在一起，从而引出必要的管理变革支持

拉姆勒如是说 2-2

　　绩效剖析（AOP）框架中的超系统图是对客户所处的超系统采集数据信息的一个模板。你可以问自己："我对我的客户的客户，以及他们客户的客户，他们客户的竞争都有什么了解？我对我的客户的关键的资源供应情况都有什么了解？我的客户的竞争状况怎样？可能出台的法律法规将对我的客户带来什么影响？"

　　绩效剖析（AOP）关键点 4：岗位或角色以及部门是为支持组织流程而存在的

　　伯特所知。伯特知道，NuPlant 构成主要流程和辅助流程的所有任务，都是由个体、设备和计算机的组合来执行完成的。由个体执行的任务一般组成了职位、角色或岗位，岗位组成了职能或部门。此外，伯特相信，在任何一个组织里，岗位或角色的存在都是为执行、支持或管理组织的主流程和辅助流程而存在的。

　　除非某职能或岗位是与为客户创造价值的主要流程相联系的，否则它们代表的就是非增值的成本，如图 2-8 所示。伯特知道，在 NuPlant 设有大量的职能或部门，有成百上千名员工担当着大概几百个工作岗位。但是，当他开始收集数据的时候，他总在试图把每一个岗位放在流程的背景结构下来理解和分析，也就是来了解每个岗位对 NuPlant 产品和服务产出的主要流程所做的贡献有多大。

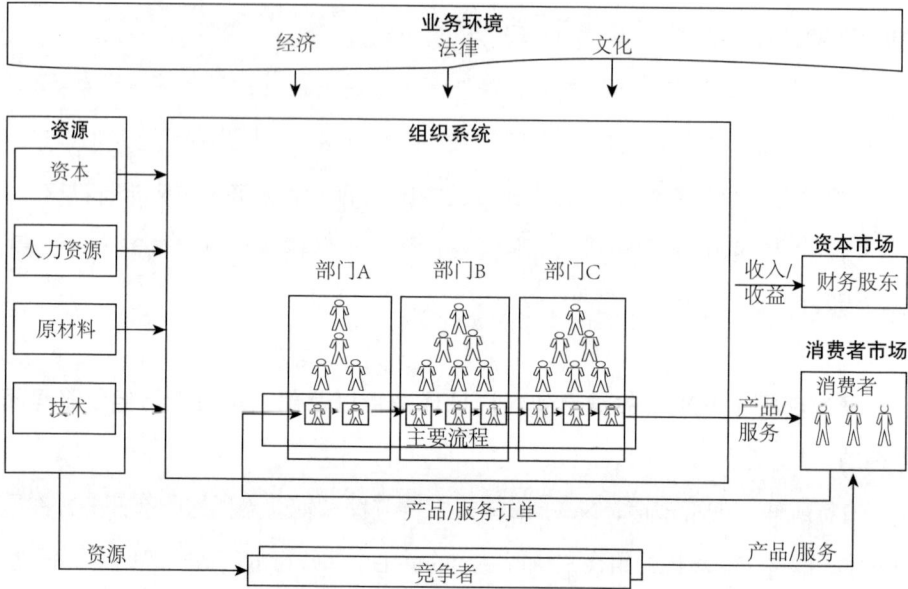

图2-8 在组织系统中完成工作任务

伯特在找些什么？为什么？ 伯特想要找出哪些岗位影响主要流程和关键的辅助流程，那些岗位又是如何影响那些流程的。另外，他想要了解，当前的岗位标准是否能够满足主要流程和关键支持流程的需要。

为什么呢？岗位与流程之间的联系非常关键，并且也经常是影响组织结果的一个主要问题。伯特了解，岗位和部门相对于流程来说，在组织内是极为明显可见的。相反，流程在组织中一般却是无形的。这个事实导致岗位无法按照应该向客户提供价值这样的方式来有效率和有效能地发展。实际上，岗位是在按照它们自己的方式而存在。

最多见的是，往往由于部门目标和工作的便利，使得本来应该为客户提供价值的流程不能达到最佳的运行效果。这种现象的一个例子就是，财务部一名员工的任务是为未来的新客户们开具信用核查单据。这项任务是这个岗位众多职责的其中一个，员工为了避免分散的办理影响工作效率，决定在每周最后的时间集中处理一次信用核查单据。就是因为这样一个由于工作任务上的优先级调整，导致因为要等待信用核查单据，一个新客户订单执行流程（直接向客户提供价值的流程）延迟了差不多 4 天的时间。这种延迟所衍生出来的可预见后果，是一位不满意的客户。

伯特假设影响 NuPlant 效率问题的罪魁祸首，就是部门和岗位的员工把他们个人的利益放在了工厂利益之上优先考虑。

绩效剖析（AOP）关键点 5：所有的绩效执行者都是人资绩效系统的一部分

伯特所知。伯特知道组织是一个系统。他还知道组织中每个独立的绩效执行者也是一个独特的个人系统的一部分——这正是伯特所称的人资绩效系统（HPS）。

拉姆勒如是说 2-3

回到 1964 年，那时我还在密歇根大学。我第一次提出人资绩效系统（HPS）的概念模型。这是基于伯尔赫斯·弗雷德里克·斯金纳首次提出强化理论、控制论，以及基本的工业工程原理和实践所开发的一个混合体。该模型的进一步发展，又极大地得到了我在密歇根大学的两位同事，Dale M. Brethower、George L. Geis 的支持和帮助。人资绩效系统（HPS）与其他原因分析模型有显著的不同，因为它在概念上和图解上体现了一个关键的潜在原则：影响人的行为和绩效表现的变量都是系统的一部分。

伯特相信 NuPlant 的每一名绩效执行者，从工厂的经理到小时工都在人资绩效系统中相互作用。如图 2-9 所示，人资绩效系统由五个部分构成。

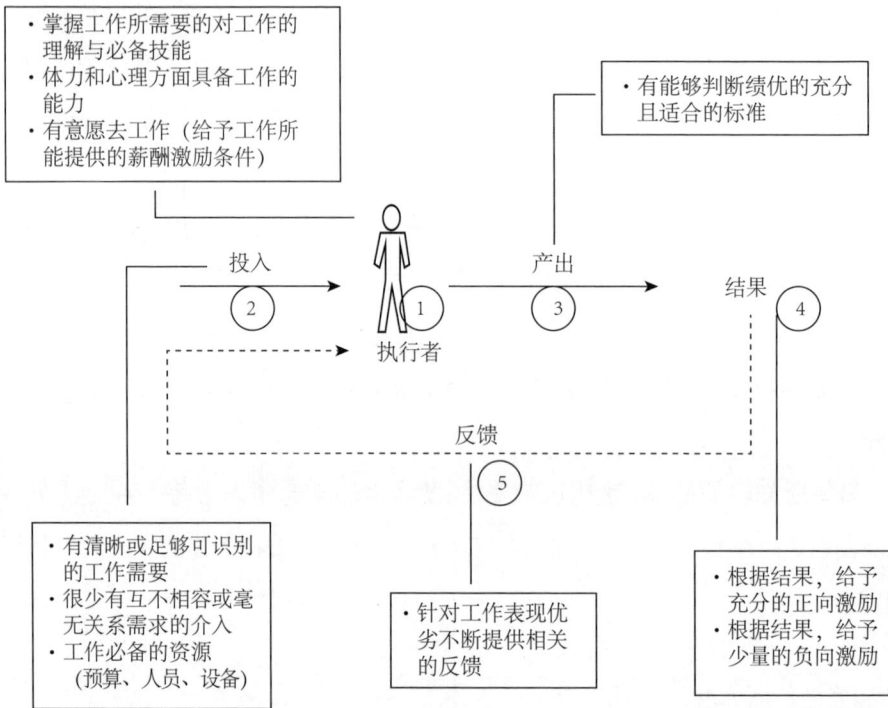

图2-9 人资绩效系统

绩效执行者①需要加工处理各种各样的投入②，比如一个金属件、一张表单或一个电话。每一个这样的投入都有一个理想的产出③，例如焊接好一个部件、处理完一张表单或做出一个决定。对于每个产出（以及提供这个产出所需要的行动），都有一组连续次序的结果④——一些影响绩效执行者的活动。总之，绩效执行者会将这个活动解读为正面的或负面的。

伯特知道行为定律指出人们的行为会受到结果的影响。人们做事会朝有积极结果的方面去做，尽量避免去做可能会产生负面结果的事情。这条定律的必然推论是：在这些条件下，认为事情是正面还是负面，完全取决于每个个体的认知。绩效系统的最后一个元素是对绩效执行者的产出提供反馈⑤。反馈需要准确、及时、频繁提供，并针对绩效执行者可控的绩效表现来进行反馈。

图 2-9 相对应的数字是人资绩效系统（HPS）每个元素的基本要求。如果 NuPlant 要确保每个员工持续达到理想的绩效表现，那么人资绩效系统（HPS）中的所有元素都必须至少在相似的水平就位。如果一名员工在 NuPlant 没有达到理想的产出结果，那就是由于人资绩效系统（HPS）中一个或更多的元素出了问题。

拉姆勒如是说 2-4

你们或许记得在序中我说过，"将好的绩效执行者放到一个差的人资绩效系统（HPS）中，那么系统每次都会赢"。根据这个启示，首先，绩效执行者是 HPS 的一个构件，对于管理者而言，其最为可视、最为可辨识。一旦预期的岗位成果未能达成，管理者们趋向于心无旁骛地认为是人的问题，并要求绩效顾问去搞定人（"他们要接受培训"）或换人（"帮我找个能人"）。在无知的管理层眼中，绩效执行者几乎总是绩效问题的代罪羔羊。

其次，真正认识到自身的系统差，且需要改进的组织实属罕见。可悲的是，组织中的绩效执行者少见能自主改变自己身在其中的系统的。这个事实引出另外一个启示：多数情形下，系统如果需要改变，那么变革的重担往往要落在绩效顾问肩上。

正如绩效剖析（AOP）框架被作为识别和理解组织绩效影响元素的模板，人资绩效系统（HPS）框架（图 2-10）能够被用于解决较差个人绩效问题和为个人设计有效的绩效环境的模板。

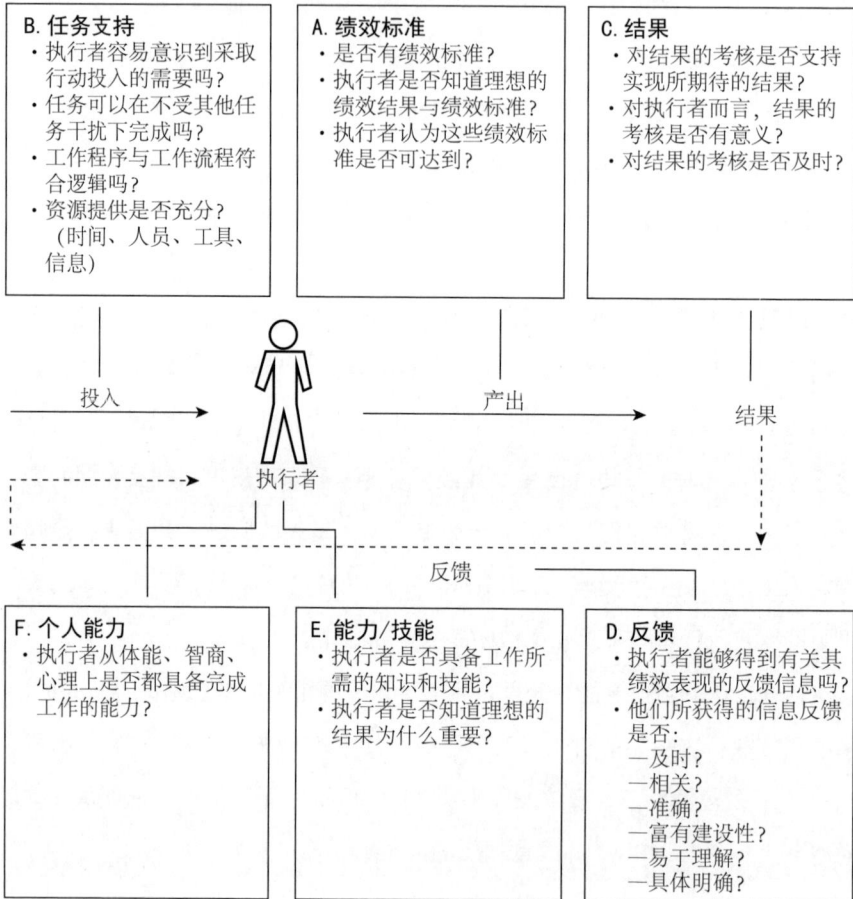

B. 任务支持
- 执行者容易意识到采取行动投入的需要吗?
- 任务可以在不受其他任务干扰下完成吗?
- 工作程序与工作流程符合逻辑吗?
- 资源提供是否充分? (时间、人员、工具、信息)

A. 绩效标准
- 是否有绩效标准?
- 执行者是否知道理想的绩效结果与绩效标准?
- 执行者认为这些绩效标准是否可达到?

C. 结果
- 对结果的考核是否支持实现所期待的结果?
- 对执行者而言,结果的考核是否有意义?
- 对结果的考核是否及时?

投入

产出

结果

执行者

反馈

F. 个人能力
- 执行者从体能、智商、心理上是否都具备完成工作的能力?

E. 能力/技能
- 执行者是否具备工作所需的知识和技能?
- 执行者是否知道理想的结果为什么重要?

D. 反馈
- 执行者能够得到有关其绩效表现的反馈信息吗?
- 他们所获得的信息反馈是否:
  —及时?
  —相关?
  —准确?
  —富有建设性?
  —易于理解?
  —具体明确?

图2-10 人资绩效系统难点解决

当一个人没有按理想的要求去做事,伯特会用图2-10中的图表来系统地测试在人资绩效系统(HPS)中,每个元素所处的条件和状态,来诊断一下是否存在断点或不足。多数情况下,不止一个元素会存在缺陷或不足。基于自己的经验,伯特将人资绩效系统(HPS)的元素按字母次序排列,以反映出当前存在缺陷的元素。正如你能看到的,绩效标准规范更多地用于解决麻烦,个人的影响似乎非常小。

伯特还能用图 2-10 中的问题，作为工作环境的检核单。如果伯特想要绩效执行者 Y 达到绩效 X，那么他可以用这个框架来系统地提问，"绩效标准要求清晰吗？""资源条件和结果是否足以支持达到绩效 X？""Y 能得到有关他的或她的绩效评价的信息吗？""Y 是否具备必要的技能和知识来达成绩效目标？"

伯特在找些什么？为什么？ 如果一名员工没有按 NuPlant 的要求达到绩效标准，伯特就会自问：这名员工的人资绩效系统（HPS）存在什么缺陷？人资绩效系统必须要作什么改变才能使这名员工达到理想的绩效标准？为什么？若一组或一类个体绩效执行者都出现较差的绩效表现，99% 是由于人资绩效系统出现了缺陷。人资绩效系统的缺陷最终会追溯到组织中的其他因素，但是先要从个体的人资绩效系统（HPS）开始追溯。

伯特还需要知道，职能层级中个体的人资绩效系统（HPS）是不是以垂直相贯的形式来支持流程或职能达到理想的表现。为什么呢？参照图 2-11a 中绩效执行者的层次。比如，如果你对一线的销售代表是否能准确及时提交销售订单而感到担忧，那么对一线业务员和他们的主管，就需要在绩效要求、衡量标准、工作程序及反馈等方面都与此保持一致。如果期望一线业务员始终保持一致的工作表现，那么非常有必要确保在这一层级的所有管理者的 HPS（人资绩效系统）也要保持一致。相比之下，如果对业务员的绩效期望是准确及时提交销售订单，但是，区域销售经理却仅对订单的数量负责（反馈和结果考核），那么组织就不会持续地从业务员那里得到理想的绩效结果。伯特假定 NuPlant 的其他部门同样存在类似的人资绩效系统错位。

除了要调查人资绩效系统是否在垂直方向有序一致以外，伯特还必须查看人资绩效系统是否在贯穿各部门之间的横向上有序一致。各部门间必须共同努力来支持一个关键的跨职能的流程（图 2-11b）。为什么呢？例如，如果一个组织正在考虑开发和引入新产品，但是市场、研发、销售和生产几位副总裁并没有就期望、衡量标准、重要性和反馈等方面达成一致，那么这个组织就绝不会从他们的新产品研发与上市流程中获得理想的结果。如果市场副总裁的人资绩效系统强调的是人力预算，研发副总裁的人资绩效系统强调的是上市时间，销售副总裁的人资绩效系统一味追求的是总销售额，完全忽略了产品组合，而生产副总裁强调的是单位生产成本，那么你几乎可以断定新产品一定会延迟上市，超预算，无法达到客户需求，上市后无法达成既定的销售收入目标。

　　如果你对主要流程期待一致的、可持续的表现，那么就有必要确保所有对主要流程有影响的部门的高层管理者的人资绩效系统在横向上保持一致。同时，在各自部门内的纵向上也保持一致。伯特再次假设认为 NuPlant 存在这样的横向错位。

人力绩效系统各层级必须保持一致
(a)垂直方向

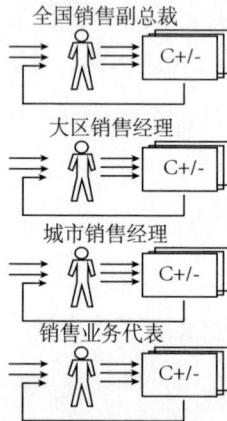

(b)水平方向也要保持一致，这样组织的运营才能够有效

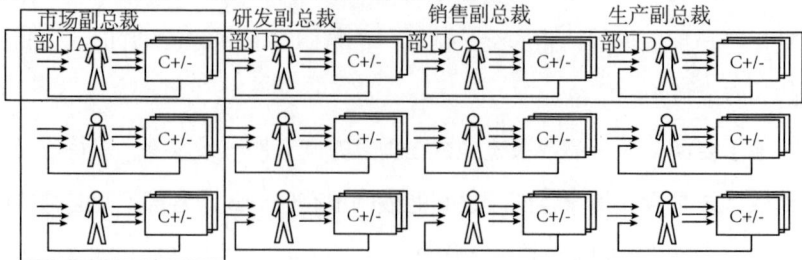

图2-11　确保人资绩效系统有序一致

绩效剖析（AOP）关键点 6：管理层必须确保组织系统有序一致

伯特所知。伯特知道，一个组织能够成功地适应其所在的超系统并确保它的内部流程系统满足客户需求和组织目标，其管理层的作用是必不可少的。若一个组织在绩效剖析（AOP）框架中的任意一点上不能有序一致，那便是管理层的过失。此外，伯特还知道，高效的管理层具备这样三个要素：

1. 管理系统或基础组织建构是由流程和程序构成的；

2. 管理层的能力，体现在如何能够在管理系统中实现理想期望的结果；

3. 领导力，主要体现在为组织设立适合的方向，并推进组织始终朝这个方向发展。

NuPlant 案例研究的焦点在于管理系统。但是，随后的章节所强调的主要是管理系统与领导力之间的关系。

伯特有一个框架，用来审视某一组织的管理系统。伯特知道，理想的绩效或结果正如图 2-12 所示，是由三个部分组成的系统：

• 绩效计划：与绩效执行者沟通并设定目标与计划（包括达成目标所需的资源和流程）。绩效执行者也许会是一个人、一个流程、一个公司的部门、工厂或其他机构。设定绩效计划相当于"计划"。

• 绩效执行：绩效执行者实现既定目标和计划中的理想绩效或结果。绩效执行相当于"实际"。

• 绩效管理：对比目标和计划来衡量实际绩效。如果发现负面的偏差，则可能会发出一个调整的信号。管理绩效相当于消除"计划"与"实际"之间差距的行动。

调整后的计划与目标

绩效计划

· 我们要去哪里?
· 我们如何判定我们已经到达了目的地?
· 要到达那里需要什么样的计划?
· 要到达那里我们需要做些什么?

绩效管理

· 我们实施的进展如何?
· 如果我们未能达到预期进度,为什么?
· 我们需要采取哪些改变来到达目的地?
· 我们需要采取哪些改变以避免偏离计划?

目标

需实施的变革

绩效与结果
相关数据

目标与计划

绩效执行
我们去做吧!

结果

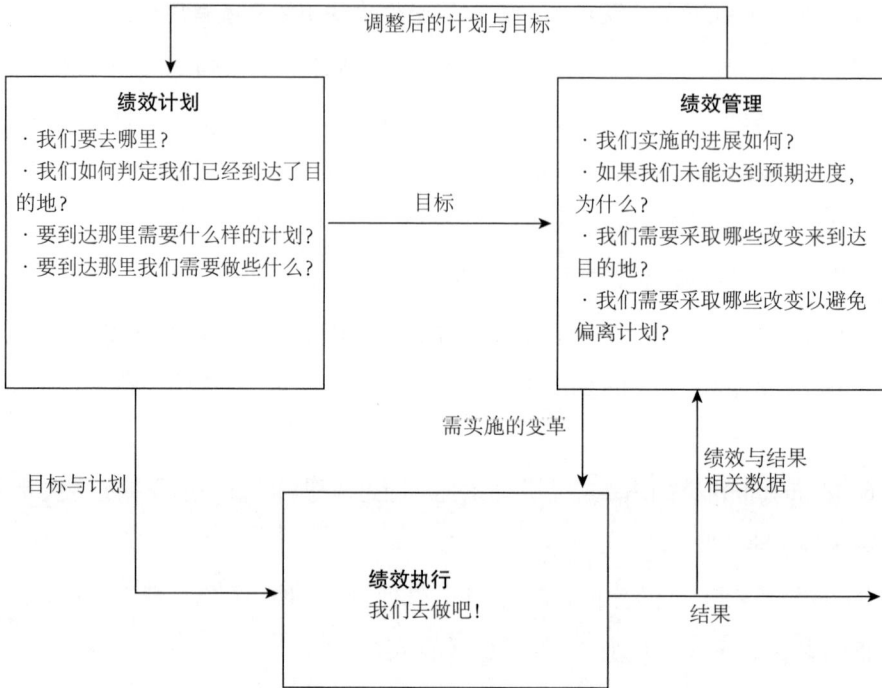

图2-12　绩效计划与绩效管理系统构成图

　　个人、流程或组织的绩效执行(PE)往往是这个基本的绩效系统中非常显见的部分。另一方面,构成绩效系统的大脑部分的绩效计划(PP)与绩效管理(PM),却总是很容易被忽视,而且普遍存在不足。

　　绩效管理要求绩效执行者在某种方式上改变绩效执行(例如:更好地统筹安排人员)。或者,绩效管理要求绩效计划调整目标,修订达成目标的战略,调整运营计划与预算,以期更好地支持战略或组合性地执行部分行动。这种PP(绩效计划)/PM(绩效管理)组合在一起,便构成了图2-13所示的绩效计划与绩效管理系统(PPMS)。

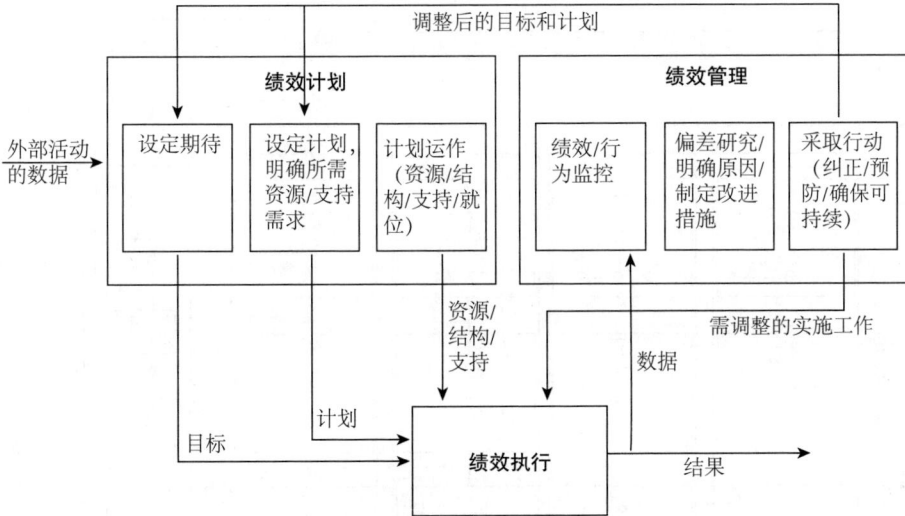

图2-13　绩效计划与绩效管理系统详图

绩效计划与绩效管理系统能够使得绩效系统适应外部变化，同时对执行的失误作及时反应。其中的机理是组织绩效系统既是一个有效的流程系统，同时也是一个自适应系统。就这个角度而言，伯特知道应用于绩效执行的调整或解决方案，只能存在暂时的效果，除非运用绩效计划与绩效管理来适应业务需求的改变。

图 2-13 为你提供了更多使绩效计划与绩效管理发挥效用的细节内容。如果你的目标是优化绩效执行部分，并达成理想的结果，那么你可能会把绩效计划与绩效管理系统视作一个复杂的制导控制装置——一个管理芯片。一个组织的管理系统是由这些插入组织关键节点，彼此相互联系的管理芯片集合而成的，如图 2-14 所示。

如图 2-15（与图 2-14 相比有些变化）所示，它为当前的管理系统解决问题或设计一个新的管理系统提供了一个强大有效的模板。

参照图 2-15，伯特知道这些属于管理系统的常见问题（在图中以字母标明）。

图2-14 绩效计划、绩效管理系统与组织层级

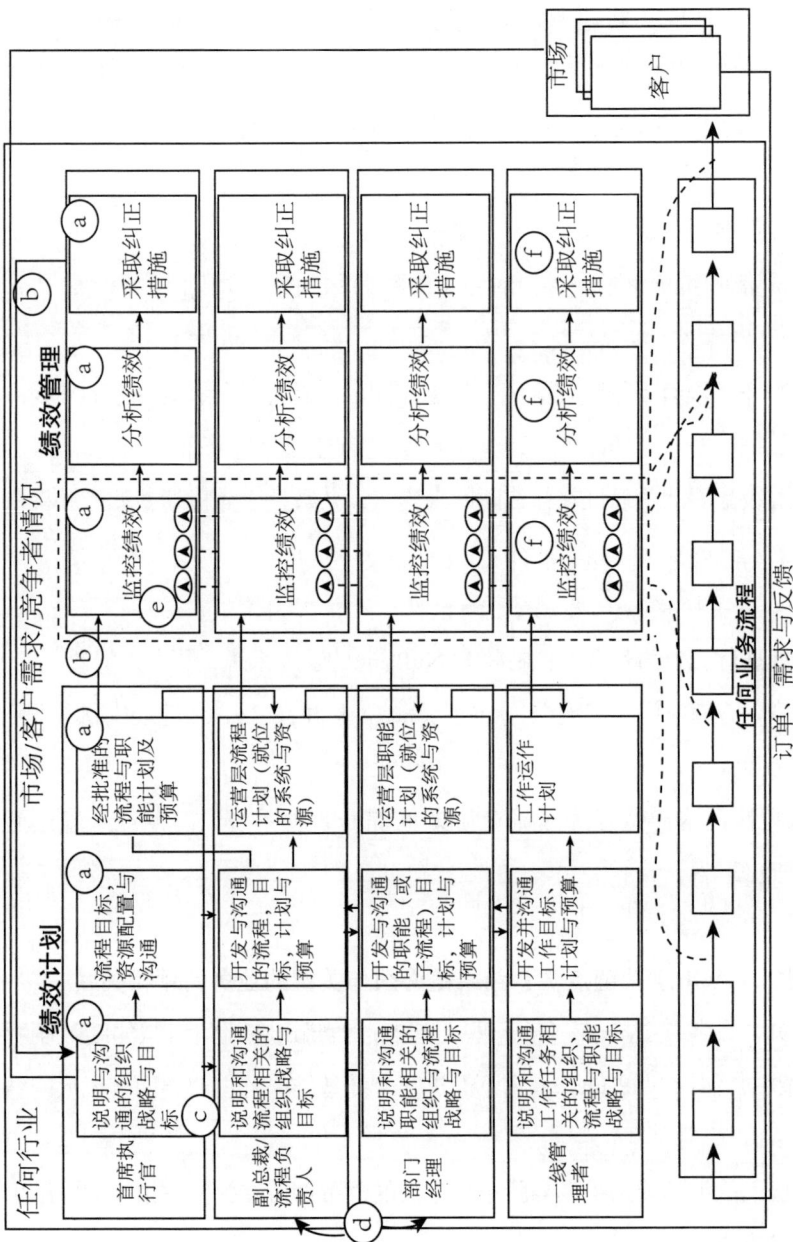

图 2-15　绩效计划、绩效管理系统与常见异常

a. 在各个层面，绩效计划、绩效管理的元素都有所缺失或表现极差。

b. 在绩效计划和绩效管理中缺少关联。设置了目标和计划，但是既缺少针对"实际"的监督，也没有试图消除"计划"与"实际"的一个系统化机制。当指定下一个时期的目标和计划的时候，也没有针对过去一段时期的"实际"进行系统关联。

c. 计划并没有在组织中系统地向下贯行。

d. 在设定部门目标之前，并没有设定流程目标，导致实现价值的关键流程次优。

e. 绩效数据并没有系统地在组织中向上传递。没有针对各级管理者的需要而区分出哪些数据或信息对其计划与管理决策具有特定的意义和价值。

f. 各个层级都不清楚靠谁在什么时间来监控绩效数据、分析绩效偏差并采取必要的行动。

伯特在找些什么？为什么？ 伯特将对 NuPlant 的管理系统（即人资绩效系统）进行一次检查，查看它的关键流程、职能与岗位。应用图 2-15，他会找到管理系统中任一个断点。

为什么呢？他这样做是为了确定应如何提升管理系统，以期在未来达到 NuPlant 的理想绩效。

绩效剖析（AOP）关键点 7：结果链必须与关键的业务问题相关联

伯特所知。 伯特对这一点了解一些。首先，他知道在任何组织的绩效剖析（AOP）框架中，包括 NuPlant，通常下面这三个绩效结果的主要层面与无形的结果链相联系：

1. 组织层面的绩效或结果，与股东和客户的财务期待有关——组织输出结果的两个主要接收方。

2. 流程层面的绩效或结果，即组织为满足其客户和财务股东的期待，而提供输出所必需的流程绩效。

3.岗位层面绩效或结果，即要实现主要和辅助流程目标所必须达到的绩效。

其次，作为一名真正的流程绩效咨询师，伯特关注的是结果的实现——组织结果。他知道自己必须建立一个结果关联或连接组织、流程和岗位结果的链路。

识别组织结果领域的一个快捷的方法，是为组织找出关键业务问题（CBI）。关键业务问题成为实施绩效咨询或绩效分析的一个锚定点；绩效咨询师现在明确了一个结果目标和一个项目目标。如果你看过图 2-16 中绩效剖析（AOP）的输出部分，就会看出关键业务问题（CBI）一般有两个主要的来源，即对客户的影响和对财务股东的影响。

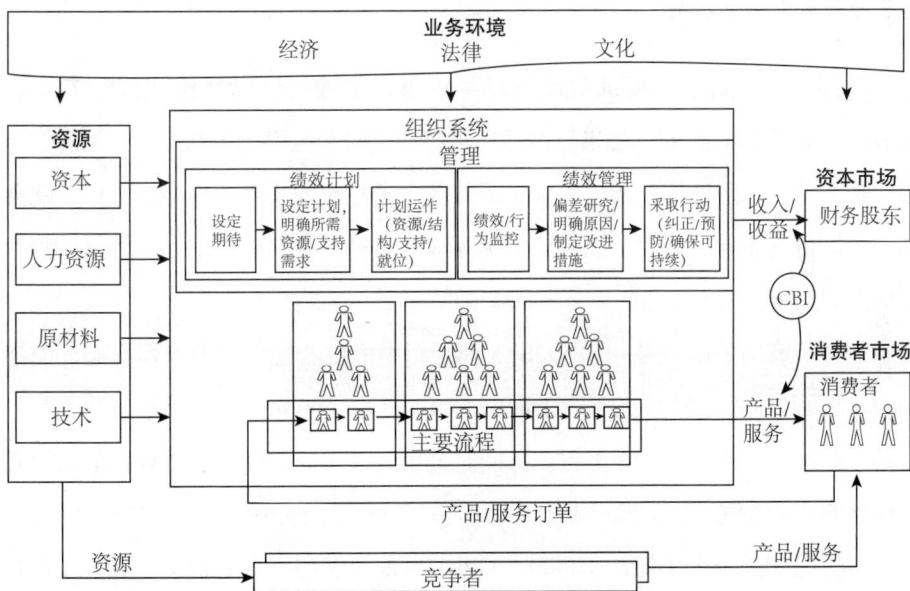

图2-16　绩效剖析与潜在的关键业务问题

关键业务问题（CBI）可以是问题，也可以是机会。在任一情况下，它们都体现了当前与理想状态之间的差距。与客户相关的关键业务问题举例如下：

- 期望更大的市场份额

- 增多的客户投诉

- 期望提升客户存量

- 产品退货增加

与财务股东相关的关键业务问题（CBI）举例如下：

- 收益下降，表明了另一层面的关键业务问题（CBI），与平平或下降的销售收入或增加的制造／资源成本有关

- 收益上升，表明了另一层面的关键业务问题（CBI），与销售收入增加或制造／资源成本降低有关

伯特知道，对于任何绩效改进项目而言，绩效咨询师找出关键业务问题（CBI）都是绝对必要的。如果咨询师在研究一个对于组织业务真正极其关键的问题，那么他或她所做的就要完全优先于其他大多数次为关键的事情。这样，就会造成可衡量的差异，同时，拥有更高优先级的重视，在实施变革时也能获得管理层更大的支持。

因为所有的关键业务问题（CBI）都受组织的主流程和辅助流程影响，伯特知道也可能找出相关的关键流程问题（CPI）并将这些关键流程问题与关键业务问题联系起来。例如，如果关键业务问题是丢失了市场份额，那么与订单执行流程相关的一个关键流程问题可能会是为客户交付订单的时间。

伯特还知道一个关键流程问题（CPI）也是可能与一个关键岗位问题（CJI）具有一定联系的。例如，如果关键流程问题是客户订单交付时间，那么与之相关的销售业务员的关键岗位问题，就有可能是销售订单的准确度。像这样一条结果链的创建思路，在图2-17中的绩效剖析（AOP）得以具体展示。

关键岗位问题（CJI）、关键流程问题（CPI）和关键业务问题（CBI）构成了

一条对绝大多数员工、经理和分析师都显而易见的结果链。然而，这对于伯特来说，是一个非常有用的概念，因为他想要展现结果。当他得到一个项目需求时，他就想要明晰相关的结果链，来看一看这个需求能否与关键业务问题联系起来。

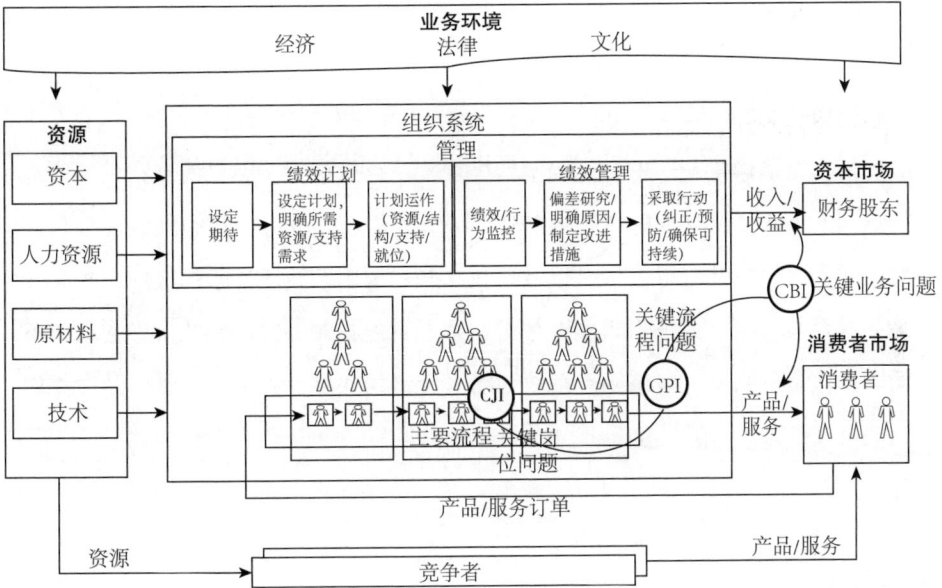

图 2-17　绩效剖析与结果链

伯特在找些什么？为什么？ NuPlant 的项目需求，是从结果链的最末端开始的，即使还没有识别出结果问题，仅仅表现在一群人的"态度问题"上，同时认为"员工关系培训"可能会起到改善作用。借由绩效剖析，伯特必须看出能否将生产主管的"态度"与一些关键岗位问题（CJI），以及 NuPlant 的某些关键流程问题（CPI）建立一定的联系。关键流程问题有可能转而影响到 NuPlant 的关键业务问题（CBI）。

为什么呢？如果伯特无法找到这样的关联，他就不会接手 NuPlant 这个项目机会。因为如果接手很有可能会失败，他无法证实自己带来的改变，所以，管理层也很难会对他提出的改善建议提供任何支持，他也要承担较大的风险。因为伯特是来自外部的咨询师，他完全可以不接受这样没有意义的项目需求。但是作为组织内部的咨询师，通常就无法这样自由选择了。在下一章中，我们具体介绍了该如何应对这种情形。

拉姆勒如是说 2-5

我已邀请你看一下伯特头脑中的模型——绩效剖析。你已看到在伯特实地抵达 NuPlant 之前，他就清楚地知道 NuPlant 的一些情况，你也知道在项目开始的时候，他将会去寻找什么以及寻找这些的原因。我所揭示的绩效剖析各元素的次序与伯特（或任何其他绩效咨询师）可能揭示 NuPlant 的次序会有所不同。在本章的结尾，我来揭示绩效剖析各元素的次序，并在下一章中通过案例研究呈现出来。

实施诊断

在前几章的内容里，你了解到了医师是如何知道"应该状态或称健康状态"和人体的内部构造的，以及诊断基本上就是医生将头脑中的"应该的状态"模型与他们可能从 X 光片医学结论中观察到的"当前态"进行对比。针对绩效剖析框架中的组织效率，伯特也有一个类似的"未来态"模型。参考图 2-17 中的绩效剖析（AOP）图，基于绩效剖析的关键点，伯特了解到组织要持续一致地创造好的结果，就要达到以下基本的标准：

1. 客户需求与股东需求一致。

2. 组织目标与它所在超系统的现实情况一致，即要么适应而生存，要么不适应而消亡。

3. 主要流程与满足客户需求以及组织目标相一致。

4. 辅助流程与主流程的目标相一致。

5. 部门、岗位或角色与流程所需执行的任务相一致。

6. 人资绩效系统的各元素彼此间纵向及横向相一致。

7. 管理层必须确保有序一致。

这些绩效剖析系统的要求构成了伯特针对组织效率的"未来态"模型，其核心就是确保绩效剖析（AOP）中的各元素由上至下保持一致。不能保持一致的错位很可能就是导致较差绩效的原因。

伯特将遵循与医师一样的程序，对比"未来态"模型与"当前态"的现实情况。概念上，伯特将绩效剖析（AOP）的七项"未来态"参照标准（如上面列出的）与 NuPlant 的"当前态"相对比，寻找看似影响到 NuPlant 绩效差距的、与标准存在偏差的地方。实际上，他将询问 NuPlant 以下几个问题：

1. NuPlant 客户期望的需求与 NuPlant 在经济方面的需求一致吗？

2. 相对于 Big Auto 所处的超系统实际环境，NuPlant 所定的目标是否现实？

3. 主流程的目标与 NuPlant 的目标是否一致？每个主流程彼此之间的目标是否一致？

4. 辅助流程能够很好地支持主流程吗？

5. 岗位或部门是否与他们所支持的流程相一致？

6. 关键绩效执行者的人资绩效系统是否与理想的绩效结果要求相一致？人资绩效系统在纵向的部门间是否一致？能够确保在各层面都能实现一致的绩效表现吗？人资绩效系统在组织的横向之间是否一致？能否确保跨职能流程实现理想的结果？

7. 管理层是否在确保 NuPlant 组织系统保持一致？必要的管理系统是否到位？

是否具备必要的领导力?

很显然，伯特的分析并不是那种盘问摸底，最后提出一些头脑风暴的建议。他的分析是要通过对 NuPlant 的"当前态"绩效剖析（AOP）进行检查，比照"未来态"模板，找出"当前态"与"未来态"之间的差距。最后，再来确定这些绩效偏差是否是关键的，以及将"当前态"改善到"未来态"的改变的具体要求。

建议的改变

医师将人体解剖视作一个系统。因为在这个解剖系统中的所有元素之间都是相互依赖的。医师很少会为某一症状单独开具一个处方。他们往往会开具一套系列的解决方案，包括能够解决根本健康问题的大量行动，而不是单独能够缓解某一症状的处方。医生往往会在处方下面写上几行字："这是能够迅速缓解您身体不适的处方，但若要长久摆脱这种病痛，恢复原本健康，您需在饮食、体能训练及工作环境等方面作出如下改变。"

假设 NuPlant 的项目需求属于关键流程问题（CPI）和关键业务问题（CBI），并识别出了绩效结果上的特定差距，那么，伯特未必能够提供一个简单的、单一的解决方案。首先，他的经验告诉自己，单一的解决方案是不可能使 NuPlant 这样复杂的系统重回正轨的。其次，也是更重要的，因为他应用了绩效剖析（AOP）"未来态"模板，这个模板可以识别出大量的错位元素，所以不可能仅提供单一而简单的解决方案。如果 NuPlant 要达到它的绩效标准或潜在的绩效期望，那么绝大部分的错位要素都必须得以改善。伯特也许会开出一个解决方案的组合——一个综合的系列建议——以期将 NuPlant 重新带回有序一致的状态。

分析流程

现在该是伯特开始了解 NuPlant 项目真实情况的时候了。他将会遵循"介绍"部分和图 2–18 所示的结果改进流程（RIP）来执行。伯特由客户的需求开始入手："我们需要为我们的生产主管提供员工关系培训。"理想的话，这个项目将会按照以下部分所介绍的方式逐步展开。

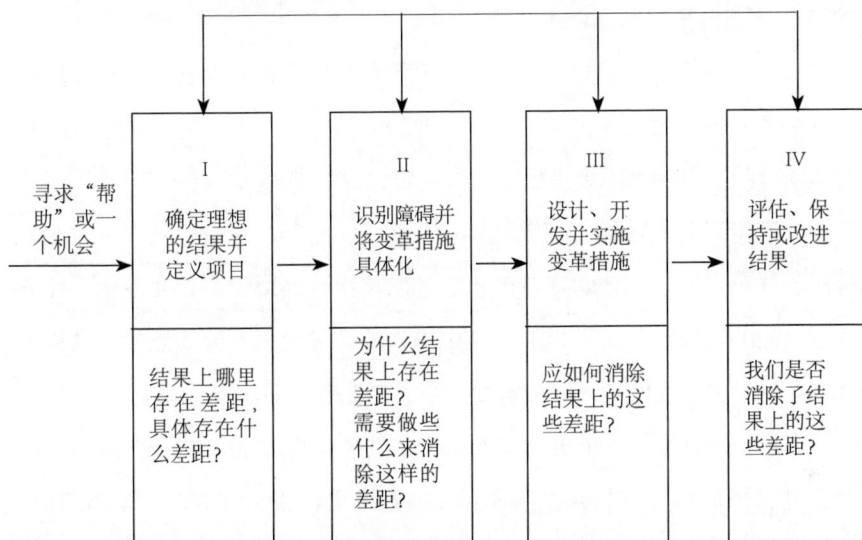

图2–18　结果改进流程(RIP)

阶段 I

在结果改进流程的第一阶段，伯特的目标是看自己是否能找到结果的差距并明确一个项目来消除这个差距。他的计划首先是要来到 NuPlant，看一看对生产主管的"态度"的担忧问题是否与工厂的关键业务问题（CBI）相关联。他还会了解到他能够对 NuPlant 的绩效剖析（AOP）做些什么。

拉姆勒如是说 2-6

上述是伯特针对项目需求所设定的结果改进流程（RIP）第一阶段的有关目标。他能够在项目需求（为生产主管提供员工关系培训）与关键业务目标之间建立关联吗？如果他不能建立这样一个关联，就该撤出（即婉拒此项目机会）。缺少与关键业务问题之间的关联预示着前面项目失败的严重红色预警。

新手绩效咨询师需要注意两个潜在陷阱。首先，绩效咨询师可能对求助的需求太过激动和自我膨胀，以至于盲目应允了一个与关键业务问题（CBI）无关的项目请求。一旦他最后提议的介入方案因种种原因没有得到资源的支持而得以实施的话，他将会极为失望。况且，他的介入方案并不是建立在组织的关键业务需求上的，自然也不会得到支持与实施，只能悄然地自生自灭。

另一个可能遇到的陷阱：绩效咨询师只顾埋头前行，没有建立与关键业务问题相关的联系，而乐观地假定在分析、开发和执行的过程中总会找到与关键业务问题之间的联系。但这种情形是较少出现的。在你投入帮助之前，你总不可能有更好的机会来促使管理层去清晰一个关键业务问题。

在努力避免与关键业务问题（CBI）不相关的项目方面，内部咨询师一般不会有像外部咨询师这样的自由选择。在第 5 章里，我会针对这一事实情况，建议采取一些办法来应对与关键业务问题（CBI）无关的项目需求。

如果伯特成功地找到了与关键业务问题之间的关联，他下一步将开发一个项目计划来消除结果上的差距，包括选择应用一个"操作模型"（图 0-2）。基于项目计划，他将向 Big Auto 提交一份有关改善 NuPlant 绩效的建议书。

阶段 II

在结果改进流程（RIP）阶段 II 中，伯特的目标是识别出要达成 NuPlant 在阶段 I 设立的期望目标结果，会有哪些阻碍，明确消除任何结果差距所应采取的必要改变。在这一阶段，伯特将要努力做到：

• 了解 NuPlant 绩效剖析（AOP）的"当前态"，包括 NuPlant 在更大的 Big Auto 集团内的角色，以及生产主管、生产流程与 NuPlant 生产效率之间的联系

• 将 NuPlant 绩效剖析（AOP）的"当前态"嵌入绩效剖析（AOP）的"未来态"模板

• 找出错位点并评估它们对结果差距的影响

• 提出建议，以期将 NuPlant 恢复到有序的状态并消除结果的差距

阶段 III

伯特在阶段 III 的目标是指导、开发和实施能够消除结果差距的各种变革建议。待到阶段 II 的特定情况出现后，才能明确本阶段所需要的其他更多细节。

阶段 IV

这是本项目的最后一个阶段，伯特将与 NuPlant 的管理层一起监控和评估结果数据，一起确定是否有必要对变革提议进行修订，以期更好地消除结果的指定差距。最后，与 NuPlant 一起，他将评估项目的价值。

在阶段 I 通过分析所找出的关键业务问题以及结果上的特定差距，是阶段 IV 实施评估的基础。

拉姆勒如是说 2-7

在本章，我对绩效分析的理想操作步骤进行了描述。在下一章里，我会揭示伯特实际上是如何做的绩效分析，以及为什么。在第 4 章，你会有机会对比伯特的"实际"绩效分析流程与本章介绍的"理想"流程。

要点小结

1. 绩效剖析是用于识别影响个人绩效与组织结果的主要因素或变量的一个框架，适用于任何组织。

2. 绩效剖析内在的关键要点包括：（1）组织即系统；（2）组织是流程系统；（3）组织是自适应系统；（4）岗位或角色以及部门是为了支持组织的主流程和辅助流程而存在的；（5）所有绩效执行者都是人资绩效系统的一部分；（6）管理层必须确保组织系统的有序一致；（7）结果链将岗位结果与流程结果与组织结果联系在一起。

3. 绩效剖析的理想状态或"未来态"包括：

• 客户需求与股东需求一致。

• 组织目标与它所在超系统的现实情况一致，即要么适应而生存，要么不适应而消亡。

• 主流程满足客户需求并与组织目标相一致。

• 辅助流程与主流程的目标相一致。

• 部门、岗位或角色与流程所需执行的任务相一致。

• 人资绩效系统的各元素彼此间单独、纵向及横向相一致。

• 管理层必须确保有序一致。

4. 绩效分析是要应用绩效剖析"未来态"模板，与组织的"当前态"现实情况进行比较，从而找出"当前态"与"未来态"之间的差距，评估这些差距对于达成组织结果所带来的影响程度，明确改变建议，以消除结果上的差距。

5. 结果改进流程包括四个阶段：

I. 确定理想的结果期望并界定项目需求

II. 明确阻碍并描述改变

III. 设计、开发并实施改变

IV. 评估结果，保持或提升结果

第 3 章

NuPlant 案例研究

你现在有机会以更高的角度，俯视伯特是如何对 NuPlant 应用结果改进流程（RIP）的。本章提供了一个更高视角的概览，重点展示项目的总体脉络与时间表。你会在附录 A 中找到有关 NuPlant 关键项目结论的详细讨论，在附录 B 中找到伯特的项目建议。

拉姆勒如是说 3-1

在案例研究的内容中，零星穿插着我的注释。总体而言，我用三种形式对这个案例研究作展示：包括本章中的高阶概览，附录中对项目结论的深度分析，以及我个人的观点，用于重点注释和强调流程绩效咨询各个方面的独到之处。有些读者愿意平行地从三个层面来读，而其他读者更愿意先略读伯特的项目记事表，然后绕回来，从另一条路径重点关注我的注释。你会发现附录中有大量的交叉引用，建议你进一步详细阅读那里的项目结论或者提出的项目建议。手中准备一些便利贴，用于在附录和本章中间来回翻阅时定位。

NuPlant 案例研究只涉及结果改进流程（RIP）的前两个阶段。有关结果改进流程，可详见"介绍"部分和图 2-2 中的具体描述。伯特没有参与到阶段 III 和

IV。图 3-1 展示了项目第 I 和第 II 阶段项目记事表中各里程碑的情况。本章中介绍的这个组织应用这个记事表；每个部分都有一个更新的里程碑图表，用于展示伯特在结果改进流程中所处的位置。

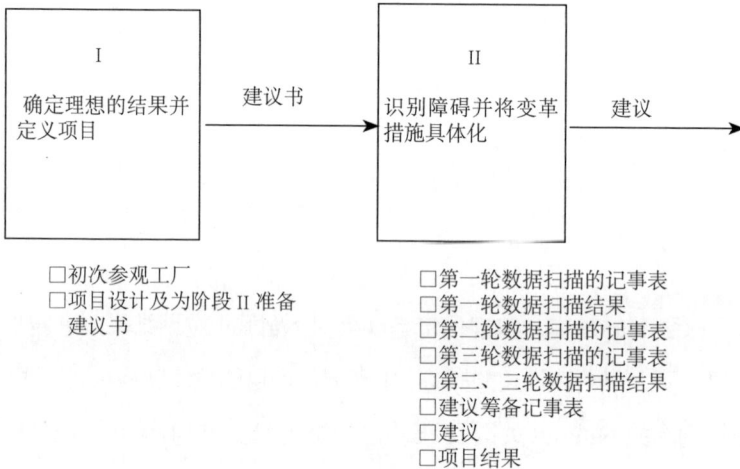

```
┌─────────────┐                    ┌─────────────┐
│      I      │    建议书           │     II      │    建议
│ 确定理想的结果并 ├──────────────→    │ 识别障碍并将变革 ├──────────────→
│ 定义项目     │                    │ 措施具体化    │
└─────────────┘                    └─────────────┘
```

□ 初次参观工厂   □ 第一轮数据扫描的记事表
□ 项目设计及为阶段 II 准备   □ 第一轮数据扫描结果
　 建议书   □ 第二轮数据扫描的记事表
　　　　　　　　　　　　　　　　　　　　　□ 第三轮数据扫描的记事表
　　　　　　　　　　　　　　　　　　　　　□ 第二、三轮数据扫描结果
　　　　　　　　　　　　　　　　　　　　　□ 建议筹备记事表
　　　　　　　　　　　　　　　　　　　　　□ 建议
　　　　　　　　　　　　　　　　　　　　　□ 项目结果

图 3-1　伯特为 NuPlant 项目实施结果改进流程(RIP)的前 2 个阶段

阶段 I：明确预期结果并界定项目需求

为了完成结果改进流程第 I 阶段的任务，伯特初次参观了工厂，为 NuPlant 进行了项目设计，并为阶段 II 准备了一份建议书。

初次参观工厂

伯特在集团培训总监和冲压系统培训部（图 3-2）一位代表的陪同下，来到了 NuPlant。伯特参观了工厂，参观者一行与工厂的人力资源总监交谈了 2 个小时。

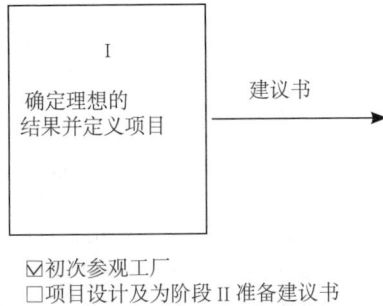

☑初次参观工厂
□项目设计及为阶段 II 准备建议书

图3-2　NuPlant项目里程碑

在伯特当天就要离开工厂的时候，他了解到在 Big Auto 的冲压系统中，共有六个冲压工厂。这其中最早的一个工厂（老厂）已经运营了 35 年。最新的一个工厂（NuPlant）是在 5 年前建成的。事实上，NuPlant 不仅在美国的同行业中，同时在全世界也是自动化程度最高的冲压工厂。NuPlant 占有大面积的地产（图 3-3），并且雇佣了大约 3000 名员工。

除了它复杂的自动化程度和巨大体量

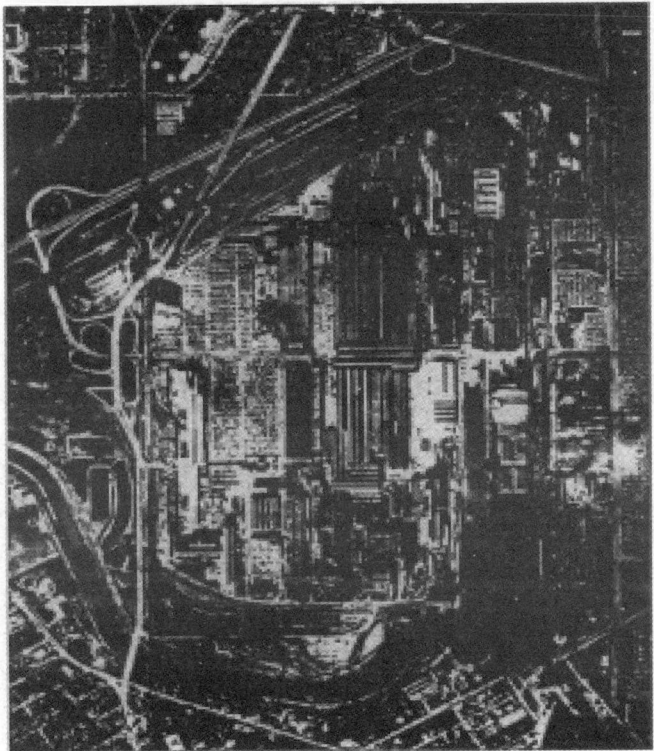

图3-3　NuPlant工厂航拍图

的现代厂房之外，NuPlant 从未达到设计的产能，而且在冲压系统各个工厂中，它在生产效率、人工成本、产量和废料方面是排名最后的。NuPlant 在与工会商讨合同的时候，遇到了难题。生产员工与主管之间不愉快的小事件有损于工会与管理层之间的关系。一线主管对待下属员工的态度越发令人担忧，大家广泛认为由他们的态度引发的关系紧张化，一定影响到了工厂的生产效率和工会关系。

拉姆勒如是说 3-2

许多小事件表明时薪工与其主管之间的矛盾越来越激化，但这其中最令人记忆深刻的一件就是我在之前所提到的，不知是哪个时薪工将一只死老鼠放进了某生产主管的饭盒里。这被推测是生产主管对属下的恶劣态度所招致的报复行为。

伯特还了解到原来的厂长早在 3 个月前被更换，直接导致工厂生产效率恶化，并导致管理层与当地工会的合同至今无法签署。

为了积极地改善 NuPlant 的这种情况，工厂的人力资源经理已经向冲压系统培训部提出了"为一线生产主管提供员工关系培训"的请求。

拉姆勒如是说 3-3

这种情形十分典型。好心的管理者对这种每况愈下的情况感到非常担忧和恐慌，想要做些事情，能帮助改进或者带来一些变化的事情，或者至少可以停止目前这种糟糕的状态。不采用像绩效剖析（AOP）这样的整体系统的框架工具，仅是实施常规的解决方案和培训是很难解决绩效结果差距这样根源的问题的。现在，流程绩效咨询师的一项重要任务就是：跳出最初客户对问题或解决方案所框定的标签，迅速并巧妙地回到最本质的需求，对表象进行深入的调研来弄清到底发生了什么及真实的原因。

当伯特离开 NuPlant 时，他对人力资源经理最初的问题（"管理者的不良态度"）的原因开始提出了一些假设。伯特告诉集团培训总监，他很有兴趣进一步了解 NuPlant 的情况，经过一定的研究后将提交一份建议书。

拉姆勒如是说 3-4

棒极了，伯特！对绩效剖析（AOP）的坚信和精通，使伯特非常有信心一定能够为 Big Auto 找出 NuPlant 产量问题和一线主管较差绩效背后的真正原因。

阶段 II 的项目设计与建议书准备

回到自己的办公室，伯特与一些咨询师会谈，他们开始商定在 NuPlant 实施绩效问题分析的一种方式（图 3-4）。

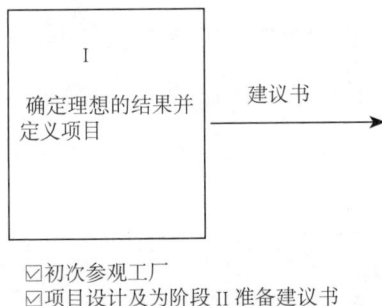

```
┌─────────────────┐
│        I        │
│ 确定理想的结果并  │    建议书
│ 定义项目         │ ─────────────→
│                 │
└─────────────────┘
```

☑ 初次参观工厂
☑ 项目设计及为阶段 II 准备建议书

图 3-4　NuPlant 项目里程碑

就要开始阶段 II 的建议书准备与设计了，伯特首先决定将项目的目标确定为：必须采取哪些措施来改善 NuPlant 的绩效以及生产主管的绩效。

拉姆勒如是说 3-5

当伯特决定将项目目标确定为改进 NuPlant 和生产主管的绩效时，就表明他要将问题升级到结果链上面，即从一个关键岗位问题（CJI）转移到一个关键业务问题（CBI）。如果按照一个隐含的假设：一个关键流程问题（CPI）必定连接着关键岗位问题与关键业务问题，那么一个岗位唯独能够通过一个流程（见第 2 章）而影响到一个组织或一个业务问题。在项目的阶段 II，关键流程问题就会得以明确。

识别出的关键业务问题包括：工厂生产效率——衡量单位产出、劳动力成本、产量和废次率。 这些参数结果的特定差距将被确定为结果改进流程（RIP）的阶段 II 的一部分。

识别关键业务问题以及结果的差距，是结果改进流程（RIP）阶段 I 的关键组成部分。这些活动构成了界定 NuPlant 项目和准备建议书的基础，需要回答的问题如下：

• 伯特要通过此项目完成什么？

• 为什么他要实现这个？

• 要达成这样的目的，伯特需要关注些什么？

拉姆勒如是说 3-6

就这个项目而言，关键业务问题与常规的结果领域是在阶段 I 就被明确识别的。但只有当伯特进入阶段 II，并了解更多 NuPlant 的情况，包括用于考核 NuPlant 的绩效指标后，他才能够识别出结果方面具体的差距（硬指标数字）。从我的经验来看，这样做事的次序是很普遍的，但是在阶段 II 结束之前，一定需要将这些数字确定。

基于他对 NuPlant 的实地调研和他的绩效剖析（AOP）思维模型，对于工厂正在发生的情况以及会是哪些因素影响了 NuPlant 和管理者的绩效，伯特现在心中已经有了几个假设。这些假设（汇总在表 3-1 中）是基于第 2 章中提及的一些绩效剖析（AOP）的关键要点的。这些假设对于明确在项目阶段 II 中必须要做的事情十分有意义。

表3-1 剖析伯特对NuPlant项目的假设

	观察	假设	绩效剖析(AOP)关键点 作为假设的基础	阶段II的含意
a	NuPlant连续5年来一直绩效不佳	NuPlant的生产流程、管理流程都存在基础上的问题	•AOP关键点2：组织就是流程系统 •AOP关键点6：管理层必须确保组织系统协同一致	必须要理解生产流程与管理系统，以及它们对工厂生产效率的影响
		生产班长对于生产流程的影响力甚小，从而导致了NuPlant生产效率方面的关键业务问题。如果生产班长们能够对生产绩效施加显著影响，那么他们到现在一定早已这么做了	•AOP关键点4：岗位／角色以及职能是为支持组织的流程而存在的	必须要理解生产班长相对于生产流程的关系
b	现在生产班长对待其下属的行为，不可接受	"态度"这个标签对问题会产生误导。问题是监管者的行为——他们做什么与不做什么。态度是观察者们基于他们所观察到的行为，而对他人表示出来的暗示。绩效顾问一定会聚焦在改变行为上	•AOP关键点5：所有的绩效执行者都是人资绩效系统(HPS)的一部分	必须要理解生产班长们的HPS，并识别理想的行为
		生产班长们对其直接下属当前的态度是他们的HPS所导致的。更可能的是，生产班长现在面临要提升NuPlant生产效率的压力，同时他们实际上并没有能力对生产效率施加影响力（根据以上的假设），这些逐渐衍生为期待、结果与反馈，最终导致了生产班长们现在不可接受的行为	•AOP关键点5：所有的绩效执行者都是HPS的一部分	
		只要NuPlant的AOP其他方面的问题不解决，员工关系方面的培训无论做得多么成功而有效，都对NuPlant关键业务问题的影响微乎其微	•AOP关键点5：所有的绩效执行者都是HPS的一部分	必须将HPS所有的元素统一一致，以达到理想的行为

拉姆勒如是说 3-7

快速、高效且有成效的绩效分析取决于假设的应用——它们的产生与验证。这是一种较为科学的方法。绩效剖析（AOP）就是产生这些有意义的假设的一个强大的框架。其实质就是针对客户的情形提出一个假设，将假设体现在项目设计上，然后再通过数据收集和分析来确定这个假设是否成立。如果假设不成立，再提出并验证其他假设。我建议记载项目日志，来记录你的假设并阶段性地查看是否有些假设随着项目的进展得以逐渐呈现出来。

伯特与集团培训总监最早的讨论，还集中在对生产主管这个岗位实施培训的需求分析范畴，并不限于员工关系培训，可以延伸到生产主管的培训。但鉴于伯特决定用工厂生产效率这一关键业务问题，来测试各种不同的假设，他提议将原项目定义扩展为"对生产管理效果的研究"。对项目的重定义将焦点由主管的绩效转移到了工厂绩效，而且也使他可以对自己提出的所有假设进行测试。集团培训总监随即同意了伯特的想法并开始投入项目资金（原来集团总部曾对生产主管的工作效果有过担忧，因此希望这项研究或许能对这个问题的解决有一定的助益）。

为实现项目目标，伯特计划对所有可能影响 NuPlant 一线生产管理和工厂绩效的因素进行一次排查。换句话说，他需要对与 NuPlant 相关的绩效剖析（AOP）"当前态"进行识别和分析。伯特的分析策略包括将 NuPlant 与非常成功的老厂在相关的流程和系统方面进行对比。这种技术（经常指对示范绩效表现的分析）通常会对绩效咨询师提出的假设进行快速的验证。

伯特计划通过从鸟瞰组织的整体系统到近距离地查看相关的流程，再到更近距离地了解相关的岗位，进行一系列的数据扫描，来完成结果改进流程（RIP）的阶段 II。伯特知道多个短数据扫描要比试图一次做所有事情更为有效率并富有成效。收集一些信息，然后层层深入追溯到更为具体的信息，这样能够确保信息

拉姆勒如是说 3-8

伯特感到没有必要将项目称为所谓的"绩效改进"或"绩效咨询"项目，这是渴望成为绩效顾问的新手们常犯的错误。（"瞧瞧，我正在干崭新的与众不同的项目，我不仅是培训师，还是绩效顾问咧！"）

要永远记住的是，终极目标是改进绩效和成果。项目目标是找出达成终极目标所需的东西。只要能达成终极目标及项目目标，伯特把项目称为什么都OK。"培训需求分析"往往是一个好名称。因为每个人都知道培训是什么、培训的威胁会是怎样？而且，仅当你问有关预算和财务等方面的问题时才会遇到阻抗。如果准备踏入这个雷区，你或许要将项目的名称范围扩大些并能有一个合理的解释给不情愿提供敏感信息的人员。"生产主管效能提升"要比"培训需求分析"范围宽泛，也更切题。因为，每个人都会同意监管的有效性总是需要改进的！

拉姆勒如是说 3-9

示范绩效不应与最佳实践相混淆。我确实搞不清楚近些年来是如何提炼最佳实践的。示范者（无论是个人或是组织单位）应是基于可衡量指标的结果来被认定为示范者的。然后，分析者透过这些出色的业绩结果，从中寻找为什么这个人或组织能够有如此优秀的业绩表现。本次分析可能会揭示一系列的行为，一个特定的人资绩效系统、流程、制度或系统，这些后续都有可能被赋予最佳实践的标签。但是，起始点总是要关注绝对突出的、可衡量的结果。

的完整，同时避免采集不必要的数据。另一额外的好处是，通过一系列数据扫描确保客户看到并理解伯特正在做什么，可以避免客户在提供数据时产生误解，而提供一些不相关的数据。

总的项目计划包括以下活动：

1. 数据扫描一：重点识别 NuPlant 绩效剖析（AOP）"当前态"的相关情况（部门、关键流程以及它们的关系）。

2. 数据扫描二：（根据数据扫描一的结果）详细对比了解 NuPlant 与老厂的生产系统、管理系统和一线生产主管的角色。

3. 数据扫描三：根据需要，在 NuPlant 选择某些领域，进一步深度挖掘。

4. 总结项目结论，针对改进 NuPlant 及其管理者的绩效，开发具体的建议。

伯特起草的项目计划描述了在结果改进流程（RIP）的阶段 II（找出阻碍和应提议的改变），必须做哪些事情。阶段 II 的成果应该是为改进工厂及其管理者绩效，而提出具体改变的细节。如果调研的建议被接受了，那么就应根据结果改进流程的阶段 III，来设计和实施具体的解决方案。由于客户提出要尽快获得一些建议，而 NuPlant 还缺少可用的内部资源来支持绩效分析，所以，伯特与客户商定主要依靠伯特的咨询团队来开展分析，NuPlant 和 Big Auto 的其他人员适当参与。在实施结果改进流程的阶段 III 和阶段 IV 时，NuPlant 和 Big Auto 独立完成，不需要伯特团队的帮助。

建议书做好了，随即被集团培训总监认可接受。伯特预测项目的阶段 II 大约需要 12 周时间完成。伯特找到两位咨询师与他一起工作：一位咨询师配合伯特进行数据收集和分析；另一位担当技术专家的角色。伯特总计在这个项目上投入三四个月的时间，负责数据收集的那位咨询师近乎于全职在这个项目上，另一位技术专家差不多投入八分之一的时间。

阶段 II：确定阻碍并明确变革的细节

表 3-2 展示了 NuPlant 项目阶段 II 整体项目的记事时间表。

表3-2 NuPlant项目阶段Ⅱ的记事表

周	项目活动	地点	活动
1	数据扫描一	NuPlant	数据收集与分析
2	数据扫描一	NuPlant	数据收集与分析
3	数据扫描一	办公室	数据分析与制订下轮数据扫描计划
4	数据扫描二	老厂	数据收集与分析
5	数据扫描二	NuPlant	数据收集与分析
6	数据扫描二	NuPlant	数据收集与分析
7	数据扫描二	办公室	数据分析与制订下轮数据扫描计划
8	数据扫描三	NuPlant	数据收集,对建议进行测试并分析
9	建议	办公室	数据分析并最终敲定建议
10	建议	办公室	准备最终报告并演示
11	建议	NuPlant	最终报告演示并对NuPlant提供建议
12	建议	Big Auto总部	向Big Auto总部演示最终报告并提供建议

拉姆勒如是说 3-10

本章余下的内容描述了主要的部分,即由伯特和他的团队实施的为期12周的绩效分析与改进项目。正如我在"介绍"部分所讲的,这一案例研究的目的是展示真正的流程绩效咨询介入项目的成功方式。我展示一个综合而全面的案例的初衷很简单,因为,如果你见识过,自然做起来就很简单,也很容易找到类似的机会。

如果你在绩效咨询的学习曲线中刚刚处于起步阶段,开始你可能会有点不知所措。但是,不要放弃,这个案例研究所展示的正是助你应对任何规模项目的战略、战术和工具。另外,在第4章,将仔细分析和回顾这个案例研究,并从这个项目到其他你将遇到的绩效咨询项目机会中归纳出一些可借鉴的要点。

数据扫描一的时间表

应用图3-5,你能够跟踪伯特在结果改进流程(RIP)中的进展。

85

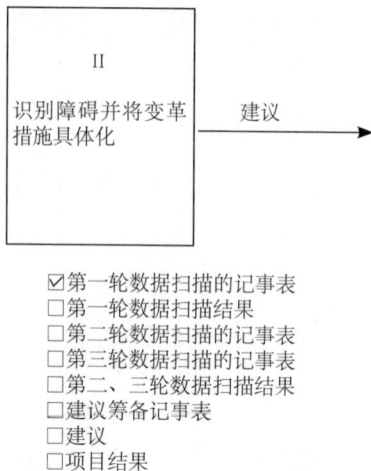

图3-5　NuPlant项目里程碑

第一和第二周。伯特和他的两位同事抵达了 NuPlant，与人力资源经理会谈，演示了他们第一周的数据收集计划。第一周的目标是要了解：

- 整体生产系统以及一线生产主管在系统中的角色
- 各类管理者（工厂和冲压系统）认为 NuPlant 当前绩效问题的原因是什么
- 一线生产主管和工厂（NuPlant）的绩效是怎样衡量的
- 工厂（NuPlant）的经济效益如何
- 在冲压系统及集团的绩效中，工厂（NuPlant）的角色

伯特的团队对 NuPlant 进行了深入的了解，而且还与工厂经理和他的下属一起开会回顾了项目目标及流程。

拉姆勒如是说 3-11

最好是带着问题去亲身体验一下绩效执行者的工作环境。安排去一下门店、办公室、呼叫中心、销售市场或者仓库。如果项目涉及销售业务员，那就和他们一道用一天或更多的时间走访市场。

伯特的绩效咨询团队对高级生产管理者进行了访谈，应用可得到的所有硬指标数据，识别出了那些"最好的"和"最差的"生产主管和班长。接下来，咨询团队便通过以下方式开始收集信息：

- 访谈与生产相关的所有管理者

- 对两个班"最佳的"和"一般的"一线生产班长访谈和现场观察

- 访谈和观察这两个班的班长的若干直接上级

- 从每个班抽取一名时薪工采样访谈

- 伯特的咨询团队成员将他们每天的访谈、观察结果以及初步的结论都记录下来

拉姆勒如是说 3-12

较为理想的是，在现场数据收集团队能有一间办公室或会议室，作为项目组的办公地点，最好有大幅墙面，可以张贴项目组收集整理的图片或地图。如果绩效咨询师无法争取到这样的空间，他或她也可以利用宾馆房间内有限的空间。

第三周。伯特的团队返回到办公室，对目前所收集的数据进行分析整理，将他们对于生产系统、主管角色以及管理系统的理解记录下来。

项目组还计划了如何开展数据扫描二的数据收集策略，包括参观那家老厂（绩优示范执行者），之后再返回到 NuPlant。

第一次数据扫描的结果

正如你在图 3-6 中看到的，伯特和他的咨询团队在结果改进流程（RIP）的阶段 II 已经取得了一些进展。

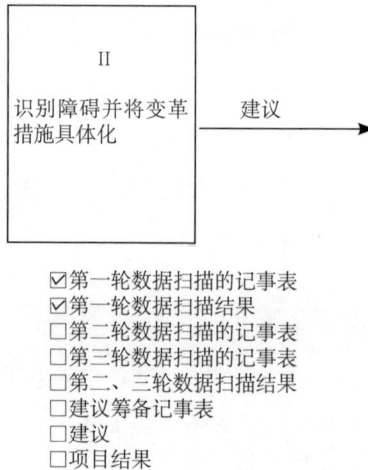

II

识别障碍并将变革措施具体化

建议

☑第一轮数据扫描的记事表
☑第一轮数据扫描结果
☐第二轮数据扫描的记事表
☐第三轮数据扫描的记事表
☐第二、三轮数据扫描结果
☐建议筹备记事表
☐建议
☐项目结果

图3-6　NuPlant项目里程碑

NuPlant 的组织架构。在第一次参观 NuPlant 时，伯特得到了一份工厂的组织架构图（图3-7），并张贴在 NuPlant 的项目组办公室内的墙壁上。

对于绩效咨询师来说，需要分析的最为重要的一份文件或许就是组织架构图了。仅在一张纸上，就显示了参与整个组织运行的所有主要职能，以及各职能之间的相互关系。这是了解组织作为系统，以及有关绩效剖析（AOP）的一个开始。透过组织架构图，可以闪现出最早有关于系统被肢解的一些假设。

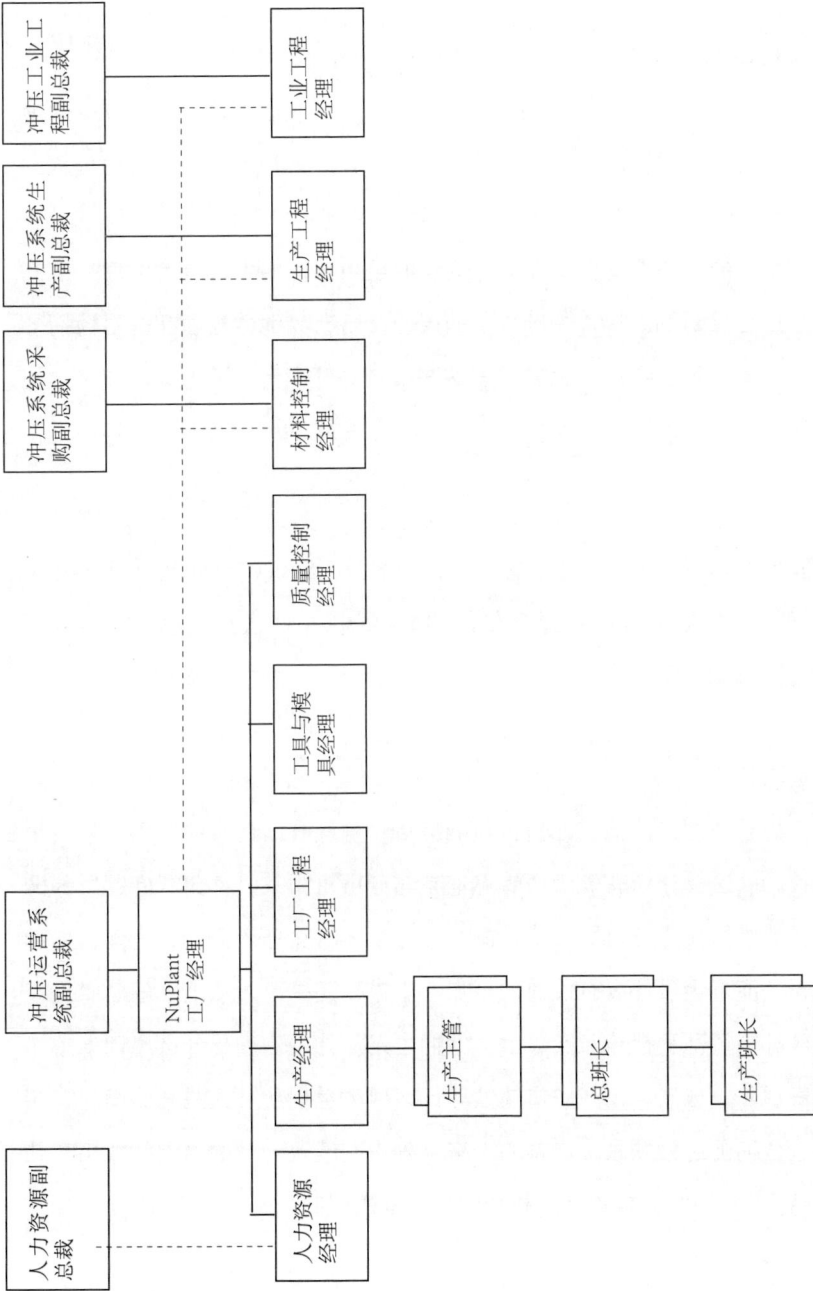

图 3-7　NuPlant 组织架构图

拉姆勒如是说 3-13

仔细看一下图 3-7，每个框框代表一个部门或者职能。每个框框存在的地方都是我们所说的有可能成为职能或部门"金钟罩"的地方，也就是说框框的利益都是框框里的那些员工及其管理者们认为至高无上的东西，远比整个组织，也就是 NuPlant 的利益要重要。在 NuPlant 的组织结构图中，看上去只有生产经理处在真正直接对 NuPlant 生产负责的层面，所有其他的经理都是对他们各自的部门或"金钟罩"负责。我要假设这些其他的管理者都会重点优先关注他们部门的目标，其次关注生产经理的目标，也就是 NuPlant 生产工作的目标。

对管理者调查。作为第一次数据扫描的一部分，绩效咨询团队询问 NuPlant 所有部门经理，"你认为 NuPlant 绩效欠佳的主要原因是什么？"在表 3-3 中展示了其中一些经理的代表性回答。

拉姆勒如是说 3-14

向所有的管理者询问他们如何分析 NuPlant 目标未能达成的原因，是一个很有效的技巧。这会让所有的管理者迅速参与到项目中来，并为"问题"的分析提供一些基础的数据和背景信息。正如你在表 3-3 中所看到的，管理者们的意见不统一，而且也没什么有价值的观点。不过，还是可以从中了解到管理者们此时此刻都很慌乱和挫败。实际上，他们也无从知晓到底是什么原因造成了工厂业绩表现差，当然，也不知道该做些什么以改善现状。这些结论同时还阐明了，如果咨询师过分依赖客户方的人来准确识别绩效问题的原因并找出有效的纠正途径，他将面对怎样的挑战和受到什么样的限制。

表3-3　部门经理们对"你认为 NuPlant 绩效欠佳的主要原因是什么？"问题的回答

经理	回答
工厂工程经理	• 是时薪工导致的 • 监管不力 • 生产主管和领班还可以；再下一个层次的一线监管人员是真正的问题所在
工业工程经理	• 捆扎钢丝的问题 • 士气低落——管理层介入过多 • "让管理层去做"的态度 • 第一和第二个班次像两个不同的工厂。第一个班次毁了其他班次的努力 • 需要员工关系方面的课程
材料控制经理	• 在工作中缺少荣耀感 • 下属间缺少合作 • 缺少对管理层的尊重
生产工程经理	• 急缺培训课程 • 工厂的资源过剩 • 总是快速解决眼前问题而忽略长效的解决方案 • 标准高于其他工厂 • 工程的质量不大好
工具与模具经理	• 管理层与时薪工的态度 • 坏习惯 • 不能按照承诺的日期兑现 • 不一致的质量控制 • 劳工关系对我们不支持 • 工人们在停线时打牌
生产主管(第二个班次)	• 工厂超负荷 • 工人都是在其他地方做不下去的 • 新生代的工人
生产经理	• 工具与模具部门的监管态度 • 模具室与冲压室之间的矛盾 • 工厂没有按照产量要求设置 • 部门之间缺少合作 • 缺乏沟通

NuPlant "IS"当前态绩效剖析（AOP）。 在他们第一天去 NuPlant 即将结束参观时，伯特和他的团队就已绘制了如图 3-8 所示的那幅图，在此基础上不

断地添加，直到展示了所有与生产流程和工厂绩效相关的因素。此图概括了一名 NuPlant 生产主管的绩效相关联环境。这也是 NuPlant 的"当前态"绩效剖析（AOP）。在单单一张纸上，大多数影响绩效结果差距的因素都被提炼和呈现出来。伯特和项目组同事将这张图与 NuPlant 的组织架构图一起挂在办公室的墙面上。像这样的图是可以用于捕捉、提炼、展示和沟通结论的强大工具。

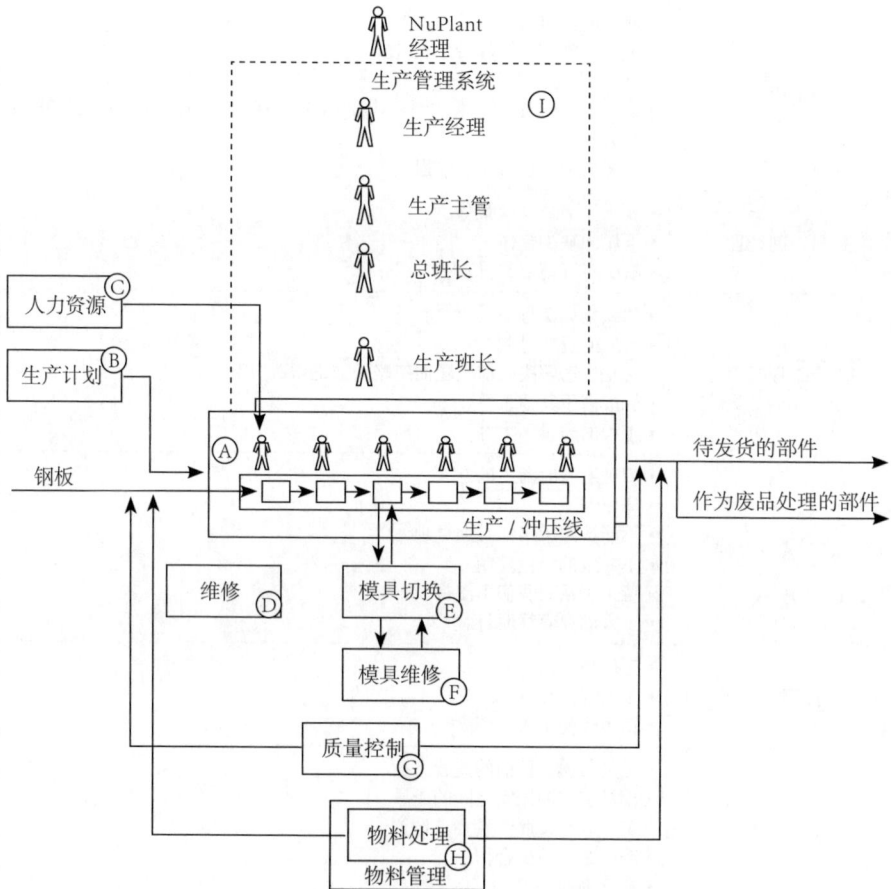

图3-8 NuPlant生产系统的主要构成——"当前态"绩效剖析

拉姆勒如是说 3-15

　　请花点时间来理解一下图 3-8，这个图非常重要，有以下几个原因。首先，对了解关于 NuPlant 的其他讨论是很基础的。后续所有的项目结论和建议都与这张图有关。其次，这是分析和提升结果的一个基础工具的应用范例，你应该学会熟练地应用这个工具。作为咨询师，如果你真的想要从根本上带来改变，那么你一定要利用这个工具去了解项目需求每个细节的有关背景（这正是此工具比任何其他工具都有效的一面）。

　　对比图 3-3 中一个典型的工厂航拍图和图 3-8 中的工厂绩效剖析（AOP）图往往很有趣。对 NuPlant 绩效的本质进行 X 光扫描是伯特和他的团队开始项目的起点。伯特所做的是将图 2-3 中的通用绩效剖析图，转换为 NuPlant 自身特定的绩效剖析图。这个图还有一个功能，就是将结果链建立起来，用以连接生产主管、生产流程和 NuPlant 生产效率。

　　如果你花点时间来看图 3-8，你会看到 NuPlant 的绩效，正如按照生产数量、人工成本、产量和废品率来衡量的，是由以下几项构成的一个功能，与图 3-8 中的字母相对应。

　　A. 生产 / 冲压线：冲压线 50~75 码长，包括 6~12 个独立的冲压机——有五层楼高，还有一些焊机。钢板在冲压线的一端焊接，然后通过一系列冲压机，在几分钟后，又从冲压线的另一端出来，如折叠式车棚、车门、后翼子板或其他汽车部件。这是 NuPlant 的主要生产流程，NuPlant 就是围绕这些来制造产品的。在 NuPlant，大约有 30 台这样的冲压机，占据了其不动产的相当大部分。

　　B. 生产计划：这个组织计划每条冲压线运行多少个部件。冲压机少则在一个班次内运行，多则连轴转地运行 2~3 天。

　　C. 人力资源：这个组织为冲压线提供必要的员工。平均每条冲压线配备 22 名工人。

D. 维修：机修工负责确保冲压线顺畅运行。他们执行定期维保并在线实施机电维修。

E. 模具切换：操作工在从一个部件品种切换到另一个部件品种时（例如从 X 型的车门切换到 Y 型的车篷），都要更换一次模具。这些调整都要用到大型的天车，吊起 10 吨重的冲压模具放入和撤出指定点位。平均一条线的品种切换需要 6 个小时，在品种切换期间，整条线停产。这项工作多数会在第三班或者维修时来做。

F. 模具维修：冲压模具会频繁出现裂缝，或在使用期间造成破损，因此就必须从这一班生产中撤出进行维修。维修部门和模具部门负责识别哪些模具需要维修。

G. 质量控制：对入厂的钢板原料和下线成品部件进行检验。

H. 物料处理：负责在工厂中取送所有的材料。特别是，要将入厂的钢板运送到冲压线，也要将成品部件通过轨道车运出，或将次品运去回收利用。

拉姆勒如是说 3-16

现在该你来做些工作啦。拿着一支铅笔或钢笔，在图 3-8 中标出生产主管，因为这个岗位正是所谓的导致 NuPlant 所有生产问题的"不良态度"。基于 NuPlant 的"当前态"绩效剖析，你认为这是个有道理的假设吗？也许未必如此。

是否还有其他导致绩效欠佳的可能原因呢？我认为是的。实际上，我的假设是（伯特也这样想），生产主管几乎不会对工厂的生产效率发挥直接的影响力，即使他们是对冲压线的生产效率负责的人。毫无疑问，他们的确出现过不好的态度！看看这个系统图对业绩问题的假设构建有多么大的帮助！好，让我们继续看看我们还能发现什么吧。

I. 生产管理系统：这个部门包括：（1）生产班长，总体负责监管 8 小时班次期间,30 条冲压线中的 2 条。（2）总班长，负责督导每个班次的 5 名生产班长。（3）2 名生产总管，每个人都负责 1 条生产线。（4）生产经理，负责 NuPlant 的整体生产。

分析 NuPlant 的流程。作为第一次数据扫描，伯特和他的项目组需要真正彻底地深入了解 NuPlant 的生产系统是如何运行的，各层级生产主管的角色是怎样的。图 3-9 为他们的发现提供了一个直观的图表化呈现。

简而言之，正如你在图 3-9 中看到的，生产系统是这样运行的：生产计划部门（A）安排某一部件品种（如：车篷，部件代码：999 型）进行冲压（10 号冲压线）。例如，生产计划部门可能计划安排这条线生产 7500 件。根据运行标准数据，这条线每小时可制造 200 件,5 个八小时班次应该能制造出 8000 件。允许次品率 5%（400件），那五个班次应该可以制造出净 7600 件符合标准的正品件。为准备这次生产，事先在生产线上将模具（B）备好，这个过程需要 6 小时。鉴于为生产某一部件品种调备生产线所需时间较长，计划部门制定了每个部件品种最优化的生产时长，每个部件品种每次生产不能低于这个时长。调备模具是极其不经济的，仅仅制造500 个部件后，就要为另一个部件品种的生产更换模具。一旦生产线为 999 型部件做好了模具调备后，数量和尺寸充足的钢板——坯板（C）被物料处理部门（D）安排输送到冲压线的前端。

钢板经由一系列冲压工序（E），最终在冲压线的末端以汽车车篷的形式 999型部件（F）出现了。计算机自动记录下冲压线（G）最后一次冲压的数量，为生产计划部门提供由这条生产线本次生产制造出来的部件数量，持续提供产量记录。制成的部件从生产线下来的时候，被一个一个置于托盘上。当托盘装满的时候（装载 30 张制成的汽车车篷），物料处理部门（H）就会把这些成品安排送到质检站（I）。在质检站，质检人员要根据检验标准来检查产品是否合格。

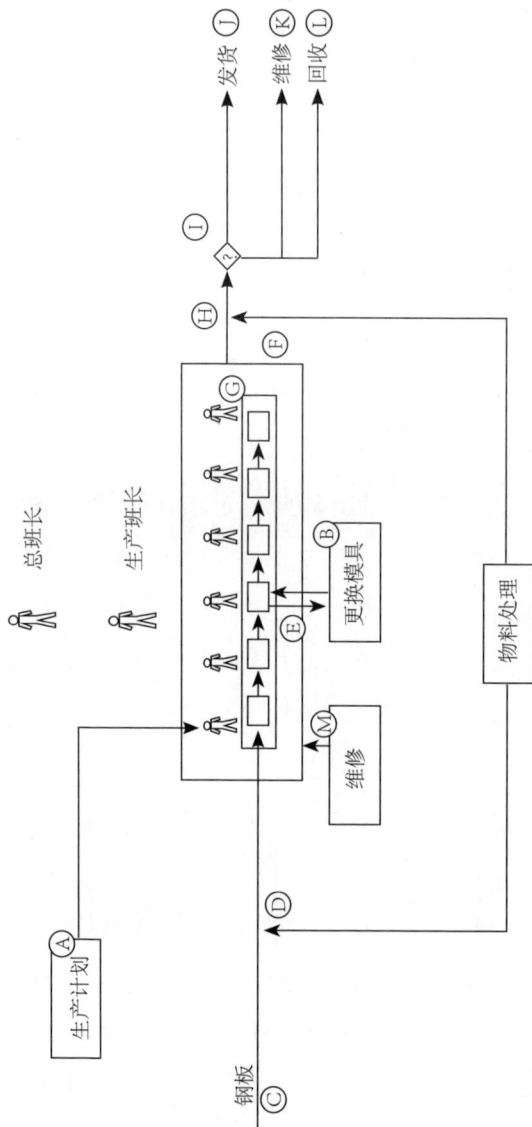

图3-9 运作流程

拉姆勒如是说 3-17

全面质量管理（TQM）的基本原则是"质量不是检查出来的，质量是生产出来的"。NuPlant 的质量管控流程看似明显地违背了这条原则。

符合质检标准的成品部件会被置于另一个托盘，之后由物料处理部门安排运送到装运码头，发往组装厂。不合格的部件或者被放到送往维修部门的托盘上，或者被放到回收托盘上，砸扁打包发往回收废钢料的一家外部的公司。物料处理部门要等到质检部门在托盘上放置各种不同的检验结果和处理意见之后，再执行处理意见，即"发货"或"维修"或"回收"。质检部门管理这些标签，仔细记录发货、维修和回收的部件数量并在每班结束时，将这些数据递送至生产计划部门。生产计划部门会从那条线完成冲压部件的总数量中减去回收和维修部件的数量，得出那条生产线单个班次生产的净产量。

冲压线生产效率的主要衡量指标是非标准直接劳动成本。计算公式：10 号线计划每小时生产 200 件 999 型部件。每个班次总计生产 1600 件。为这个部件品种的生产线配备了 20 名工人。这就意味着该指标的标准是：每小时冲压 200 件，20 个工时，或者每班次冲压 1600 件，160 个工时（为了便于计算，伯特没有算劳动的工休时间，如果算了，那么每个班次的工作时间就不足 8 小时了）。这样计算下来，999 型部件的标准劳动成本标准是每个部件 0.10 小时（用 20 除以 200）。如果冲压线每小时生产 200 件或者更多件 999 型部件的话，那么冲压线的直接劳动成本就会低于标准，是正面的结果。相反，如果冲压线每小时生产量低于 200件（比方说 150 件），那么直接劳动成本就会每件上升 0.133 小时，这是负面的差异，这一小时这条线的表现就是红色的。

生产主管：陷入红色。一线的生产班长们看到自己的班次最后出现红色数字的时候，就会产生极大的压力。出现红色数字对于生产班长的职业生涯来说不是一件好事。这是因为对每小时生产部件的考核是根据在生产线上最后冲压的数字来考核的，并不是"发货"的数量——每班次通过质检的数量来考核的。因此，生产计划部门多数时间处理的都是不完整、有缺陷的数据。计算机告诉生产计划部门 10 号线在第一班次生产了 1600 件，达成了数量上的计划。但是，质检部门可能对 100 件有些缺陷的部件做回收处理，有 75 件送去维修，最后剩下这个班次实际的合格品的产量是 1425 件。

这个班次结束时，残次部件的数据超出了生产计划的允许范围。同时，10 号线第一班的班长在直接劳动成本方面达标了，因为生产线所记录的数量是 1600 次冲压。这一考核指标比较麻烦的是，它鼓励生产班长不顾及生产成本去安排生产线的运行，只考虑达到冲压次数的数据标准。即便是运行中出现了问题，产生了残次品，也不叫停。同样，如果生产线由于机械问题减缓运行了，那么，生产班长会想尽一切办法尽快让这条线再运转起来，这样到这个班次结束时，就可以尽可能接近冲压次数的标准了。

拉姆勒如是说 3-18

伯特和他的绩效咨询团队成功地对生产流程，以及 NuPlant 各部门之间的关系进行了详尽的描述。在你对岗位进行了解的时候，问问自己，"我能胜任这个岗位吗？""对这个岗位的绩效期望描述得足够清晰吗？""这些期望合理吗？""这个岗位的考核标准合理吗？""按照现在成形的程序和方法，能够达成期望的绩效吗？""要想在这个岗位上有出色的表现，应该做哪些改变呢？"

在你对这个岗位以及其人资绩效系统有了通透的了解之后，你应该可以开始对业绩不佳的问题设定一些假设并制定出一些合理正确的行动了。

从现在开始，事情就变得有趣了。NuPlant 正处在不断加剧的压力和审查之下，因为无论在产量（相比生产计划，实际生产并发运的数量）、次品数量，还是在非标准直接人工成本方面，它都排在冲压系统各工厂的最后一名。在非标准直接人工成本方面，整个工厂都飘红。冲压系统非常担忧人工成本这项指标，现在要求 NuPlant 每个班次上报两次直接人工成本方面的数据。这就意味着，总督导要分别在每个班次运行的头 4 个小时结束和班次最终结束时检查人工成本数据。这

98

些数据整理汇总后，上报给 NuPlant 的管理层，然后再报给冲压系统。这就给班长们带来了巨大的压力，他们一定要争取在每个班次结束时处于达标的黑色数字。

　　每个工厂最关键的瞬间是每一天开始的第一个班次。每个新部件的生产都安排在了夜间（第三班），现在开始第一次运行。开始的第一、二个小时的生产效率会低于标准，因为工人们要熟悉调整的任务，冲压机的压力要调好，要第一次测试新设置（或维修）的模具，物料处理部门还要力争为每条生产线运送所需的钢板。因此，任何一天的第一个班次，30 条冲压线中有 10 ~ 20 条应该都在生产一个新部件品种。假设每名生产班长同时监管两条生产线，那么他们可能要监督 2 个新部件品种的开机初始时段。在每个班次的开始，班长都要先把两条线的操作工安排好，分派任务。如果他们启动生产线的时候遇到了问题，直到这条线经维修过后可以运转之前，这段时间都算作他们的直接人工成本。就在那时，员工们被重新集合在一起，分派新的任务，那么班长在那一天的那条生产线的人工成本方面就会免于受考核了。

　　在生产班长中有这样一条公认的法则，就是如果一名班长不能在每个班次的头 45 分钟将生产线开动起来，那么他们就不可能在这个班次余下的 7 个小时 15 分钟里为这个班次赢得黑色的达标成绩。这个"无望临界点"给生产班长们的行为带来了非常有趣的影响。

　　纵观全景。伯特和他的团队已经对 NuPlant 的生产系统的运作情况以及生产班长的角色有了具体的了解，接下来他们要看一下 NuPlant 运作所在的更大的系统。NuPlant 是冲压系统的一部分，也是 Big Auto 集团重要的一个下属机构——北美汽车运营公司的一部分（图 3-10）。显然在更大的系统中一定会有对 NuPlant 产生影响的因素，反之亦然。伯特需要了解 NuPlant 所在外部系统的绩效情况。

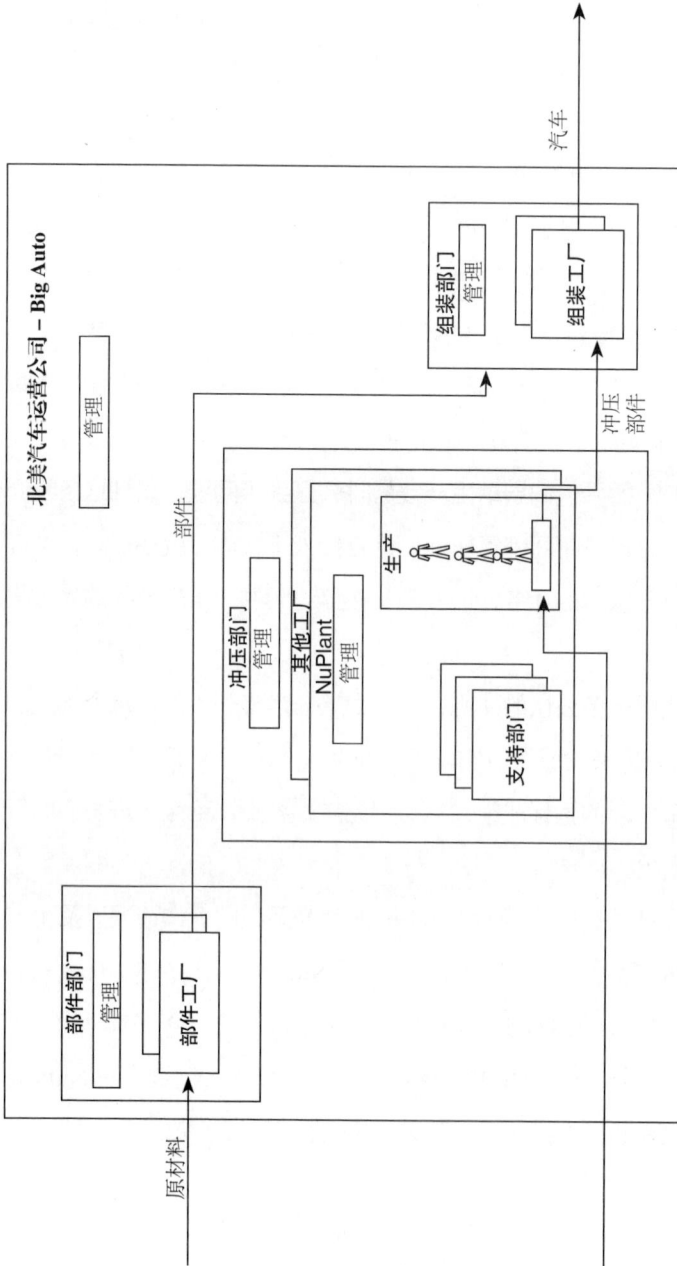

图3-10 NuPlant及其所在的更大的系统

拉姆勒如是说 3-19

这里有一个有关生产班长行为的、看似离奇的（但如果你认真想想，还是可以预见的）例子。他们对正在生产线上抢修的维修人员说，如果他们不能在这个班次的头 45 分钟内将生产线修好，最好拜托他们声明这条线在这个班内就不能修好了。这样一来，这条线的人工成本就会被转嫁到其他地方，随即这个生产班长也就不会受此考核了。

生产班长们这样做就是挖空心思确保自己所在的那个框框里的利益不受影响。还记得我最早说过的话，"把一个业绩好的绩效执行者放在一个劣系统里，那么系统能够每次都赢"吗？这些生产班长就陷入了这样的劣系统里，他们所做的一切都是为了能够在与劣系统较量中取胜。

第二次数据扫描记载

图 3-11 让你更清楚伯特和他的团队在结果改进流程（RIP）中的最新进展。

第四周。伯特和他的数据收集同事抵达了老厂，与人力资源经理见面并通报他们为期三天的数据收集计划，以及对工厂大致参观的安排。

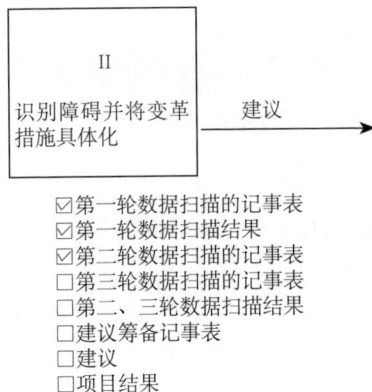

```
        ┌─────────────────┐
        │        II       │
        │ 识别障碍并将变革  │ ── 建议 ──▶
        │ 措施具体化        │
        └─────────────────┘
```

☑第一轮数据扫描的记事表
☑第一轮数据扫描结果
☑第二轮数据扫描的记事表
☐第三轮数据扫描的记事表
☐第二、三轮数据扫描结果
☐建议筹备记事表
☐建议
☐项目结果

图 3-11　NuPlant 项目里程碑

拉姆勒如是说 3-20

正如前面提到的，老厂在 Big Auto 集团属于绩优示范企业，而 NuPlant 却是集团排名最末的企业。在冲压系统中，老厂是成立最早的，也是自动化程度最低的一家企业，而 NuPlant 却是最新的，也是自动化程度最高的企业，这两家企业的实际条件与绩效反差确实很令人诧异。

伯特想要看一下老厂，以便了解是什么成就了它出色的业绩表现。顺便说一下，NuPlant 和冲压系统的管理层假设老厂之所以表现不凡，主要是因为老厂所雇佣的"技艺精湛的欧洲工艺师"，相比之下，NuPlant 不得不在当地人才市场雇佣一批新的缺少经验的工人。接下来，你会读到更有趣的理论。

参观老厂收集信息的具体目标是：

• 了解老厂的生产系统、管理系统和各级管理者的角色，这样他们可以与 NuPlant 的相关方面进行相互对比。

• 收集过去 16 周的历史生产数据，用来进一步分析非标准直接人工成本的考核情况（NuPlant 没有这些数据）。

因为伯特的团队现在已经有了冲压公司的绩效剖析（AOP）以及应查找和关注的假设，所以，对老厂的数据收集就不会耗用太多时间。例如，这个团队已经大体知道生产系统是如何运作的。

伯特和他的团队在他们的办公室里，用了最后两天时间处理老厂的数据，并为下一次回到 NuPlant 的信息收集整理出具体的要求。

第五～六周。 伯特和他的数据收集同事又来到了 NuPlant，与人力资源经理见面，确认了这两周的数据收集计划。

在这两周期间，伯特和他的项目组对所有相关的生产和管理系统进行了关键的回顾，来查找断点问题及这些问题的根本原因。这项任务需要与关键的人员进行议题更为聚焦的讨论访谈，还对工厂已实施过的介入方案的效果进行了一定的了解。

伯特进一步提炼出 NuPlant 的生产系统、管理系统和各级管理层角色的"未来态"绩效剖析（AOP）。他还开始形成一些初步的建议，以改善 NuPlant 的生产效率和生产班长们的绩效表现。他和他的数据收集同事收集到了必要的信息。他们每天都分享和总结出一些信息。

第七周。伯特和他的项目组转移到他们自己公司的办公室工作。在这时，项目组开始将 NuPlant 的"当前态"绩效剖析（AOP）与"未来态"效果更佳的绩效剖析进行系统比照，找出两者间的差异，以及如何消除差距的建议。

　　项目组成员发现他们对 NuPlant 的了解仍然存在一些空白，所以就又制订了一个第三次数据扫描的数据收集计划，以填补那些空白。

第三次数据扫描记载

　　正如你从图 3–12 中看到的，伯特正在对结果改进流程的阶段 II 有所突破。

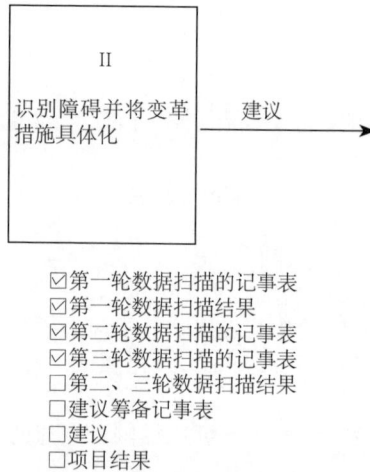

```
┌─────────────────┐
│                 │
│        II       │
│  识别障碍并将变革  │       建议
│  措施具体化       │  ─────────────→
│                 │
│                 │
│                 │
└─────────────────┘
  ☑第一轮数据扫描的记事表
  ☑第一轮数据扫描结果
  ☑第二轮数据扫描的记事表
  ☑第三轮数据扫描的记事表
  □第二、三轮数据扫描结果
  □建议筹备记事表
  □建议
  □项目结果
```

图 3–12　NuPlant 项目里程碑

　　第八周。又一次，伯特和他的同事来到了 NuPlant，与人力资源经理见面并确认了他们的计划。本次扫描需要在 NuPlant 停留 2 ～ 3 天，要与老厂的有关管理者进行一些电话访谈。另外，作为这次来 NuPlant 的一项任务，伯特计划对各层级经理和班长测试一些绩效咨询团队提出的建议，以验证这些建议的可行性，试探一下这些建议一旦实施，可能会得到多大程度的支持和接受。

拉姆勒如是说 3-23

举个例子，教你该如何测试一个建议是否容易被对方接受。你可以拿一份文件给某位生产主管看，对他讲："我在想，如果这样的信息每天提供给你，你是否会觉得很有用？"假设这位主管对这个主意表示赞同，很正面的态度，那么接着问他："你建议怎样可以使它更有用呢？""若每天把这样的信息提供给你，你认为有多么重要？"

第二次和第三次数据扫描的结果

图 3-13 再次为你提供了 NuPlant 的项目里程碑。

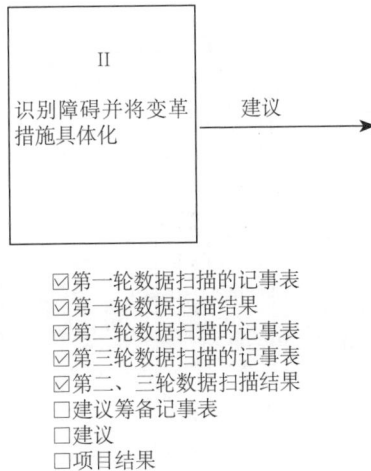

图 3-13　NuPlant 项目里程碑

现在你该拿出你的便利贴，这样你可以在读这本书某些章节的过程中，贴上便利贴来作为记号。第二次和第三次数据扫描的结果总体概括如下：标注字母 A 的结论是有关 NuPlant 生产班长的绩效的；标注字母 B 的结论是有关 NuPlant 绩效的；标注字母 C 的结论是与整体的冲压系统有关的重要结论。

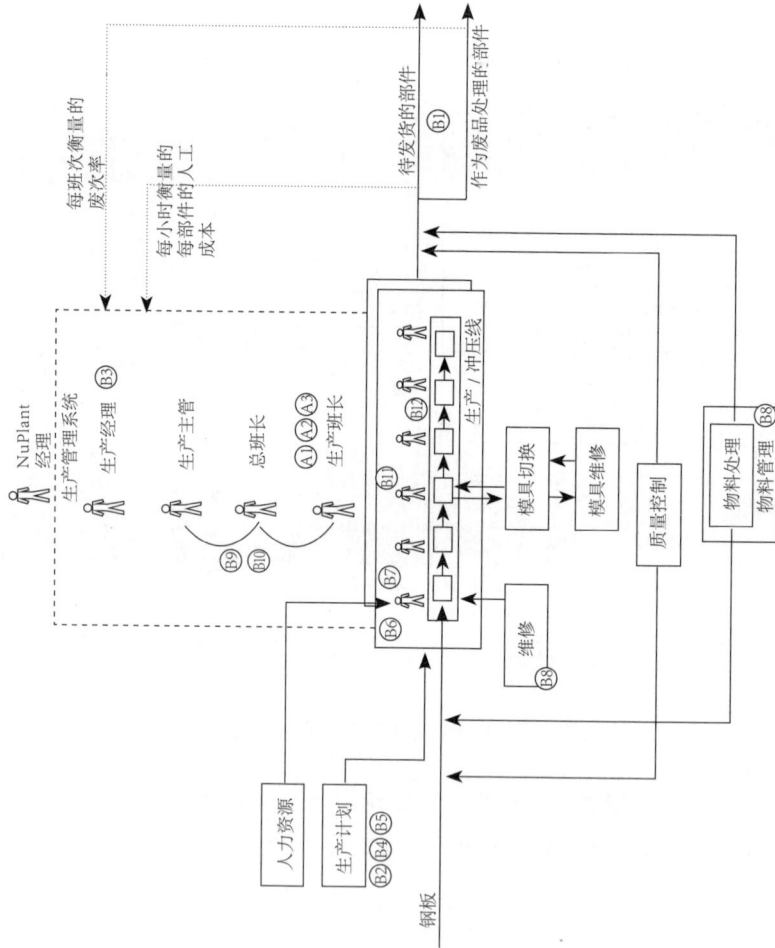

图3-14 NuPlant生产系统主要构成及第一和第二次数据扫描结果在系统中的位置

结论

（A1）生产班长对与工厂效率有关键影响的因素缺乏控制。

（A2）生产班长每天很少获得绩效反馈。

（A3）通过对生产班长培训不会对NuPlant的效率带来明显的改善。

（B1）生产系统当前正在评估和强化——个不很适合的绩效变量——直接人工成本。

（B2）没有可作为生产系统"记忆"职能的数据储存系统。

（B3）没有或很少向生产班长提供由于较差表现而导致系统不良后果。

（B4）NuPlant缺乏生产计划所必需的计划系统。

（B5）NuPlant计划天生产过低是切实生产计划的原因之一。

（B6）每一小时的生产线启动是无效且成本很高的。

（B7）由于停线的成本更高，所以生产线不得不持续运行。

（B8）间接预算系统存在缺陷，在压力方面趋于僵化、浪费。

（B9）生产管理的三个管理层级的组织职责不足以应付当前生产问题。

（B10）一线管理人员与管理层之间存在一些认知上的不足。

（B11）在每天生产线启动的第一个小时向班组引入摩新的生产工人极为低效且会存在一"早—停"的政策。

（B12）老厂有"早—停"的政策，能够为生产工人提供非常灵活的休息方式而且具有明显激励作用，带来了更高的生产效率与产量。但在NuPlant则没有这样的政策。

图 3-14 显示了项目结论在 NuPlant 的绩效剖析（AOP）上所处的位置。冲压系统的结论标注在图 3-15 上。你可以使用这些标签来标注有关结论（例如：A1 或 A2），用于就本章或附录 A 中的相关内容进行讨论或者你也可以与附录 B 中的建议内容互为参考。附录 A 包括结论的详细内容以及结论背后的逻辑说明。所有的结论是按照这种方式安排的，这样当你好奇或希望掌握报告的详细内容时，可以追溯到附录 A。附录 A 是从实际的项目结案报告中摘录出来的。

拉姆勒如是说 3-24

你会发现将关键的项目结论呈现在像图 3-14 中的图形中，是非常有用的。首先，它能够帮助项目咨询团队看到在组织系统中的哪个方面发现问题，得出了结论，也会提示他们要重点关注系统中的某些关键部分。其次，可以向客户展示在系统中的哪些地方存在问题。它还对客户强化了这样的理念，即绩效咨询师是从整体系统的角度看问题，如果客户仅单纯从一两个侧面来看问题，问题是不会得以真正彻底解决的。随着时间的推移，这个系统会逐步得出理想的结果，解决绝大多数的问题。

伯特的结论总结

A1. 生产班长对工厂生产效率关键影响因素的控制微乎其微。

A2. 生产主管们每天获得的客观业绩状况的反馈少之又少。

A3. NuPlant 的生产效率不会通过对生产班长提供培训而产生明显的改善。生产班长表现欠佳对于工厂生产效率的影响非常有限，而且也几乎并不是因为他们不知道应该做些什么。

B1. 生产系统现在考核并且强调的是不适合的绩效指标，即直接人工成本。

B2. 没有为生产系统提供"记忆"的数据储存。

B3. 生产管理者很少或得不到不良表现有关信息的反馈，缺少常规的反馈程序。

B4. NuPlant 生产计划系统（与老厂相比）缺少更切合实际及有效安排生产的系统。

B5. NuPlant 生产计划的工作环境是生产计划缺乏有效性的一个原因。

B6. 前一小时生产线启动期是无效而且耗费成本的。

B7. 由于停线的成本更高，因此生产线不得不持续运行。

B8. 间接预算系统对于压力恰恰起到了反作用。

B9. 一线以上三层的生产管理者的组织职责不足以应对现在的生产问题。

B10. 生产督导与管理人员缺少一些必要的知识。

B11. 在每天启动生产线的第一个小时期间，将新的生产工人引入到生产队伍是极其影响效率并起反作用的。

B12. 老厂执行了一个叫做"早—停"的制度，对生产工人的高生产效率及产量提供重大的奖励。在 NuPlant 却没有这样的制度。

C1. 冲压系统对工厂的人工成本结果的过度强调，导致了材料更大的消耗和产量的减少。

C2. NuPlant 没能实现生产计划，影响了 NuPlant 外部更大的系统，带来了更多的压力。

结论 A1. 生产班长对工厂生产效率关键影响因素的控制微乎其微。（有关本结论更详细的情况，请参见附录 A）

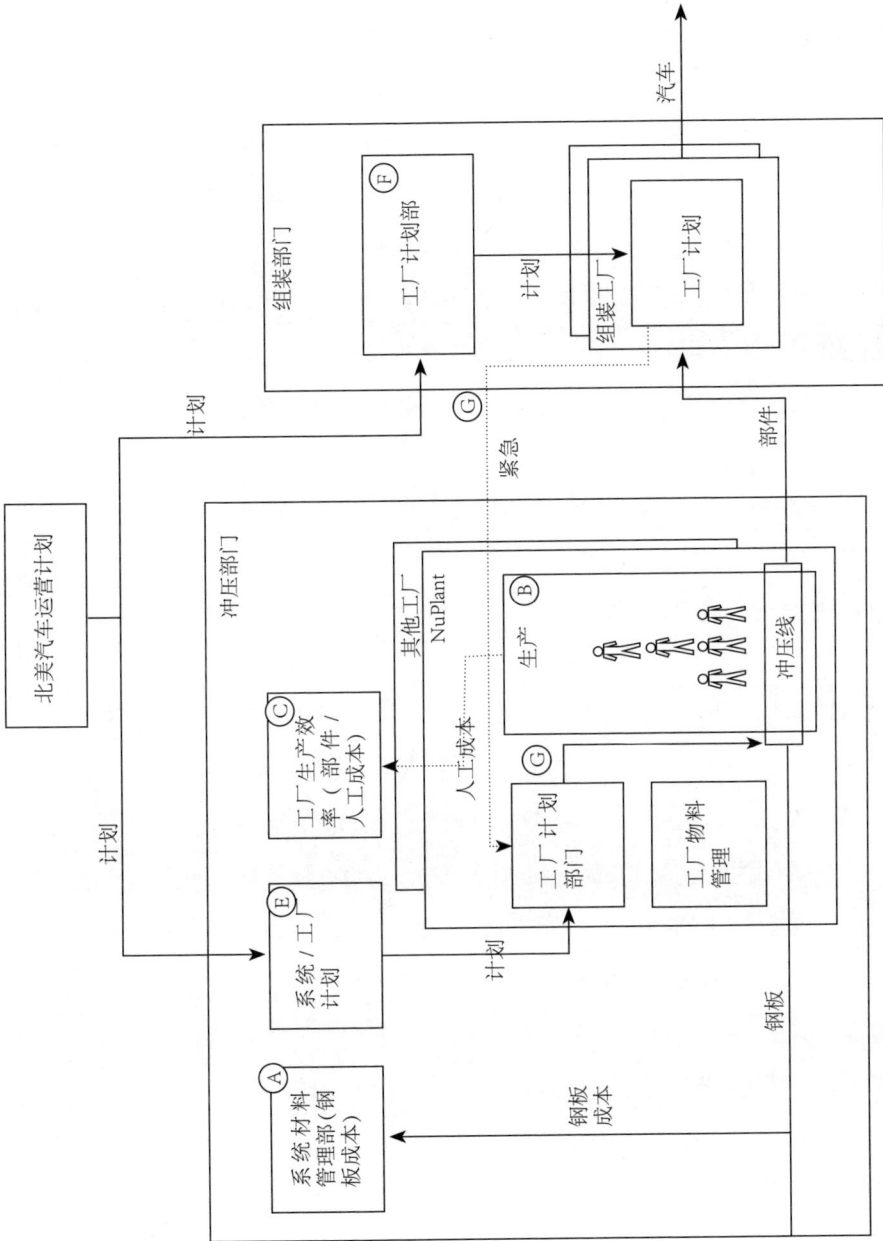

图 3-15　冲压系统运作流程概览

拉姆勒如是说 3-25

这一结论背后的分析观点并不符合大家所公认的分析原因，即由于生产班长的"不良态度"导致了 NuPlant 和冲压系统的奇怪表象问题。咨询团队提供了两点看法来支持有关于生产班长绩效的观点。第一，附录 A 中的图 A-1，从流程的角度展现了能够确保实现理想结果的整个生产流程，以及生产班长对这个生产流程所发挥的管理控制。第二，表 A-1 总结了有关于生产流程和生产班长角色的大量重要因素。也许有许多一线生产班长能够直观地理解咨询团队所发现的问题和结论，但这是这个案例第一次以客观和无偏见的方式来分析和呈现。

结论 A2. 生产主管们每天获得的客观业绩情况的反馈少之又少。生产主管们看不到有关绩效的数据，因此也就无法对员工的工作效率做出客观的评价。(有关本结论更详细的情况，请参见附录 A)

拉姆勒如是说 3-26

在项目报告中，对此项目结论和它的影响提供了一个彻底和详细的描述："生产班长对生产过程中的实时绩效情况缺乏客观的信息反馈形式；他们无法将今天的业绩表现与他们日常的业绩表现作对比（也许他们甚至不知道日常的业绩表现应该是什么样的）；他们没法说清楚某一改变可能对业绩表现带来什么影响。简而言之，他们无法评估他们的实际业绩表现对于整体绩效的影响。缺少这方面的信息，生产班长是一定会低效且高度紧张的。"面对这样的描述，可以预见到客户可能会提出的一个问题："你这样说是啥意思？"

结论 A3. 培训生产班长对于 NuPlant 的生产效率并不会有显著的影响。(有关本结论更详细的情况，请参见附录 A)

拉姆勒如是说 3-27

请花点时间阅读一下附录 A 中的详细结论。我认为这条结论在以下三个方面尤为有趣：

1. 这条结论快速地解决了最原始的项目需求中隐藏的假设问题（"我们需要为生产班长提供员工关系培训课程"）。首先，生产班长对生产效率的影响微乎其微；其次，生产班长的绩效不佳与缺少工作相关的知识没有任何关系。因此，培训是不能解决此问题的。

2. 结论 A3 让客户明白了人资绩效系统（虽然没有这样称呼），并阐明了应立即将人资绩效系统应用到生产班长岗位上的概念。

3. 这一结论提供了如何为支持一个结论而展示大量有关细节的范例。在最终的项目报告里，详细分析了每个生产的产出，以及为什么生产班长没有按照所要求的去做的原因。而且，这个结论并不是通过表象的管理者绩效得出的，而是通过一个强大模型或框架——人资绩效系统，而详细分析得出来的。

结论 B1. 生产系统现在考核并且强调的是不适合的绩效变量，即直接人工成本。（有关本结论更详细的情况，请参见附录 A）

拉姆勒如是说 3-28

这是一个非常重要的结论，能够指向导致工厂业绩不佳的核心问题。必须针对这个问题做出一些改变，以实现在生产方面长期的、持续的改进。伯特怎么会知道这个如此重要呢？因为他了解绩效剖析（AOP）框架，尤其是人资绩效系统。所以他知道期待（绩效标准）与衡量（绩效反馈和结果应用）正确的事情构成了优秀绩效的基础。基于这样的理解，他一直在查看生产班长的工作环境，同时评估这些人资绩效系统元素的质量。项目报告（附录 A 中）有效应用了生产数据来证明，其实这个衡量指标，即直接人工成本，与理想的绩效（在冲压与废料率方面）并无关联。

结论 B2. 没有为生产系统提供"记忆"的数据储存。(有关本结论更详细的情况,请参见附录 A)

在 NuPlant,没有相关的绩效历史数据。对于一条生产线在不同时间里的运行情况或某一指标的运行情况(例如,实际生产对比计划、实际成本对比预算或允许的范围值),没有任何记录保存。绩效数据很少保留超过一周的时间,一般在主管以下级别的基层班长都得不到这样的绩效数据。另外,各班和各条生产线的数据并不分开采集。

结果对过去的绩效就没有形成积累的记录("记忆"),也无法预见到趋势,诊断出问题和评估结果。个人(生产班长及总班长)和部门(质量控制、材料处理和工程)都是各自记录着有问题的地方,尽力去纠正和弥补,时常还会触及其他部门的利益。

拉姆勒如是说 3-29

这是与人资绩效系统相关的又一个关键的结论:有效的反馈。需要持续积累有关绩效表现的信息,以某种特定的方式呈现出来,以便于为绩效改进提供必要的反馈。

结论 B3. 生产管理者很少或得不到欠佳表现有关信息的反馈,缺少常规的反馈程序。(有关本结论更详细的情况,请参见附录 A)

生产班长(经常是生产总班长)往往会忽视他们行动的效果,也不对结果负责。但如果安装了像结论 B2 中提到的"记忆"系统,这样的问题就会中止。

结论 B4. NuPlant 生产计划系统(与老厂相比)缺少更切合实际及有效安排生产的系统。图 A-2(见附录 A)这个例子很好地说明了形象化图示的强大作用:

• 帮助分析师理解一个复杂的系统和它可能的缺陷。

- 沟通一个复杂的话题，详细的结论和建议。
- 通过图 A-2 的"当前态"系统与图 B-5（附录 B）的"未来态"系统进行对比，富有逻辑地提炼出项目建议。

拉姆勒如是说 3-30

　　作为这个结论的基础，伯特已经很有效地应用了"未来态"绩效剖析模板。但是为什么呢？伯特的绩效剖析"未来态"原则，其核心是一个有效的"计划"与"管理"系统必须要具备什么（第 2 章）。因此，伯特对老厂进行了考察，他和他的团队重点查看的是它的计划系统——明显是运作的大脑。在老厂所看到的让他确信，计划系统是优秀的生产效率的主要贡献因素，而且看上去应该存在一种可复制的生产计划方式。伯特和他的团队能够看到这两家工厂在生产计划职能方面存在着明显的差距，这也能够解释为什么一个系统能高效运行，而另一个系统则效率低下。这个结论建议出了 NuPlant 的一个"未来态"系统。

　　结论 B5. NuPlant 生产计划的工作环境是生产计划缺乏有效性的一个原因。（有关本结论更详细的情况，请参见附录 A）

拉姆勒如是说 3-31

　　两点：第一，这个结论又一次示范说明，以"当前态"绩效剖析（AOP）来识别问题是非常有价值和有效的一种方式，它能够为"未来态"绩效剖析（AOP）来提炼有关建议的想法。第二，伯特和他的团队成功地应用了可观察的数据来对比两个工厂的绩效（表 A-3）。制作这个矩阵表帮助了伯特和他的团队透过这两个生产系统从不同类别的视角观察和分析。制作完成的矩阵表还可作为与客户进行重要信息有效沟通的一个平台。基于有限的观察，矩阵中的数据显得相当的主观。但是，对于客户来说，这些观察听上去很切合实际。

结论 B6. 前一小时生产线启动期是无效而且耗费成本的（有关本结论更详细的情况，请参见附录 A）。总体来说，第一个小时的生产是与生产班长和总班长的控制无关的，即使他们频繁地受这个考核。即使伯特和他的团队找不到一个明确的原因，持续的问题更像是缺少有关实际模具调备时间与每次运行实际生产用时的估算数据的表现。结果是按照不实际的计划时间考核（其实还总是无法达到），同时真正的问题还总是没有被解决。

结论 B7. 由于停线的成本更高，因此生产线不得不持续运行（有关本结论更详细的情况，请参见附录 A）。我们在前面讨论过，各种各样的因素都在鼓励和促使生产班长边际运行。同样，在大多数情况下，生产班长和总班长很明显不知道什么时候停线是最优成本的。

结论 B8. 间接预算系统对于压力恰恰起到了反作用（有关本结论更详细的情况，请参见附录 A）。

这个结论是一个非常好的例子，说明了一个组织其自身固有的传统认知是存在缺陷的，结果会导致一个普遍的、重大的问题。多年以来，在传统的冲压工厂，一向要统计分析间接人工预算（例如设备维修这样的成本）占直接人工成本的比例。也就是说，如果给指定的某条生产线配备 500 人，那么在这个班次运行期间安排用于维修这些生产线的间接人工就应该是 40 人，或者是直接人工的 8%。

但是，对于 NuPlant 这个比传统工厂的自动化程度高 10 倍的工厂而言，差不多有 10 倍多数量的设备需要维修；另外，由于 NuPlant 的设备自动化程度很高，直接人工仅需要传统工厂用人数量的 60%（即 300 人）。基于这些情况，根据考核所有其他工厂所用的指标，即标准间接人工比例 8%，NuPlant 这样高自动化的工厂所需要的间接人工应控制在 24 人以内（每个班次的 300 人直接人工的 8%）。在整个冲压系统通用的这条"考核指标标准"怎样也无法适用于 NuPlant！最后，自动化会表现为严重的欠缺维护保全，导致更多的停机和损失劳动生产率。

拉姆勒如是说 3-32

　　流水线上的经理们大多知道用这个模型来确定间接人工成本是有缺陷的，但他们的这种意见被视作牢骚抱怨。最终，具男子汉气概的生产部信条是"艰难之路，唯勇者行"（语出英国作家卡罗琳 Seebohm Caroline），还加上这是本分部的一贯做法。一个譬如伯特这样的局外人才能揭穿皇帝的新衣，告诉大家，"其实皇帝啥也没穿"，并复审这个有缺陷的公式。

　　结论 B9. 一线以上三层的生产管理者的组织职责不足以应对现在的生产问题。（有关本结论更详细的情况，请参见附录 A）

拉姆勒如是说 3-33

　　我要指出有关这一结论的若干要点：第一，这是一项重要的发现，因为这个问题是工厂表现不佳的一个主要原因。第二，这个例子说明了如何从整体的各管理层级与他们各自绩效之间关系的角度来分析。第三，这又是人资绩效系统的一个应用，人资绩效系统是设定正确绩效期待的起点。这个案例里，NuPlant 有三个监管的层级，做着本质上相同的事情，做得也都不够好。（你可以参看附录 B 中带此标题的有关建议 4 的内容）

　　结论 B10. 生产督导与管理人员欠缺必要的知识。（有关本结论更详细的情况，请参见附录 A）欠缺的知识在于：

- 对岗位职责的理解
- 对生产运行系统有效诊断的能力

- 对工人的工作质量和绩效表现提供充分反馈的制度
- 调动工人积极提出建设性建议的机制

结论 B11. 在每天启动生产线的第一个小时期间，将新的生产工人引入到生产队伍是极其影响效率并起反作用的。(有关本结论更详细的情况，请参见附录 A)

结论 B12. 老厂执行了一个叫做"早—停"的制度，对生产工人的高生产效率及产量提供重大的奖励。在 NuPlant 却没有这样的制度。(有关本结论更详细的情况，请参见附录 A)

这个结论隐含着有趣的寓意。首先，看一下背景：在 NuPlant 和冲压系统层面，普遍认为 NuPlant 与老厂之间的绩效差距主要是由于两个工厂所雇佣的工人的能力素质差距所致。老厂雇佣的是成熟的"经验丰富的欧洲工艺人员"，可 NuPlant 雇佣的员工大多数是年轻人，不修边幅，蓄长发，着褴褛牛仔裤，态度情绪复杂，而且对公司的忠诚度很低。他们可以只图比在 NuPlant 受更少的训斥争执，而闪电辞职，离开 NuPlant。

老厂是 1948 年第二次世界大战结束时，在美国东海岸建成的。在这家工厂招工的时期，刚好第一批从西欧来的流离失所的难民们来到了这里。Big Auto 扶持了这些家庭，让他们中的大多数人迁到老厂所在的社区。不用说，这些员工都是非常忠诚的，但是伯特没能找出任何迹象表明老厂的绩效是由于那些所谓的"熟练的欧洲工艺人员"所导致的。因为这些工人们操作更多的仅仅是像猛犸象一样远古老旧的冲压机，不需要什么创造和维修。事实上，老厂倒是具备更胜一筹的运行系统，即它的生产计划职能。但是又该如何解释这两家工厂在生产效率上的差距呢？

拉姆勒如是说 3-34

　　你或许不信！伯特的团队发现，老厂的一些冲压生产线会在换班前空闲 30 ～ 60 分钟。经过了解发现，有一个所谓"提前收工系统"的规定。具体情况是：一旦达成当班的成品或废次目标后，生产线就关机，而时薪工人被允许离开生产线，去自助餐厅玩扑克牌直到下班。这个规定只在老工厂有，而这个奇葩的 Big Auto 的劳动合同条款，在 NuPlant 或其他分部从来没人主动向伯特的团队反映过。

　　"早一停"制度为老厂带来的有趣的生机，映射出老厂为什么成为了绩优的企业。将"早一些完工，从生产线上下来的机会"作为能够尽快实现生产线目标的一项主要激励。这当然是被整条线上的 22 ～ 25 名员工共同认同和追求的目标。作为结果，所有的工人结为一个团队，互相提供必要的帮助。被分派的新员工从有经验的员工那里获得了大量的帮助。如果生产线上的设备出现了潜在的问题或需要一定的援助，员工就会向生产班长预警现在发生的情况，要求他对影响的相关方施加压力，使得这种苗头在演化成真正的问题之前，能够尽快得以解决。作为结果，在生产线的停工率方面，老厂在冲压系统中是保有最佳业绩记录的工厂之一。

　　不用说，NuPlant 的情况是截然不同的，工作中的唯一解脱就是让生产线为了这样或那样的原因停止运行。对 NuPlant 的时薪工没有任何的激励措施，激励他们为自己所在的生产线主动找到提升生产效率的方法。

拉姆勒如是说 3-35

这个"早—停"现象之所以有趣，是由于两个原因：第一，这是出现在整个系统全盘中很不起眼的一项制度、程序或做法，但是它已经对结果产生了如此巨大的影响。第二，在这一具有示范意义的实践中更有趣的事情是，它与公司统一的制度是相悖的。

这样的情况并不罕见。有些时候，一种岗位上的做法即使对出色的业绩起到了重大的作用，但是却由于某种原因而被现行的管理制度所禁止。当这种情况发生时，绩效顾问可以尝试做以下几件事情：

• 看一下这种做法的本质是什么，看能否通过对现有制度的小修改，而使这种做法符合制度要求。

• 建议修改制度。你也许要先试水看看是否需要从根本上修改。有时，很多制度会由于没人能记得的一些原因而存在了很多年，对于这些制度的修改或废弃也许会有一点明显并受阻。

因此，"技能娴熟的工艺人员"与老厂出色的生产效率没有任何关系。

拉姆勒如是说 3-36

将在下面探讨的结论 C1 和 C2，强调了绩效环境的重要性。有些问题是绩效顾问这个层面永远也无法解决的，因为他或她永远也不会从更大的画面来看。NuPlant 所在的系统包括整个冲压系统、北美汽车公司以及 Big Auto。NuPlant 既会影响也会受到其所在的超系统中各组成部分的影响。

结论 C1. 冲压系统对工厂的人工成本结果的过度强调，导致了材料更大的消耗和产量的减少（图 3-15）。

在冲压系统中，物料处理部门（A）负责材料的成本，其中很大一部分是钢板。同时，工厂的生产管理层（B）负责人工成本。部门（C）对工厂所施加的压力（人工成本目标）被转化为对生产班长和总班长的压力（必须达到小时工的成本目标）。就是为了要达到这些小时工的成本目标（由于那些能导致停线的因素，这个目标还是具有一定的难度），这使得生产班长所做出的决定本身最终导致了高废品率和低产量。但是，工厂任何层级中，没有任何人对产量或合格品的产出率负责。

拉姆勒如是说 3-37

这个例子很好地说明了为什么绩效顾问需要去了解和掌握目标系统（NuPlant）所在的更大的系统。整个冲压系统长时间以来，已经适应了这种利用两种主要的原材料（钢板）及人力来制造产品，达到工厂和整个冲压系统实现次优结果的方式。然而，工厂的次优并不是在工厂层面能够解决的问题，这明显是一个部门层面的问题。有关于应该做出什么改变的讨论，请详见项目建议 1。

结论 C2. NuPlant 没能达成生产计划，影响了 NuPlant 外部更大的系统，带来了更多的压力。冲压和组装工厂都是按照北美汽车公司下达的生产计划目标（D）（E）（F）来生产的。一旦 NuPlant 发运给组装车间的件数比计划的数量少，那么 NuPlant 就会危及组装车间达成组装目标任务的能力，这就要求向 NuPlant 发出紧急临时订单（G）。

为了避免对关闭组装线负责（严重的禁忌），NuPlant 必须重新复位冲压机（5~8 个小时的运行），紧急生产某一部件（可能需要支付加班费），然后通过空运将部件发往组装工厂。这一紧急反应对 NuPlant 的整体生产效率产生了巨大的负面影响。

这一观察的结果阐明了 NuPlant 作为北美汽车运营系统的一部分，没有兑现承诺。第一次没有做好，导致了必须重新来做一次，并且扰乱了正常的生产计划，也使得 NuPlant 的业绩表现更加落在其他工厂之后。这就形成了一个下行的低效能和低生产效率的恶性循环。并且，之前讨论的所有结论共同促成了失控的局面。

拉姆勒如是说 3-38

有这样一句谚语："当鳄鱼就要咬到你的腰部的时候，你很难记得自己本来是要排干沼泽的。" NuPlant 的悲剧在于每个人都已经疲于和人工成本这条"鳄鱼"斗争，没人有时间、精力或意愿去"排干沼泽"了。

准备项目建议的记事时间表

正如你能够从图 3-16 中所看到的，伯特和他的绩效咨询项目组进入了项目的最后冲刺阶段。

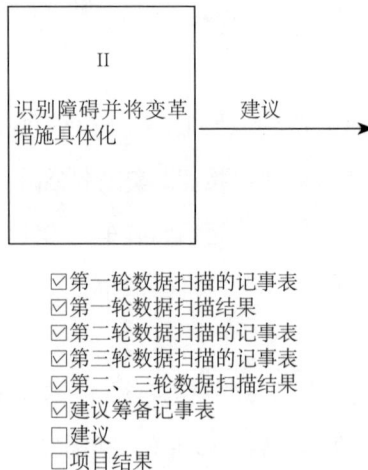

☑第一轮数据扫描的记事表
☑第一轮数据扫描结果
☑第二轮数据扫描的记事表
☑第三轮数据扫描的记事表
☑第二、三轮数据扫描结果
☑建议筹备记事表
☐建议
☐项目结果

图 3-16　冲压系统项目里程碑

第九～十周。伯特和他的项目组将他们的建议最终确定并按优先次序排好。

他们已经对比了 NuPlant 的"当前态"绩效剖析（AOP）和"未来态"绩效剖析模板，正如你能想象的，他们对导致 NuPlant 各种问题的原因进行了分析，并说明了能够推动改进的多种多样的想法。现在，项目组必须筛选这些分析的观点和可能的改进建议，来选出和编制最优的项目建议，其中既要有能迅速起效的，也要有随着时间的发展可以产生持续影响的建议。

拉姆勒如是说 3-39

　　基于将 NuPlant 看作一个系统来整体考虑的理念，绩效顾问将绩效剖析（AOP）框架作为基础，来从多种多样的观点中筛选出适合的项目建议编入项目报告。

　　在这为期 2 周的时间里，伯特和项目组设计并制作项目的最终报告，描述出他们的项目结论和他们的建议。他们还开发出关键建议的样板，用以阐明建议的根本用意，因此提高了建议被采纳和实施的概率。当他们设计完成了项目报告，他们专为管理层制作了一份总结演示，并计划他们将如何向客户演示项目的最终报告。

拉姆勒如是说 3-40

　　绩效咨询团队项目工作的成果应以 PPT 演示文本的形式呈现。他们已经为 NuPlant 的有效绩效准备了一幅"蓝图"，其详尽程度与一位建筑师的蓝图相似。这幅"蓝图"最终会由多方来进行探讨和审核，留有修改的空间（像建筑师的蓝图），并为真正后续建设时提供必要的导引说明。

　　第十一周。伯特和他的同事又一次来到了 NuPlant，这次是来向工厂的人力资源经理和集团培训总监演示最终报告。然后这组人员再向工厂经理演示最终报告。工厂经理也得到一份书面报告，并责成人力资源经理开发一份实施计划，由 NuPlant 主持落实那些建议。

　　第十二周。伯特和他的同事来到了 Big Auto 总部，在会议上向集团培训总监和北美汽车公司及冲压系统的代表们演示汇报了项目最终报告。该报告引发了与会人员的热议，并且大家都决定要看看在系统层面能够创造哪些改变。

　　在这时，项目正式结束了，有关"生产管理效能研究"的合作协议履行完毕了。帮你回想一下，伯特和他的团队致力于实施结果改进流程（RIP）的前两个阶段。在没有伯特和他的团队任何援助下，NuPlant 和 Big Auto 独立实施了第三阶段（设计、开发和实施变革方案）和第四阶段（评估、维护或改进变革结果）。

拉姆勒如是说 3-41

　　当今有关绩效咨询的书籍中，更多关注实施与评估，相当于结果改进流程（RIP）的第三阶段和第四阶段。虽然第三和第四阶段十分关键，而从我的经验总结来看，如果真实情况像如下所述，那么实施与变革管理相对来讲就不是太大的问题：

　　在第一阶段，围绕着一个关键业务问题（CBI）已经形成了一个极为重要的业务问题（正如在 NuPlant 的案例中，关键业务问题已经危及到了工厂的生存问题）。并且，如果你和客户已经就这个关键业务问题和结果中的特定差距达成了一致，那么评估的任务就变得简单得多了。

　　第二阶段的分析工作已经非常深入，洞穿了武断预见的迷雾（如"为生产班长提供员工关系培训"），揭示了问题的根本原因，找出了到底是什么原因使工作变成了人间地狱。项目建议的变革措施更加接近绩效执行者个人。我很少见到绩效执行者会拒绝能消除环境障碍，进而帮助自己成功的任何变革。我认为在大多数情况下，人们往往高估了绩效执行者对变革的抵制和反弹。只有在第一和第二阶段没有做好的情况下，才需要发挥变革管理的武器，来抵制对变革的阻碍。

项目建议

看一下图 3-17 中的项目里程碑，伯特已经进行到哪一步了。

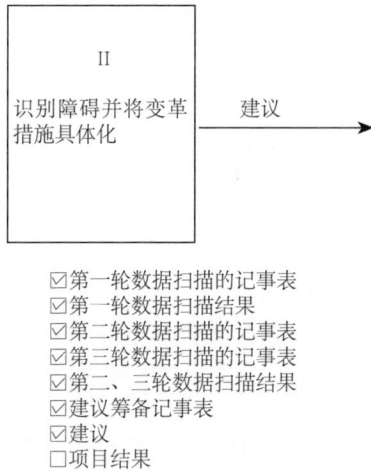

☑第一轮数据扫描的记事表
☑第一轮数据扫描结果
☑第二轮数据扫描的记事表
☑第三轮数据扫描的记事表
☑第二、三轮数据扫描结果
☑建议筹备记事表
☑建议
☐项目结果

图 3-17　NuPlant 项目里程碑

伯特和他的团队所提报的最终项目建议汇总于表 3-4。此表将建议的主题简短地列了出来，便于演示。每条项目建议的详细内容详见附录 B。

拉姆勒如是说 3-42

伯特预想到了客户可能提出要优先实施一些建议（"好吧，如果我们刚开始只实施两项你的建议，你会建议实施哪两项呢？"），因此他向客户提出了两套备选方案——理想方案与问题预案。他的想法是要引导客户尽量从个人建议中挑选方案。事实证明，伯特的这一策略对于 NuPlant 很奏效。

表3-4　建议概览与建议实施顺序

	建议	立竿见影吗	理想的实施顺序	应急的实施顺序
1	根据材料产量与净生产效率来衡量绩效	否	1	5
2	导入能为生产系统提供"记忆"功能的数据系统	是	2	2
3	为所有生产管理层提供反馈 • 频繁的 • 带累计数据的格式 • 关于生产、延迟发货、工厂计费与返工 • 以能够产生管理生产系统的信息的方式	否	3	4
4	改变生产管理者的职责	是	4	3
5	改变生产计划系统	是	1	1
6	修改间接人工预算的基础	否	6	—
7	改变当前启动生产线的程序	是	2	2
8	为班长与领班提供关于停线的决策参考	否	5	—
9	向生产一线管理者提供有关新职责的培训	否	4	3
10	选择有关主题对生产班长与领班提供培训	否	7	—

　　从表3-4的左侧到右侧，你会看到项目组提出的10条主要建议，其中注明了有4条是他们认为可以快速扭转NuPlant绩效的极其关键的建议。接下来，项目组还通过此表，预测出如采纳实施每一条建议，可能带来怎样的理想结果。其中有两条建议有着相同的评分，意思是说建议同时实施这两条建议。注意，建议的数字代码并不代表它们各自的优先次序，仅是建议实施的次序，因为所有的建议不会（或不应该）同时实施。考虑到如果按照理想的顺序实施，不一定会给NuPlant带来压力，因此，最右边的一列显示出建议的预案实施顺序。和上面说的一样，数字仅代表实施顺序，并不是优先次序。预案实施顺序是基于客户可能会在争取做正确的事情的同时，用尽了精力或资源，在这种情况下，客户应明确按照什么样的合理次序来组织实施。如果客户按照预案次序实施，那将会解决所有关键问题以扭转局面。

拉姆勒如是说 3-43

客户能够接受和实施多少条建议而不会感到不知所措呢？伯特确定为 10 项，我认为也是合理的数量。以正常的逻辑而言，应用 NuPlant 的绩效剖析（AOP）本来是可以找出相当多的建议。但是绩效顾问对于向客户演示多少条项目建议，有两派的观点。

第一派的观点是：每次向客户提供几条项目建议，反映出对变革管理问题的担忧，也同时避免客户一时觉得不知所措。

我本人是属于倾向于一次性向客户提报整个系列项目建议的派别。为什么？第一，伯特的项目任务是要帮助 NuPlant 获得对于生存至关重要的业绩结果，我看他的工作就是为能做到这一点提供一幅综合全面的蓝图。支离破碎地提供几条建议是不能够解决问题的，因为这样零星地实施几条建议是无法实现项目目标的。第二，这些建议构成一个整合的整体，而不是独立的行动，是按照整体实施来解决复杂的系统问题来设计的。如果将它们肢解，那么其中任何一条解决方案都无法解决一个复杂的系统问题。第三，在大多数情况下，我喜欢将项目建议清单用作能够说服客户的一个工具，让他们知道应该做些什么，即使他们会怀疑所有这些建议都会立即实施吗。在这种情况下，我再利用机会来拓展他们的视野，看看能够或应该做些什么来改进绩效。如果我要继续与这些人一道开展项目的话，我就已经播撒了种子，让他们知道下一步需要做些什么。

伯特的一系列建议展示了广泛的全局性。其范围从为冲压系统设计的全新考核测评系统到促使 NuPlant 重新思考生产管理的角色，再到为基层生产管理人员提供培训和工作援助。他是在真正地遵照流程绩效分析与咨询的原则，为客户提供一系列的解决方案。

伯特是基于"组织即系统"的理念，将绩效剖析作为基本模板，应用于 NuPlant 这样的绩效改进项目。绩效剖析（AOP）模板的应用，让伯特看到了客户组织系统中，哪里存在使组织无法有效率和高效能实现理想绩效结果的断点。

伯特的观察绝不是随机和随意的，也绝不是头脑风暴或是从帽子里变出来的。它们都是帮助客户实现理想绩效结果的一部分。因此，为了组织能实现其理想的目标（也为伯特能够有效地实现真正帮扶客户的目标），客户的组织必须采纳实施他的多项项目建议。并且，他们必须整体地实施或以一整套解决方案来实施。伯特的演示强调这些建议构成一个整体，需要系统地打包实施来实现理想的结果。图 3-18 展示了每条建议都影响着组织系统或绩效剖析（AOP）中的一个关键的元素。

拉姆勒如是说 3-44

如果你已经向客户灌输过绩效剖析的概念，那么像图 3-14 和图 3-18 所示的图形应该能够帮助你，让客户始终从系统的角度来看待你的项目结论与项目建议。并强化大家相信，孤立地实施一两条项目建议，长期来看是无法达到理想的结果的。我还发现如果客户能把所有建议看成一幅整体的拼图的话，那么他们是能够接受和应对一长串的项目建议清单的。绩效剖析（AOP）提供了这样的逻辑思维基础。

附录 B 更为详细地介绍了对组织提出的所有建议及有关观点。

下面几部分内容强调了伯特的每个建议。你能够看到每个建议的详细描述，基本应用的是附录 B 中的样板模式。

建议

1. 以材料产量与净生产效率作为绩效衡量指标。
2. 导入一个能够提供 "记忆" 功能的数据系统。
3. 为所有的生产管理者提供反馈。
4. 改变一线生产管理者的管理职责。
5. 改变计划系统。
6. 改变决定一定间接人工预算的基础。
7. 改变当前线的启动程序。
8. 改变停班线，为一线班长和总班长提供决策参考。
9. 为生产管理者提供有关新工作职责的培训。
10. 针对特定选择的主题，为生产班长和总班长提供培训。

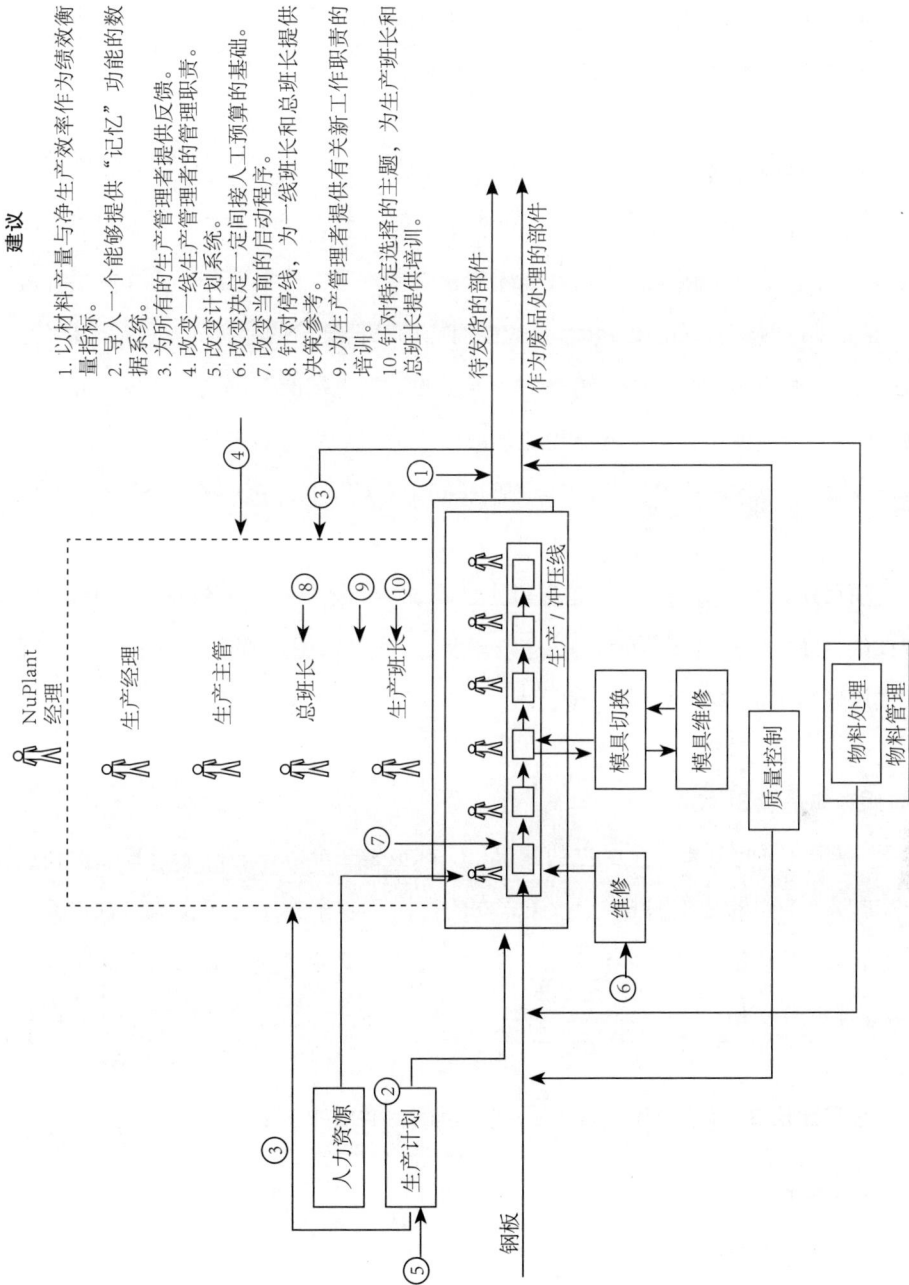

图 3-18　NuPlant 生产系统主要构成与建议的对应位置

127

项目建议 1。通过材料用量和净生产率来衡量绩效（有关此建议的具体内容，详见附录 B）。此建议在理想的实施顺序（表 3–4）中，也是以 #1 出现的。

拉姆勒如是说 3–45

这条建议切中了 NuPlant 的关键业务问题之要害。在图 B–1（附录 B）中可以看到，伯特使用了一个有效的图示来支持自己的论据。这个建议主要针对冲压分部同时也针对 NuPlant，是有强有力的论据支撑的，其内容包括具体的、应被采用的衡量指标。伯特清楚两个层面的决策者是谁，对这两个层面的决策者而言，本项建议是希冀本结论能自顶而下地启动急需的变革。该项变革对分部这个层面而言已是迫在眉睫，不变不行了。（实际上，它已经在变了？）

项目建议 2。安装一个具备提供生产系统"记忆"功能的数据系统（有关此建议的具体内容，详见附录 B）。这条建议对工厂实现迅速的结果扭转十分关键，在实施顺序中也排在第 2 项的位置上。

拉姆勒如是说 3–46

这里，伯特支持一个关键的建议——样板是一个数据显示（表 B–2）和一个工具或工作辅助（图 B–3）。像这样的样板可以充分体现建议的用意和实际的价值。附录 B 中有关词条建议的详细介绍中，介绍了应当如何应用这些数据来管理生产效率。

项目建议 3。向生产管理的层级提供反馈，要求如下：

- 频繁的
- 有设计的格式
- 数据有累计关于生产、延迟发货、工厂赔付和返工方面的信息

- 以能够有利于生产系统的方式，来生成和反馈信息

这项建议（附录 B）是一个微型的示范课程，教大家如何设计一个反馈系统。首先，要设置出一个有效的反馈系统的标准。然后，它呈现出一份单一反馈文件的例子，很好地说明了如何跟踪直接人工费 / 非标费、产量、延迟成本、停工时间和加班时间这些重要的数据。它描述了应在哪里显示这些数据，以及更新的间隔时间。最后，他描述了如何应用此表格来提供有关生产基层管理人员、生产线和辅助职能部门的绩效信息。

项目建议 4。改变生产管理者的职责（有关此建议的具体内容，请详见附录 B）。这条建议阐明了几个观点。首先，明确了三层管理者各自的角色，以突出各层级的管理者所应有的独特的增值作用。表 B-4 列明了每一层级管理者绩效的考核指标与考核周期。其次，表 B-5 明确了每一层级的岗位职责，以及对应职责所应考核的内容。最后，图 B-4 甚至还建议了每一层级的信息流和重点。

拉姆勒如是说 3-47

藉由这条建议，伯特提供了另一个例子，说明他提出建议，还提出实施建议的变革方法，而不仅是一条简单的建议，如"改变生产管理层的岗位职责"。

项目建议 5。调整生产计划系统（有关此建议的具体内容，请详见附录 B）。

拉姆勒如是说 3-48

你也许还记得，我在之前提到过项目结论 B4 包括一个图 A-2 所示的 NuPlant 现在正在应用的生产计划系统"当前态"。这条建议建立在一个类似的图 B-5 所示的项目组提议的"未来态"生产计划系统上。从这两套系统的对比来看，可以看出它们之间的关键差异所在。

项目建议 6。调整某一间接人工预算的决策基础（有关此建议的具体内容，请详见附录 B）。在这里，基于对问题和所需解决的关键点的深入理解，伯特提供了详细的建议。这条建议已经在日后持续地为 NuPlant 和冲压系统带来了显著的益处。

项目建议 7。改变现有的生产线启动程序（有关此建议的具体内容，请详见附录 B）。

拉姆勒如是说 3-49

"但，我们一直是这样做的！"绩效顾问常常从他的客户那儿听到类似的话。凭借"新鲜的眼光"，伯特能看到，在保持 NuPlant 管控不变的条件下，仅在人事制度上作相对简单的变革，就能为生产主管们带来极大的减压。当伯特和他的团队指出现有的启动流程不合理，而且降低生产率时，大家迅速认同并改变了做法。

项目建议 8。为生产班长和总班长提供停线的决策参考导引（有关此建议的具体内容，请详见附录 B）。伯特又一次提供了一个作业工具（图 B-6），应用这一辅助工具，可以大大解决控制成本浪费的问题。

项目建议 9。培训生产管理者新的岗位职责（有关此建议的具体内容，请详见附录 B）。如同在项目建议 #4 中所提到的，这条建议主张为生产管理者提供有关他们的新角色和新的岗位职责的培训。

项目建议 10。有选择地为生产班长和总班长提供某些主题培训（有关此建议的具体内容，请详见附表 B)。

拉姆勒如是说 3-50

　　这条建议由于以下几个原因而显得尤为重要。首先，它针对了一些重要的机会。但同样重要的是，这个项目是发起于 "为生产主管们提供员工关系培训" 这样的需求。伯特总是应该在一定程度上满足这一需求，来建议实施一些培训。但这不是工厂最初所提出的 "员工关系" 培训，而是使生产主管们能够支持伯特实施他的其他项目建议的有关培训。

项目结果

　　正如你从项目里程碑（图 3-19）中所看到的伯特最新的项目进展情况，他已经结束了结果改进流程（RIP）的第二阶段。

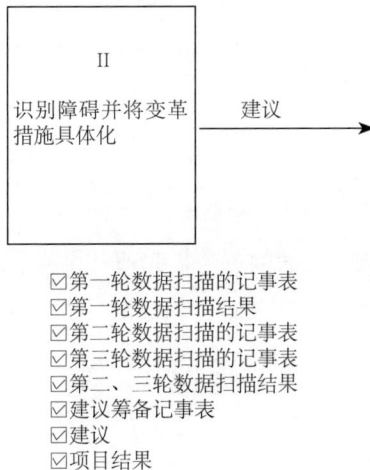

　　☑第一轮数据扫描的记事表
　　☑第一轮数据扫描结果
　　☑第二轮数据扫描的记事表
　　☑第三轮数据扫描的记事表
　　☑第二、三轮数据扫描结果
　　☑建议筹备记事表
　　☑建议
　　☑项目结果

图 3-19　NuPlant 项目里程碑

根据绩效咨询团队的建议，NuPlant 立即开始采取如下行动：

• *改变生产管理各层级岗位的工作职责，对新的角色提供必要的培训*

131

- 改进升级生产计划系统，改变生产管理者与计划人员的互动原则
- 为生产管理者提供建议反馈内容
- 为生产管理者提供停线决定的指导原则参考
- 修改生产线的启动程序

同时，冲压系统对 NuPlant 的间接人工成本指标设置了例外的标准，为维修和物料处理这样的关键岗位增加了额外的岗位编制。在这些变革实施的 6 个月期间，NuPlant 在冲压系统中排名位居第二（衡量指标包括直接人工成本、废次率、生产计划执行率）。同时生产班长们与他们的直接下属之间的关系也趋于"正常"了。

最终，项目研究结论启发了冲压系统，促使它修订了间接人工成本的计算公式（将各工厂的实际情况考虑进去，有针对性地设定间接人工成本的计算公式）。另外，冲压系统还调整了工厂生产率的考核指标，以考核产量。研究结论为 Big Auto 全球各工厂的生产班长与总班长的角色重新设计，奠定了基础。

拉姆勒如是说 3-51

这个项目对伯特和他的团队来讲，是非常成功和有收获的。除了给 NuPlant 的整体绩效带来了显著的影响，此项目还将生产班长们从一个极其可怕的人资绩效系统中解放出来，也把他们从自己的不良态度引发工厂业绩不佳的问责中解脱出来。

最终项目报告附言

以下是从项目介绍到最终报告的一段摘录：

"本项目研究的最初需求中，隐含地指出生产班长是导致诸多问题的一个关

键因素，即使不是关键因素，也是主要原因的一部分。在项目需求中还指出，生产班长的行为和态度似乎需要通过某种形式的培训来提升。根据可获得的信息，这些都是合理的假设。"

正如你所看到的，项目最终报告（附录 A 和附录 B）中的项目结论和建议显示出：事实上，NuPlant 最初的假设并不成立，即生产班长的态度对工厂低绩效和生产效率的影响。但是，由于生产班长的态度在这个项目研究的最初发起背景中是如此的核心，因此伯特和他的同事觉得很有必要直接点明这一主题，但却是安排在项目最终报告的结尾部分。

拉姆勒如是说 3-52

很多真正的流程绩效顾问——也包括我自己在内——赞成一种世界的行为观，即态度是源于观察到的行为的一种推理。这样的行为通常是一种惩罚性的人资绩效系统的产物（当然，NuPlant 生产管理者们的情况亦然）。在 NuPlant 的案例研究中，当生产班长们看到他们的直接人工成本这项指标呈红色时，他们表现出来的负面反应就引发了惩罚型的人资绩效系统。

提示：这项案例研究的目标是要展示真正的流程绩效咨询顾问是做什么的，而不是他们是怎样做的。我想要给读者一种感觉，在一个大型的绩效咨询项目中都会涉及哪些工作，再看一看在流程绩效改进的咨询项目中，都会有哪些类型的项目结论与项目建议。

要点小结

1. 在伯特接手 NuPlant 这个项目时，你就跟随伯特来研究 Big Auto 集团冲压系统中业绩最差的这个工厂 NuPlant。该项目的发起源自于一个假设，认为生产班长对小时工的不良态度就是严重影响工厂业绩的一个重大的关键因素。

2. 伯特采用结果改进流程（RIP）来实施他的绩效分析。这项案例研究涉及结果改进流程（RIP）的前两个阶段：

I. 确定绩效结果的期望，界定清晰项目范围

II. 找出项目可能遇到的阻碍以及应明确的变革建议

3. 在第一阶段期间，项目定义由"为生产班长们提供员工关系培训课程"转移到"研究生产管理的有效性"。进而，项目的关键业务问题（CBI）就变为了"工厂的生产效率"。

4. 项目的前两个阶段，咨询顾问是在 NuPlant 人员的参与和支持下完成的。

5. 项目的第二阶段用了 12 周的时间，完成了所需的三轮数据扫描工作。

6. 伯特对 NuPlant 生产效率的绩效分析得出了 17 项项目结论，在本章中有概括性的描述并在附录 A 中进行了详尽的描述。

7. 项目结论又推导出 10 项项目建议，用于改进生产管理者和工厂的绩效。在本章中讨论了项目建议，并在附录 B 中详尽描述每项建议，附加相关的样板和辅助工具。

8. 项目的第二阶段以向 NuPlant 的总经理和他的下属提报一份详细的项目报告而结束（附录 A 和附录 B）。

9. 项目的第三和第四阶段是在没有伯特的辅助下，由 NuPlant 的人员独立实施的。

10.NuPlant 采纳了伯特团队所提出的项目建议中的大部分。在实施建议的最初 6 个月期间,NuPlant 在冲压系统中排名位居第二(衡量指标包括直接人工成本、废品率、生产计划执行率)。同时生产班长们与他们的直接下属之间的关系也趋于"正常"了。

11. 通过这个项目,不仅改进了 NuPlant 的绩效,同时也促使整个冲压系统在多个管理实践方面进行了改变,而且成为了 Big Auto 集团在全球范围内重新设计生产班长和总班长岗位角色定位的一个基础。

第 4 章

案例研究汇报

现在，你已经看到了能够相当详细地诠释"流程绩效分析"这个词语的例子。在这一章里，你会再次回顾这个项目并深度探讨以下这些话题：

- 伯特实施 NuPlant 项目的方式

- 为什么 NuPlant 一直以来是我所青睐的绩效改进项目

- NuPlant 项目的若干缺陷

- 绩效顾问能够从 NuPlant 项目借鉴，并可用于其他任何绩效改进项目的普适经验

- 绩效剖析（AOP）框架与结果改进流程（RIP）的可扩展性

- 绩效剖析（AOP）框架与文化／领导力等主题之间的关系

NuPlant 项目回顾

NuPlant 项目中伯特所做的工作说明了三个主题：结果改进流程（RIP）的应用、项目操作模型和绩效剖析（AOP）框架的应用。

结果改进流程（RIP）的应用

刷新一下你的记忆，图 4-1 展示了结果改进流程（RIP）各阶段。

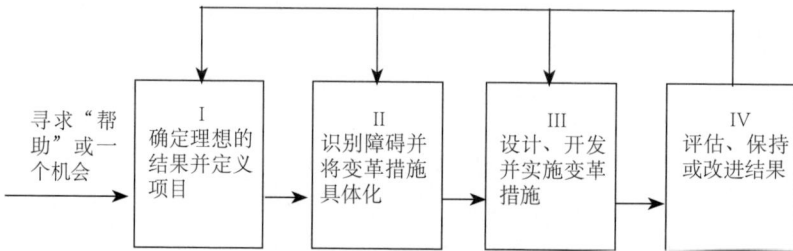

图 4-1　结果改进流程(RIP)回顾

伯特完成了他为阶段 I 设定的所有目标。他能够明确一个关键的业务问题（在最初的项目需求"为生产基层管理人员提供员工关系培训"之外），鉴明绩效结果差距，明确一个项目来消除那些差距并形成一份可以接受的建议书。

阶段 I 的操作方式非常典型。在伯特初次拜访 NuPlant 之前，他收集了有关集团、工厂以及项目需求的诸多信息。在阶段 I，他没能得到有关结果领域当前和期待的具体数据，但是，像这样类型的项目，这种情况是较为常见的。他参观了工厂，并在制订项目计划和建议书之前，也打了几个跟进的电话。内部顾问通常在项目的这个阶段具有一定的优势，因为他们应该早就了解更多的背景情况，并且也更容易获得更多额外的信息。

参观完 NuPlant 之后，伯特需要对显示情况、项目目标以及项目范围提出一些猜想和假设，体现在了他的项目计划和建议书中（"生产管理的效率研究"而不是"培训需求分析"）。碰巧，他的假设足以使他的建议书被接受。而且，有关生产班长的态度与工厂效率之间的关系，他的假设也足够准确，使得他的阶段 II 实施计划正中目标。

在 NuPlant 项目的阶段 I 期间，伯特从不明确地提到评估。然而，虽然项目评估工作一般是在结果改进流程（RIP）阶段 IV 中完成的，但项目评估的基础却是在阶段 I。我想要重申的是，能否正确地操作阶段 I 对于项目评估有多么的重要。

为什么评估如此必要？评估很必要是因为：

• 有必要弄清楚你是否真正带来变化。你所做的是改善结果的生意，不对吗？

• 有必要证实客户的投入是有价值回报的。他们不期待钱花得很值吗？

• 有必要通过你的成功与失败而有所借鉴。你的干预方案奏效吗？如果没奏效，为什么呢？要消除结果的差距，还需要消除什么其他的结果差距？下次如何能够更加有效呢？

如果你很看重绩效改进，那么你也会重视评估的。如果你重视评估，那么你也一定会等设立了一个关键业务问题（CBI）和相关的结果改进领域后，再结束阶段 I 的工作。至少在阶段 I 期间，你应该找出结果改进领域和衡量标准，即使不会是很精准的"当前态"和"未来态"的数据。如果你不这么做，而在既成事实之后被要求对项目成本和项目工作量作证词时那可就麻烦大了。为了避免这样糟糕的情形发生，那就要设立一个关键业务问题。

拉姆勒如是说 4-2

在结束阶段 I 之前，我总是要明确关键业务问题，因为这能够使我确信我所做的努力是对组织有价值的，同时，我也完全可以在项目建议的执行过程中获得必要的支持。

在阶段 II，伯特完成了以下他应当做的事情：

• 了解 NuPlant "当前态" 绩效剖析（AOP），包括 NuPlant 在更大的 Big Auto 集团中所处的位置，以及生产班长、主管、生产流程与 NuPlant 生产效率之间的联系

• 对比 "当前态" 与 "未来态" 的模型

• 找出错位点并评估这些错位点对于结果绩效的影响

• 提出建议，以消除结果差距，纠正错位

在这个阶段，伯特遵循了以下流程绩效分析的原则，包括：

• 他遵循了开展分析的有效、系统的流程（即测试最初的假设）。

• 他确定了一些关键岗位，并通过访谈和密切观察，明确了这些关键岗位的详细人资绩效系统（HPS）现实情况。因此，对于不期待发生的行为，在找到了其根本原因后，就容易理解和纠正了。

• 他找到了一个绩优执行者（老厂），在 "当前态" 与 "未来态" 之间找到了差异和导致差异的原因。

• 他对可能会对消除绩效结果差距产生影响的全部因素进行了全面的分析。

• 他明确了解决所有会影响绩效结果差距的一整套解决方案。

• 为了阐明它们的范围和价值，他为关键的建议解决方案开发了模板。

• 他想出了能够满足客户的各种需求和优先事项的建议。

伯特最后清晰地明确了项目结论和建议。他能够建立强大的模板，这样客户组织就可以在没有他的援助下自行实施项目阶段 III。

伯特没有参与阶段 III。最初的项目合同是只作问题的研究，仅包括项目阶段 I 和 II。伯特已经为改进工厂的绩效提供了必要的路线图，客户相信自己是可以走完余下的一段路的，事实也是如此。

拉姆勒如是说 4-3

在项目 II 结束时，伯特认为完全可以将控制权移交给客户。我认为，为何在 NuPlant 可以这样做的一个主要原因是因为当时对变革的需求极为急迫。变革的阻碍不成其为问题。事实上，变革失败是摆在每一位员工，无论是工厂经理还是时薪工面前的问题。工厂下了很大的决心来实施变革，十分明显，冲压系统很愿意提供必要的资源。实施也不是问题。无论对于伯特还是任何一位绩效顾问，这都是再理想不过的情况了，但是这种情况并不普遍。许多情形下，绩效顾问是需要带领客户来实施阶段 III 全过程的——实施阶段。

伯特也没有参与阶段 IV。客户没有对项目作一个正式的评估，但毫无疑问在后续的 6 个月中工厂绩效所发生的显著变化还是要归功于伯特的建议。通过内部随后发生的变化，客户应该能清楚地知道其项目投入是值得的。

NuPlant 是一个很好的案例来印证关键业务问题（CBI）能作为一个指向标来维持所有人将焦点聚焦于目标。即便它没有引出一个正式的评估程序来产生出准确的数据以量化与结果差距的缩小。

拉姆勒如是说 4-4

你在绩效咨询领域也许听到过太多有关评估的说法，但评估不作为项目的一部分也是较为常见的。

这里有一些关于评估绩效改进方案的现实情况：即使用你能得到的最好的结果数据，如果你在为像工厂、商店、分支机构这样的组织单元来改进绩效，事实上存在大量其他的变量。这些混杂的变量会对你验证建议方案的价值造成很大的难度。

例如，我们的朋友伯特，在他的职业经历的某一阶段，他参与了一个零售商店管理系统的大量再设计。在导入变革的一个季度之后，整个零售行业发

生了历时两年的巨大衰退。结果，他无法展示这个新系统所能带来的在销售收入方面的任何大的飞跃。并且，受总体商业环境的影响，管理层流失率的数据也深受怀疑。但是，伯特能够展示出相比其竞争对手，客户的销售收入降幅要小，实际上客户在两年内夺回了市场份额。客户管理层总结出，新的管理系统（新的角色和职责、更顺畅和及时的信息沟通、决策工具和管理培训）对于夺回市场份额、直接转化为现金贡献不菲。

有时，客户不希望有明显的证据来证实的确弥补了绩效差距。还有一个伯特曾经参与的项目，客户公司的总经理说："我不需要明确到底节约了多少资金。如果事业部经理看到了，他们明年就会减少我的预算。我们最好商量该展示哪些指标数据，这样只有你和我知道我们究竟在绩效方面产生了多大的改进。"

在现实的（商业）世界里，很少有人从一开始就会认为有必要并主动证实。（正如一位集团副总裁所说的："当然，我愿意花 3 万美元来做这个项目，再花 3.5 万美元来评估我的想法是否带来了变化。在我的梦中！"）在现实世界，很少有人会依靠一个单独的实验性变量及所有其他能控制的变量，来给予他们自己一个传统的试验设计。绩效顾问确实很少能够找出清晰的、可复制的绩效数据。

因此，如果很难获得绩效方案相关的可靠数据，作为一名流程绩效顾问，你怎么能够展示你的工作价值呢？关键在于从一个合理的关键业务问题（CBI）和明确的绩效结果差距开始。如果你开始的时候这样做了，那么到了阶段 IV，就很少会存在潜在的问题。

实施模式回顾

在"介绍"部分详细讨论了结果改进流程（RIP）的基本实施模型，并在图 0-2 中详细地进行了描述，具体的实施模式如下：

A. 所有四个阶段的工作主要由绩效顾问在客户组织成员的参与下来完成。

B. 前两个阶段是在客户组织成员的参与下，主要由绩效顾问来完成，后两个阶段由客户组织自行完成，绩效顾问参与一部分或不参与。

C. 前两个阶段是在客户组织成员的参与下，主要由绩效顾问来完成，后两个阶段是在绩效顾问的带领下，主要由客户组织来完成。

D. 四个阶段的工作由绩效顾问领导客户组织的员工来实施，这些员工组成团队或任务小组。

拉姆勒如是说 4-5

　　我认为绩效顾问知道在规划如何改进绩效时，他们是有不同选择的。在我的书中并没有提出你首先要做的事情是组建团队。客户的人员加入绩效改进团队能够在关键的专业经验和更容易接受后续变革方面显得很有作用。那样的话，绩效顾问的增值之处并不是"推进"，而是开发流程绩效分析方法，正如在"介绍"部分、第 2 章以及 NuPlant 案例研究中所描述的一样。

就 NuPlant 的例子来看，前两个阶段的工作主要由顾问来做，同时有客户组织的成员参与，包括了模式 A、B 和 C。具体应采用哪个模式，一般取决于两件事：尽快确定路线图的时间压力，还有内部资源能够组成小组参与的可能性。如果项目包含了阶段 III 和 IV，那么伯特就会让 NuPlant 的人员在项目的任何环节参与进来，执行模式 C 或 D。

假设 NuPlant 的情况是这样的，即工厂的员工可以被组织起来由伯特来指挥和带领，那么情形会怎么样呢？伯特的价值就不在于他的流程绩效技能，即使他掌握流程绩效技能。伯特的贡献是他针对这种情形，带给 NuPlant 一个充分的分析流程—绩效改进流程—框架—绩效剖析以及相关的模板。他还为客户的团队提供了一套方法论／流程和模板，以期能够就关键业务问题和项目范围、项目成果、评估和方法达成一致。在这种情况下，伯特不会直接提供答案或内容，但是他会随着问题的产生，来引导客户团队遵循一定的流程来得出问题的答案。应用这些框架和模板，伯特能够帮助他们看到他们应该寻找什么，以及到哪里去寻找。

伯特将通过几个方法来达到这些目标。他将与客户团队一起通过以下方式来商定应该提问哪些问题：

• 让团队成员收集数据，然后与他们一道应用伯特的流程和模板，分析数据并得出结论。

• 让伯特收集数据，然后与团队一起用他的流程和模板，来分析数据并达成结论。

拉姆勒如是说 4-6

在这里要说明的是，改进结果的关键在于一个健全的绩效剖析（AOP）框架和结果改进流程（RIP），无论采用什么样特定的操作模型。

绩效剖析（AOP）框架

第2章（绩效分析框架与流程）介绍了绩效剖析（AOP），并指出伯特需要根据绩效剖析模板去 NuPlant 搞清楚的若干事项。

他要根据绩效剖析（AOP）模板去：

• 了解 NuPlant 是怎样运作的

• 对比他对组织效率"未来态"的观点，找出 NuPlant 有什么不同之处，应做出哪些改进（"当前态"对比"未来态"）

伯特坚持依照他的计划来实施。他应用了绩效剖析（AOP）框架来提炼出对 NuPlant 绩效结果差距的最初假设。这些假设为阶段 II 项目计划的开发提供了引导。然后他又针对 NuPlant 开发了一份绩效剖析图，这份绩效剖析图帮助他鉴明了 NuPlant 绩效剖析的关键要素。接下来，他将 NuPlant 的绩效剖析图与绩优者（老厂）进行对比，看出关键要素方面的不同之处。他能够找出一些关键的差异，譬如老厂有更高级的计划集团、绩效数据的积累和使用，以及强有力的影响到时薪工与现场管理人员绩效的"早—停"系统。

伯特作了严格的分析，为什么生产班长们做出这样有悖于 NuPlant 利益的事情。例如，生产班长们会一直让生产线开着，即使他们并未在生产"可交付的优良品"部件，仅仅在由于生产问题而生产废次件。然而，只要生产线在生产部件，即使是劣质的——生产班长也能确保自己的班次保持在"黑色"之列。

最后，伯特将 NuPlant 的绩效剖析用于撰写他的项目结论的一个框架，即"当前态"绩效剖析与"未来态"绩效剖析之间的差异。并且，绩效剖析引导伯特来做出一系列的项目建议——用于消除"当前态"与"未来态"之间差异的一些行动。

拉姆勒如是说 4-7

NuPlant 项目所应用的绩效剖析很好地阐明了一套正确合理的理论及框架的力量与价值。这套框架为伯特提供了指南，也将引导你来操作绩效分析。你已经见到了如此基础的框架是如何通过逻辑推导衍生出快捷好用的模板和工具，来帮助绩效顾问完成他们的工作的。

最近在绩效咨询领域的一些刊物上，有着较为恼人的说法。文章的作者几乎只是将绩效分析与改进的模型和工具搜罗在一起，没有任何一致的或主体的理论或框架来支撑。他们看上去像试图通过可资运用的一系列工具来定义什么是绩效咨询。

我如此青睐于 NuPlant 项目的十大主要原因

1.NuPlant 项目一直以来成为我最喜欢的绩效改进项目的首要原因，是因为这个项目作为案例而言，阐明了绩效分析与咨询几乎所有的主要方面。

2.伯特找出了所有三个层面的原因和解决方案：岗位、流程和组织。

3.组织必须在两个方向上保持一致：纵向（调整三个层面生产管理人员的角色和职责）、横向（将支持型流程，例如设备工程、原料处理、员工关系，与主生产流程保持一致）。

4.伯特推荐了一系列综合的解决方案，展示了并不存在单一的、能够一发中的的解决方案。

5.绩效和结果是一个包含各种因素的系统的产出，正如绩效剖析中所描述的。NuPlant 阐明了绩效差距的原因有很多，而且是多样的。

6.在 6 个月之内，伯特的建议为客户带来了绩效结果（以及工厂工作条件）的显著改观。NuPlant 的这个问题是很容易被顾问诊断为"文化"或"人际"问题的！但是，即便是改变文化或搞一些团队建设的活动，也没法揭示或纠正众多阻碍工厂效率的系统问题。

7.展示了外部新鲜视角的力量：通过使用一套分析框架和流程，以专业的视角和距离来分析问题，伯特能够快速有效地识别出导致绩效差异的几个绩效问题。

8.工厂本身不仅是一个系统，而且也是一个更大系统的子系统。

9.绩效顾问必须深入业务的事实真相，去了解其业务的经济价值链、运营系统、管理系统，以及关键绩效者的绩效考核系统。

10.它突出证实了有必要跳出培训的项目需求来识别一个关键业务问题和绩效结果差距。

对 NuPlant 的批评

没有完美的项目，同样，NuPlant 项目亦非完美。但，NuPlant 只在两三个方面存在着不足。例如，虽然在阶段 II，与客户共同设定了具体的，针对生产率和废次率的结果改进目标，但遗憾的是，他们却从未正式记录在案，也未成为结案报告中的一部分。而伯特也从未试图设定直接人工费 / 超标费的目标值，因为在阶段 II 的分析表明它是不恰当的绩效指标。虽然 NuPlant 的经理们不乐意将结果差距公诸于众，但这类数据必须作为实施建议的参照目标。

再者，NuPlant 项目无法实施基于数据的模拟分析，以确定工厂的绩效源变量（比如日期、班次、生产线、生产主管、部件）。其后果是，无法识别工厂的标杆绩效在哪里。这种数据分析是实施绩效咨询的关键技术。NuPlant 的绩效跟踪系统的缺失是导致本项目无法实施类似数据分析的原因。

项目综合概况

拉姆勒如是说 4-8

你应该已经从这个案例研究中了解到了很多影响绩效的阻碍因素。这儿有一些你可能会问到的问题："我从这个案例中所看到的有多少是代表性的？有多少是 Big Auto 独有的呢？我有可能在其他的绩效咨询项目中看到类似的情形吗？"在这部分里，我提供了能从这个项目中学到的一些观点或教训，概括总结出一些合理的分析假设思路，供你未来的工作参考。

岗位层面

许多许多人正在与 NuPlant 生产班长们相似的人资考核系统中工作。事实上，大多数一线管理岗位也许都在承受类似这样的情况。对岗位的期望（绩效标准）

不一致，令人困惑，相互矛盾，模糊不清。结果就是惩罚。考核的并不是适合的结果，还缺乏必要的反馈。资源支持与工具并不充足匹配。当然绩效执行者自身的知识或技能也可能是部分的问题。

当一个组织出现了问题或结果很糟糕时，一些不幸的家伙就被认定为是问题根源所在或是个"破坏分子"。认为员工个体可能是一个劣质绩效考核系统和错位的绩效剖析关系的受害者，才是绩效分析的合理假设。绩效问题也许明显地体现在了执行者或岗位层面，但是问题的根源以及解决方案却应当在人资绩效考核系统和绩效剖析层面，再次证实如果你"将一个好的绩效执行者放在一个劣系统中，系统总是赢家。"

工厂或组织层面

每个组织可能会在错位方面与 NuPlant 有些差异，例如：

- 流程不匹配，且由于严重的部门"金钟罩"行为，而形成相反目的
- 流程或运作系统无效或不足，例如在 NuPlant 缺少计划职能
- 错误的基础运作模型或规则系统，例如在 NuPlant 要计算非人工补贴

关联组织系统

在案例研究中，你看到了 NuPlant 是 Big Auto 北美汽车运作系统的一部分，在这个层面，伯特发现了可预见的运作"金钟罩"，目标的垂直（金钟罩）分解，以及一个普遍的错误是没有把组织当做系统来分析和管理。

绩效的计划与管理

悲哀的是，几乎每个组织都在这个领域存在错位，包括：

- 支离破碎的、缺乏协调的计划

- 不合适的绩效衡量指标

- 不清晰的管理角色和职责

- 在系统中缺少"记忆"积累，所以也就没有组织学习

最初的问题陈述

这个项目最初发起的问题陈述（"我们需要为一线生产班长们提供员工关系培训"）是相当典型的。问题提出者：

- 正在对问题作一个未加论证的假设

- 正在就不够清晰的问题给出解决方案

你能够从这里吸取到两个重要的、具普遍意义的教训。第一个教训就是不要接受表面性的问题或解决方案。你的客户也许试图引导你将问题诊断为态度恶劣、士气低落、沟通困难，或文化冲突。不要轻易听信。你也不应该自动同意所建议的解决方案，例如，"我们需要有关……的培训"。总是要用以下这样的问题来回应这样的问题和解决方案：

- 是什么让你认为存在这个问题呢？

- 有什么没有按照你所期待的发生呢？

应用这样的提问来设立一个结果链条，以导出一个关键业务问题并识别出具体的必须消除的绩效结果差距。

第二个普遍性教训是要了解绩效的所在背景——绩效剖析——在每个提出帮助请求的背后。绩效执行者并非存在于一个真空的环境当中，他们总是存在于一个系统之内。对于这个系统的了解能够使绩效顾问与某一绩效结果差距之间建立一定的关联，并找到个人及组织绩效欠佳的根本原因。

排干沼泽

当看到像 NuPlant 这样的情形，你或许会直接产生这样的疑问："为什么这些人不能解决这点麻烦呢？"这里有一些普遍性的观察结果，能够说明为什么他们无法解决：

· 管理者们不知道他们是系统的一部分，也不知道他们众多问题的原因和解决方案其实就在本系统之中。

· 一组系统次优目标、考核指标和结果（即他们的人资绩效系统），将管理者们深陷自己部门的"金钟罩"里。这严重导致了他们无法以系统的视角来看问题。在表 3-3 中，对比伯特团队和 NuPlant 管理者们自身对问题的分析，可以明显看出这些管理者们缺少系统的视角。

· 没人有足够的能量来做出必要的改变。个个都在尽力蹚水以使自己的头能浮上水面。也就是说，眼看就要被鳄鱼咬到自己的腰时，你是很难还记得你的目标是来排干沼泽的！

· 尤其在生产制造型企业里，即使业务单元里的每个人都认为所下达的任务毫无意义，也不可能完成，但个人英雄主义仍然是普遍存在的。而一旦有人指出来，就会被人视为懦弱，因此大家就只能忍耐下去了。

· 由于找不到更确切的词来形容，姑且称为"系统愚昧"吧。比如，在 Big Auto，各个工厂每年都会与冲压分部就来年的预测讨价还价。而每年，分部都以上年预算为基础进一步收紧预算。就 NuPlant 而言，预算收得如此之紧，以至无法提供足够的资源（机器设备）用于支撑如此高程度的自动化。冲压分部认为，与其承认自己的错误并在年度中期作 NuPlant 预算调整，倒不如撤换掉已任职多年的现任工厂经理，并悄悄向 NuPlant 经理作了显著的预算松绑。分部实际上在等着工厂经理的失败，然后就可以启动对成功至关重要的变革。如此的管理决策导致的结果是，工厂一瘸一拐地前行，难以达成产出预期，而更深层的问题是，系统的问题被置之不理。

拉姆勒如是说 4-9

　　所有这些教训积累成为归根结底最为重要的——绩效剖析。这种对因素的看法影响着天底下每个组织的绩效和结果，无论是大的或小的，私营或是公共企业，高科技或是低科技企业，服务型企业或是生产型企业。有三件事你不应忘记：

　　1. 每个组织都是一个系统。

　　2. 每个个体都存在于一个人资绩效系统中。

　　3. 除 #1 和 #2 之外没有例外，你可以把前两条保存。

模型的可扩展性

　　绩效剖析（AOP）框架和结果改进流程（RIP）都是可测量的。也就是说，它们适用于任何规模组织的结果改进项目。

　　绩效剖析（AOP）框架适用于任何组织，从一个集团公司到一个部门，再到一个工作单元。它在任何情形下都可行，只要有一群人和流程，且要达到明确的期望结果。无论组织规模大小，绩效剖析模板列出了影响业务单元结果的主要变量。

　　同样，四阶段的结果改进流程（RIP）也适用于不同规模的结果改进项目。一种实用的方式来确定结果改进项目的规模是通过结果链的一些主要链接：

• 解决关键岗位问题（CJI）的项目，一般规模都比较小，重要性相对较弱。

• 解决关键流程问题（CPI）的项目，一般规模和重要性都很大。

• 解决关键业务问题（CBI）的项目，一般范围很宽，最终会涉及能影响组织结果的关键流程问题。

表4-1总结了结果改进流程是如何对应关键岗位问题、关键流程问题和关键业务问题层面的项目。矩阵的前三行列出了阶段、目标以及结果改进流程（RIP）通常应有哪些产出。

表4-1 结果改进流程与项目范围

流程阶段					
		阶段I： 确定预期的结果并明确项目	阶段II： 识别障碍并明确应采取的变革	阶段III： 设计、开发并实施变革	阶段IV： 评估结果并保持或改进
结果改进流程	阶段目标	• 确定是否有明显需要消除的结果差距 • 确定消除结果差距的可行性 • 为消除结果差距制订项目计划	• 识别会负面影响结果差距的因素 • 明确消除结果差距所需做出的变革	• 为确保持续改进，设计、开发并实施消除结果差距所需的介入方案	• 确定结果差距是否已经被消除，如果没有，确定还必须做些什么才能够消除结果差距
	阶段产出	• 项目计划 • 项目操作模型 • 同意执行 • 项目时间表	• 为消除结果差距而应采取的变革建议 • 宏观设计与实施计划	• 实施的变革	• 可持续的结果
项目范围	关键岗位问题（CJI）	• 提出关键岗位问题 • 识别岗位结果差距 • 如果可能，延伸至关键流程问题	• 基于对相关绩效剖析（AOP）的理解，聚焦岗位 • 明确要改善工作结果所需的变革 • 如果可能，延伸至关键流程问题(CPI)	• 设计并实施要改进岗位结果的变革	• 评估对关键岗位问题的影响
	关键流程问题（CPI）	• 提出关键流程问题 • 识别流程结果差距 • 如果可能，延伸至关键业务问题(CBI)	• 基于对相关AOP的理解，聚焦流程 • 明确要改善流程结果所需的改变 • 如果可能，延伸至关键业务问题(CBI)	• 设计并实施要改进流程结果的变革	• 评估对关键流程问题的影响
	关键业务问题（CBI）	• 提出关键业务问题 • 识别组织结果差距	• 基于对相关AOP的理解，持续聚焦组织 • 明确要改善组织结果所需的变革	• 设计并实施要改进组织结果的变革	• 评估对关键业务问题的影响

不管结果改进项目的范围有多大，每个阶段的目标和产出都是一样的。矩阵的下面三行总结了结果链中的每三个重要节点上，项目的结果改进流程所需关注的重点和主要的活动。

不管项目的范围有多宽或多窄，绩效顾问都应该按照结果改进流程（RIP）的所有四个步骤来操作。让我用 NuPlant 案例来进一步阐明。

情形 1

关键岗位问题可描述为以下一种情形：

• 培训生产班长如何处理冲压线问题，明确应向哪个维修班反馈。

• 生产班长不知道如何处理冲压线问题。

在阶段 I，绩效顾问尽力去确立绩效结果的具体差距。这在岗位层面较为难做，因为这需要测量冲压停线的频次与时长。理想的是，绩效顾问能够将关键岗位问题转换为一个关键流程问题。如果能够做到这个，那么你就在运用停线时间、生产效率或废品率等这些工厂常用的指标来衡量冲压线或生产流程的绩效了。

假设项目停留在关键岗位层面，在阶段 II，绩效顾问就将：

• 识别标杆绩优者并分析他们的绩效

• 针对在阶段 I 识别出的结果差距，找出影响结果差距的因素

• 找出要消除这些结果差距所必须启动的变革

在阶段 II 中收集到的数据也可能与某一关键流程问题具有一定的关联，建议将项目扩展到对流程绩效进行分析。在阶段 III 和阶段 IV，绩效顾问将设计和实施已确定的变革，并对关键岗位问题实施变革的影响进行评估，或者扩展到分析关键流程问题和结果差距。

情形 2

关键流程问题会以下列形式描述：

- 过多的停机时间
- 废次率过高

在阶段 I，绩效顾问明确了绩效结果的具体差距。这相对较为容易做到，因为工厂一直在持续跟踪这些数据。绩效顾问也应当试着去看，这个关键流程问题能否和某一关键业务问题及特定绩效结果差距具有一定的联系。

假设项目停留在关键流程问题层面，在阶段 II，绩效顾问就会：

- 找出绩优标杆的冲压生产线，并其绩效
- 确定有哪些因素影响在阶段 I 所找出的结果差距
- 明确要消除绩效差距，应做出哪些变革

在阶段 II 所收集的数据可能与某个关键业务问题有关联，建议将项目扩展到分析整个工厂的绩效。正如以前在阶段 III 和 IV 中所做的，绩效顾问设计并实施变革，同时评估变革对于关键流程问题或关键业务问题以及结果差距带来的影响。

情形 3

关键业务问题会以下列形式描述：

- 工厂未达成产量目标
- 工厂生产效率低，以直接人工费 / 非标费（DL/OS）指标来衡量

与情形 2 相似，绩效顾问在阶段 I 已经识别出特定的结果差距。同样，这很容易做到，因为工厂持续跟踪这些数据。

阶段 II、III 和 IV 与关键流程问题执行相同的程序。唯一的区别在于相关的

绩效剖析（AOP）比关键流程问题的范围更广。

拉姆勒如是说 4-10

正如你所看到的，结果改进流程的阶段 I 对于明确项目适用范围至关重要。总要尝试探索能否进一步推演到结果链的更上一层问题。记住，在 NuPlant 案例中，作为阶段 I 的一部分，伯特由最初一个"执行者"问题上升到一个关键岗位问题，再到一个关键流程问题，再到一个关键业务问题。如果你的客户不愿接受在阶段 I 将问题升级到结果链的更高层次，你也许可以在阶段 II 提取信息并说服客户在后续阶段里扩大项目的范围。在这一节点上对项目范围进行调整进一步证实了结果改进流程的可扩展性。

绩效与文化剖析

组织文化是一个真实的、难以捉摸的东西，必须争取作为流程绩效分析的一部分。组织文化处于绩效剖析的哪个位置呢？文化属于人力绩效系统的一部分，包括了影响个人在一个组织里的行为表现的所有要素。

拉姆勒如是说 4-11

在现今的管理界，我认为"文化"一词被频繁地用来作为遮掩绩效问题的烟幕弹，一归结到文化，人们便不再对绩效问题追根溯源。文化成为了万金油般的词汇，被企业高管们时时挂在嘴边来作为任何错误的借口。撇开这个不说，我已经就文化以及文化与绩效分析和绩效咨询的关系方面表达了我的看法。

定义组织文化

但是，什么是文化？ Burke 和 Litwin（1989）将组织文化定义为"我们在这里做事的方式"。Schein（1992）写道，一个群体的文化可以被定义为，"一个群体在适应外部环境和进行内部整合时，在不断解决各种问题的过程中所获得的、为所有成员所认同的一套基本假设，这些假设已经在实践中被证明是行之有效的，而传授给每位新成员，作为与那些问题相关的正确的想象、思考与感受的方式。"

> **拉姆勒如是说 4-12**
>
> 最近，我在亚利桑那大学举办的一个自然历史展示活动中看到了以下关于文化的定义：对于一位人类学家，文化是一个"信念、价值观、传统的共享系统，形成了一个人的行为和对世界的认知"。这个有关文化的观点对于一位致力于研究、分析和归纳一个社会群体的"当前态"行为的人类学家来说倒是充分的。但是这个定义并没有为改变社会系统的"当前态"行为提供任何有用的线索，反而可能会引导人们遵循令人感到挫败的路径，即试图通过操纵像价值观和信念这样的抽象概念来改变"当前态"。

在一个组织中，如果一个人乐于超越文化研究，而试图改变一种文化，那么你需要理解比宏观的人类学层面更为微观的行为层面现象。这里有关于文化现象的行为观察，关于人力绩效系统（拉姆勒和 Brethower, 未发表的手稿）：

• 任何时候，两个或更多的个体频繁地相互接触，进而在情感上建立了一种社会关系或相互作用的方式，其中一个人的行为会影响到其他人的行为。这些关系构成了一个社会系统。就像其他任何系统，这些系统以平衡的形式稳定下来。这种平衡的关键在于一些可预测性，可以预测在给定的情境下，人们之间会以什么样的方式相处（风俗，方式规则，"我们在这儿做事情的方式"）。这些可预测行为的方式被一些有远见的学者（Tosti 和 Jackson, 1989, Lineberry 和 Carleton, 1999）提炼为价值观，现在被广泛应用于文化的概念之中。

• 组织文化包含人们认同的期望，进而形成了在一个特定的工作环境或工作社交系统中存在的关系（每个人资绩效系统）。它就变成了这个社会中的对于结果的普遍期待。文化是在群体内部和群体之间必须互动的个体之间不断强化的行为模式（实践）。

• 个体通过概念的解释，对其他人行为结果的观察，以及他们特定行为所获得的奖惩，来学习这些价值观，或行为模式。

这个以人资绩效系统（HPS）为中心的观点证明了一种特定的文化是怎样形成的（即构成强化的行为模式的期待——结果关系）。如果你理解构成一种文化的要素，那么你就能够理解要改变文化需要做些什么。这种将行为视为文化构成的基石的认识对于形成一个有效的变革方法论是至关重要的。

NuPlant 的组织文化

当伯特第一次拜访 NuPlant 时，他完全可以轻松地将这种情形解读为一种文化；很显然，人们彼此之间恶意相对。还记得生产班长午餐饭盒里的老鼠吧？然后，当伯特认真去看 NuPlant 和老厂之间的差异时，明显看得出在文化上的不同。回想一下各自计划部门所处环境的差异。（见附录 A 的结论 B2b）

虽然在 NuPlant 情形中，文化看似是一种变量，伯特却没有把它作为独立或主动变量，反而把它作为一种依存的或从动变量。伯特倾向认为任何组织中能够趋同形成文化的个体行为（"我们在这里做事情的方式"）就是绩效剖析（AOP）所代表的潜在系统的功能。个体行为总是在人资绩效系统（HPS）层面，主要由期待—结果关系来决定的（加上反馈、资源、知识 / 技能和个人能量），反过来，这些又是由更大的组织绩效剖析（AOP）决定的，它包括组织的超系统、目标、战略、商业模式、流程、系统，以及结构和管理。系统是主动变量，而文化是独立的或从动变量。

毋庸置疑，NuPlant 的组织文化明显不好。但伯特选择了通过改变下属和调整决策机制的方式来实施企业文化变革。若发现组织文化近乎成为绩效和结果差距的肇因时，以下步骤可为你提供一个在结果改进流程（RIP）中有的、逻辑性很强的方法：

阶段 I（确定理想的结果，明确项目）。明确关键业务问题和必须消除的结果差距，正如伯特所做的。单是这个步骤就会将文化的问题考虑进来。流程绩效咨询必须从这个关键的第一步开始。许多"文化变革"的努力忽视了这个。

要关注文化方面的问题，就要设计一个项目来分析影响绩效结果差距的绩效剖析（AOP）变量。

拉姆勒如是说 4-13

是否有时要先解决文化问题呢？想象中应该是，但我却从未遇到过。有可能企业高管间的关系紧张而使你无法与他们就关键业务问题（CBI）或结果差距达成共识。在此情形下，绩效咨询师或会认为应该先启动一个团队建设培训或管理文化变革运动。而我，几乎每次都能让高管团队迅速地就关键业务问题（CBI）和结果差距达成共识，随后，我就有项目推进的基础了。另一个需要考虑的因素是：如果高管层不能就关键业务问题和结果差距达成共识的话，你要处理的是领导力，而非企业文化。

阶段 II（确定阻碍和应采取的变革）。按近似于伯特所做的来实施绩效剖析分析。通过这个分析，可以捕捉到所有影响绩效差距的错位，包括识别出有悖于理想绩效结果的行为。

明确能够消除绩效结果差距的"未来态"绩效剖析（AOP）。这个步骤包括有必要支持"未来态"期待结果、系统、流程，以及有必要改变人资绩效系统以支持这些新行为，新的和不同的行为规范。大多数情况下，新的或不同的结果期待，以及对人资绩效系统变量的变革共同构成了文化变革的一幅蓝图。

> **拉姆勒如是说 4-14**
>
> 但是如果你坚信还是有一些更大的、更普遍的文化问题，那么我建议你安排擅长于推动"变革"的人员加入你的项目组。但是，记住你所从事的并不是文化变革项目。你是在为了消除绩效结果差距，实施和维护你已经设计的"未来态"绩效剖析，而寻找恰当的介入方案。如果你将文化变革从关键业务问题、结果差距和"未来态"绩效剖析设计中剥离出来，那么最终你就没法消除绩效结果的差距，无法改变文化，就会将麻烦留在手中。

阶段 III（设计、开发并实施变革）。设计并实施一组丰富的解决方案、介入方案或活动，来促成支持系统变革的行为及实践上的改变。项目的结果应当是最终在总体上消除了组织结果目标相关的某一绩效差距，而且组织行为上的改变很大程度上被描述为"文化变革"。

关于文化的最后观点

文化是绩效顾问应当思考的一种现象，但是文化变革绝不是流程绩效顾问的目标。消除绩效结果差距才是目标。消除差距的驱动力就是设计和实施适合的"未来态"绩效剖析（AOP），包括一个支持理想的个体行为的"未来态"人资绩效系统。在某些情况下，也许还有必要实施更宽泛的行为或文化变革计划，来支持"未来态"绩效剖析的成功实施。然而，这些做法都应在实施"未来态"绩效剖析和消除绩效结果差距的范畴内来进行。

绩效剖析与领导力

　　领导力并没有在 NuPlant 案例研究中涉及。领导力与绩效剖析（AOP）之间是什么关系呢？就像组织文化一样，领导力也是当今文章读物和人们都在热议的一个话题。然而，与文化所不同的是，在为消除绩效结果差距而设计的绩效剖析（AOP）中，领导力总是拥有成为绩效剖析（AOP）的一个重大变量的潜力。它在绩效剖析的哪个部位呢？它存在于绩效剖析管理方框中呈现的关键管理者的典型行为（图 2-3）。

> **拉姆勒如是说 4-15**
> 　　在进一步探究这个主题之前，我想事先声明，我不是所谓的"领导力学科"的粉丝，反而更像是这个主题的愤世嫉俗者，正如斯考特·亚当斯在他的"呆伯特管理漫画"系列的《不要介入领导力》中所表现的。

　　图 4-2 中所阐述的管理与领导之间的区别非常有用。一个组织的上层不仅需要管理也需要领导。管理做的是要将必要的绩效剖析（AOP）安排就位来达到理想的组织结果，然后履行绩效计划与绩效管理系统（图 2-13）所指出的角色。基本是，让运营和管理系统就位并运行。

是管理问题吗？ 询问以下这些问题： 1. 从超系统层到岗位层的组织系统都是协同一致的吗？ 2. 人资绩效系统也是一致的吗？ 3. 管理层在做必要的协同吗？	适用于任何行业	是领导问题吗？ 询问以下这些问题： 1. 方向和战略适合吗？ 2. 员工（和客户及供应商）知道并理解方向与目标吗？ 3. 员工（和客户及供应商）知道并理解战略吗？ 4. 员工（和客户及供应商）对方向和战略有信心吗？ 5. 员工们共同为这一方向和战略努力投入并全力支持吗？ 6. 员工是否清晰他们应当如何做来实现目标？

图 4-2　管理与领导判断法则

领导是关乎为企业设立一个适当的方向或过程，并让团队有效通过并实施这个过程。领导这个概念是自相矛盾的，因为经常是在其缺席的情况下才显露得很明显。你只需要花一天或几天的时间在现场（如现场办公室、工厂或商店）就能够得出结论："这个地方没有领导。"

拉姆勒如是说 4-16

要获得持续的结果，管理和领导两者都需要。你和我已经看到过拥有强大运营和管理系统的组织，但却没有领导。他们失败了。相反，我也见过极其伟大、具有超凡魅力的领导通过关系来进行管理，但是最终失败了，因为他们没有意识到组织对有效的运营和管理系统的需要。图 4-2 中的判断法则能够被用来判定一个业绩糟糕的组织是缺乏管理还是缺乏领导，或是两者都有所欠缺。

领导与绩效分析师的工作在两个方面相关：

1. 是由于领导的功能未能发挥，而导致当前绩效结果领域的差距。

2. 领导显示出强烈的意愿，能够确保成功实施特定必要的变革来消除绩效结果的差距。

下面是有关这两点的一些看法，从第二点开始。

缺少必要的变革领导

这一点是第一次提及，因为在最终的分析里，潜在的是绩效顾问最关键的领导差距。一个结果改进项目要想成功实施，就需要有管理和领导。从一个项目的开始——事实上，从决定到是否要向项目提议——你需要知道你的客户是否会为实施你的建议提供必要的领导。如果不能，你能否从组织的其他地方获得这样的援助呢，也许是从客户的更高上级、同事或下属。

拉姆勒如是说 4-17

从一开始，我就总是在初次见到客户的时候，能够判断出他或她是否有能力提供变革所需的领导推动力。我相信一个好的客户应当是：

- 说"我要这个能完成"，或者找出或商定出需要消除哪些绩效结果差距
- 对项目的结果负责任
- 会对提议的变革建议说"是"或"不"
- 能够推动实施变革的建议
- 能够判断项目是否成功并签署支票

如果未来的某个客户符合这样的标准，那么他或她很可能会为我提供我所要找的那种项目领导推动力。如果这些标准没有达到，那么我怀疑极有可能这个客户对我没有用，或者我也会为这个项目求助，在组织内寻找其他的客户，或坚信我能够通过这位仁兄的上级、同级或下级的帮助来建立对该项目实施支持的必要领导推动力。

由管理导致的绩效结果差距

如果当前的绩效结果差距至少部分上与管理有关，那么问题就变成他们对于此差距的本质影响是什么。如果问题是管理的无能，那么绩效顾问通常可以通过改进管理系统来解决这个问题——包括设计管理流程或基础设施或培训如何应用重新设计的系统。例如，在 NuPlant, 生产管理系统更大的变化在于改变生产管理的垂直层级设计，加强信息反馈以便于决策，以及增设生产计划系统。

如果问题是缺乏领导，抑或是由于缺乏领导而导致绩效结果差距，而且无法得到领导的支援来实施项目建议和变革，那么你就该面临挑战了。对于这个，没有简单的解决方案。

如果你是一位外部咨询顾问，你需要与内部组织发展部或组织效率部门紧密地合作。他们能够调动内部资源来支持配合方案与任务的实施。如果你是一位内部咨询顾问，你通常应当事先了解领导的情况，并能够提前联合内部资源来采取适当的行动。

在 NuPlant 案例中，伯特还是非常幸运的。相比绩效剖析（AOP）中的错位情况，工厂层面缺乏领导这样的问题并不是导致绩效结果差距的一个主要原因。由于大公司病——驱动系统问题，冲压工厂过往最伟大的一位领导对工厂绩效的影响也是很小的。实际上，看上去关键的领导问题是在冲压系统层面，超出了伯特项目的范围。

最大的潜在问题是 NuPlant 经理能否按照伯特的项目建议来发挥其领导的作用。对每个人都幸运的是，他做到了。他公开采纳了项目建议，推进在工厂内实施必要的变革，并大胆地在冲压系统层面力荐变革。三年之后，由于其出色的领导才能，他被提升到另外一家工厂任职。其实不为人知的一个晋升原因是因为他知道如何应用绩效剖析（AOP）来分析在 NuPlant 应采取什么样的变革。

总而言之，绩效顾问面对的领导问题其实就是缺少领导力。它也许就是导致绩效结果差距的一部分原因，也可能导致在执行期间受阻。我从未看到过一个不具备领导特质的成年人可以转变为一个真正的领导者。基于这样的事实，绩效顾问如要避免领导不强的这样的一个因素，那么就要通过以下方式来帮助再指定领导或减少领导力欠缺的影响：1）建立或完善系统，以使得结果更少地依赖于个体；2）帮助其同事或下属来填补领导者的真空；3）以上两种方式并用。

总结案例研究

本章结束了对 NuPlant 的回望。概括下来，这个项目：

• 阐明了绩效剖析模板的应用以及结果改进流程的前两个阶段

• 展示了一个严谨的分析，以及一系列变革建议的开发

• 阐述了绩效分析师或顾问能够应用于其他结果改进情形的很多要点和教训

• 强化了流程绩效管理的核心要点：每个组织都是一个系统，组织中的每个个体都在一个人资绩效系统（HPS）之中

即使这个项目并没有展示出绩效剖析（AOP）和结果改进流程（RIP）的可扩展性，但是它们确实是非常可扩展的。同样的，你看到了绩效剖析是如何解决文化和领导力的问题。现在，应该能够看到你作为一个流程绩效咨询顾问所能带来的潜在影响。

要点小结

1. 从 NuPlant 项目中能够提炼出许多可借鉴于其他绩效咨询工作的原则和教训，并归结为可用的分析假设。

2. 绩效剖析（AOP）框架和结果改进流程（RIP）都能够被有效地应用来解决某一关键岗位问题、关键流程问题或关键业务问题。

3. 人类学家已经给文化确立了一个总的定义，该定义与信念和价值有关，足以用于对文化的研究。但是，要改变一种文化，有必要进一步深入理解构成文化的行为要素。

4. 文化是组织绩效的一个变量，但不是一个独立的、动因的变量，而是一个从属的或结果变量。文化是行为的结果，而不是行为的动因。在组织中导致文化形成的个体行为是由以绩效剖析（AOP）为代表的潜在系统作用的结果。

5. 组织要持续达成理想的绩效结果，管理与领导都是不可或缺的。需要领导来感召团队并为整个团队确立正确的方向。需要管理来确保组织系统由上至下是协调一致的，这样团队才能够实现理想的目标。

6. 绩效顾问在以下两个方面与领导相关：

- 当前绩效结果差距是因领导作用缺失所导致的
- 领导是否有足够的意愿来消除绩效结果差距并提供支持

SERIOUS PERFORMANCE CONSULTING;

·→第二部分←·

流程绩效咨询技术

ACCORDING TO RUMMLER

现在该是将聚光灯从伯特和 NuPlant 转移到你们身上的时候了。第二部分的这两章就是专门针对流程绩效咨询技术的内容。

事实上，正如 NuPlant 案例研究中所应用的绩效分析，是根据具体情况的不同而选择性地或在不同程度上采纳应用。第 5 章介绍了何时适合、何时不适合应用流程绩效分析，以及具体的原因。这主要取决于内部咨询顾问，但是外部咨询顾问能够找出在他们的项目实践中会非常有价值的策略与工具。本章还提供了一个例子，展示出内部咨询顾问如何能够在他们自己的组织内应用流程绩效咨询的原理。

第 6 章讲到，流程绩效咨询如同一门工艺技术，同时也是一个职业。文中展现了流程绩效咨询师的学习曲线，为如何学习、实践和成长为一名流程绩效咨询师提供了建议指引。

让我们一起来看一下吧！

第 5 章

绩效分析与内部顾问

NuPlant 案例研究是由伯特这位外部顾问主持的流程绩效分析的案例。内部顾问也需要主持流程绩效咨询，但当他们尝试实施结果改进项目时，往往要面对独特的挑战。本章描述了这样的挑战，并呈现了协助内部顾问来攻克这些挑战并在他或她的组织中带来绩效改进的思路和工具。

拉姆勒如是说 5-1

即使本章的重点是关于内部顾问，但我作为一名外部顾问亦曾用过这里所提供的许多策略、技巧和工具，因此我强烈希望外部顾问也能够继续往下读。

本章开篇对绩效咨询的一些基本假设作简要概括，然后探讨作为内部咨询顾问的一些现实情况，为内部咨询顾问克服障碍提供一些建议和工具，最后随同这些建议的观点来举例说明。

内部流程绩效咨询

以下是到目前为止讨论过的有关内部咨询顾问的一些基本观点。首先，内部咨询顾问通常要面对图 5-1 中呈现的情形，也是在"介绍"部分中最早提到的。

通常，绩效顾问都要回应援助的请求。

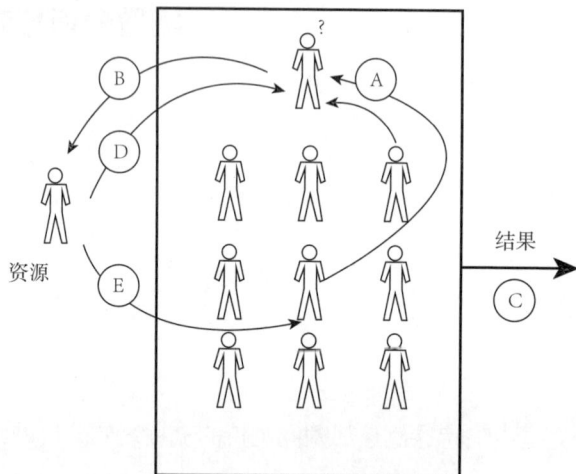

图5-1　典型的绩效咨询情形

其次，在这种情况下，内部咨询顾问有必要运用与伯特在 NuPlant 上所用的绩效剖析（AOP）一样的思维模型，如图 5-2 所示。

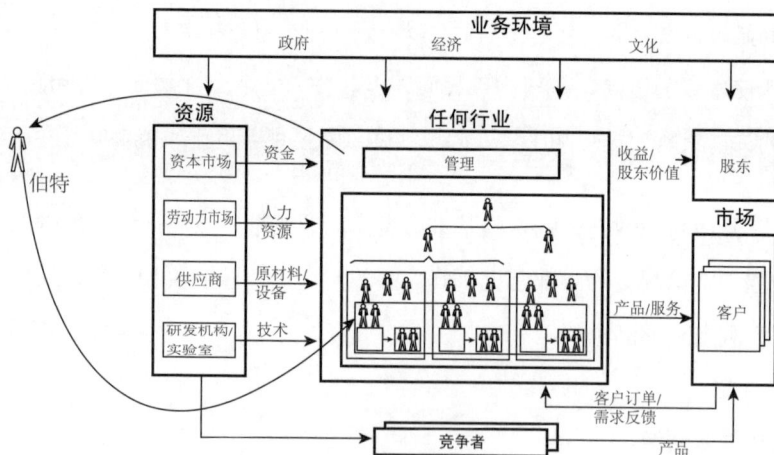

图5-2　伯特的绩效剖析思维模型

再次，在第 4 章里提到过绩效剖析（AOP）框架与结果改进流程（RIP）都是可扩展的；它们可应用于岗位、流程或组织层面的需求；NuPlant 案例最初陈述了岗位层面的问题，但最终扩展到了贯穿三个层面的问题。内部顾问也同样需要运用此模型来针对不同情形的问题层层扩展。

因此，很明确，基本的绩效剖析（AOP）框架和结果改进流程（RIP）同样适用于内部咨询顾问的世界。但是，内部咨询顾问的一些组织现实情境确实与外部顾问所操作的环境有所不同。

内部咨询顾问的组织现实情境

那些在他们的组织内争取开展流程绩效咨询的人们所要面临的挑战是令人畏惧的。你需要了解你很大可能遇到的三种组织现实。

客户管理的现实情况

内部咨询顾问的第一种现实是他们在客户管理方面要面对多个层面的挑战，如图 5-3 所示。在最高层面①，他们需要与他们的客户组织建立一个长期的、战略性的合作关系。要完成这个，他们必须与关键的管理者个人建立强大的工作关系。但这都是由他们做的具体改进项目③来完成的（或尚未完成）。

所以，内部顾问的最终目标就是要提供有价值的结果并且因此而与客户组织建立一种业务伙伴关系。内部咨询顾问必须总是通过创造成果来不断为达到这个目标而努力。另外，他们也必须一直关注和思考他们正在实施的或考虑实施的这个项目。

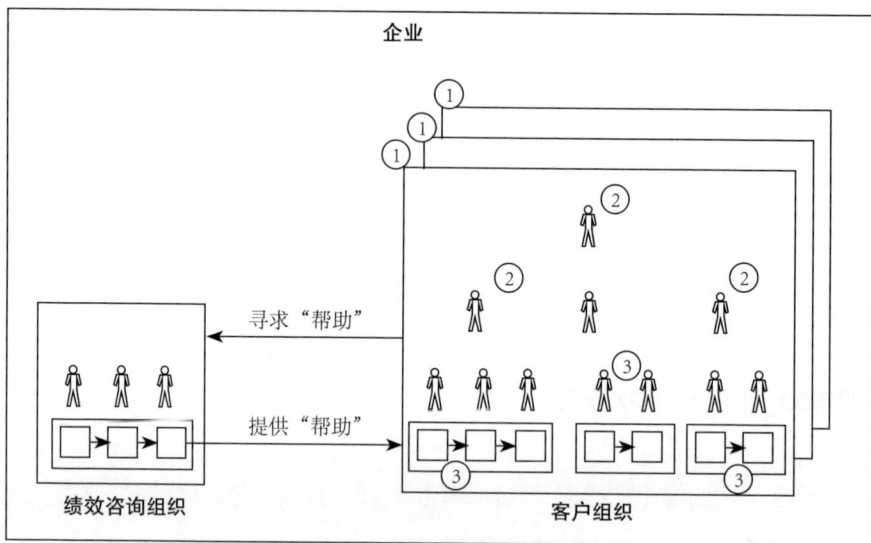

图5-3　内部绩效咨询模型

客户需求的现实情况

内部绩效顾问的第二种现实情况是他们在组织内通常被当作是提供解决方案的一个部门，应当为内部提供培训、流程再造、六西格玛、组织发展等等。不管这个部门叫什么，它的名称通常听起来与解决方案并无太大关联。结果，多数求助的请求都会以求得某一具体的解决方案的形式而提出。这一事实对于内部绩效顾问产生两大需求：

• 总是非常有必要追溯最初的需求来确定问题是什么，引导需求方明确最终应有的解决方案。这并不容易，因为你想要尊重需求方并对需求及时响应，但同时，你也想要创造结果并带来变化。不断出现的挑战就是要在响应与做正确的事之间进行权衡。

• 有必要不断教育客户有哪些因素在影响绩效和结果，以及为什么在实施一项耗资不菲和不合时宜的解决方案之前，非常有必要来明确哪些是存在缺陷的因素。

内部绩效分析的现实情况

内部绩效顾问的第三种现实情况是他们不需要对所有的需求实施流程绩效分析。事实上，他们只会针对一小部分需求来实施流程绩效分析。一个原因是，许多他们接手的项目并不会在任何方面影响到组织的可测量结果。（"我要让我的员工看到那个新的人格分类四象限图。"）如果情况是这样，那么就没有必要实施绩效分析。在这种情况下，你可以选择劝说需求提出者撤销这个需求或是做个深呼吸，然后去按所需求的去做好了。

内部绩效顾问常常缺少时间和资金来实施全面的分析。在其他案例中，需求提出方实在没有耐心来等待绩效分析或考虑其他的解决方案。关键就在于内部绩效顾问要知道什么时候、在哪里来实施流程绩效分析。

作为一名内部顾问如何来应对组织现实

1. 内部绩效顾问必须有选择地决定何时在何种情况下来实施流程绩效分析，并在响应需求和做正确的事之间找到平衡。

2. 不断地教育你的客户什么是正确的事。这意味着将每个项目转化为一个将客户带入绩效剖析（AOP）的机会。要有耐心。教育客户是一个漫长而持续的销售过程的一部分。

3. 要测试每一个寻求帮助的需求。"你根据什么判断这是一个问题？""为什么问题出在现在而不是 6 个月之前呢？""你如何知道这个问题得以解决了呢？"多往前追问一些问题，但一定要针对需求和需求提出方提出问题。

4. 接受它，作为一名内部顾问，你不能保证总是做正确的事。在你验证过需求，并确信在结果上不存在差距或没有时间允许分析后，你就要以最职业的方式来提供所需求的解决方案并通过此过程来总结经验。每个项目都是你能够教育客户并对客户有关绩效剖析（AOP）进一步了解的机会。

拉姆勒如是说 5-2

我认为基于以下两个原因，外部绩效顾问应当总是做正确的事：首先，客户为了做正确的事而付费；其次，外部顾问有能力为了一个特殊的解决方案而放弃一个项目需求。内部顾问很少会有这样的奢侈来拒绝这样一个项目。

协助内部绩效顾问的工具

这部分内容为你提供了一些观点和工具，大量的内部绩效顾问经过应用绩效分析，已经验证了这些观点和工具是非常有用的。下面对这十项内容分别阐述，且每项内容用一个例子来进一步说明。

一、一个重要的概念

头脑中时时要记着内部绩效咨询模型（图 5-3），并牢记要从两个层面来思考：对任何项目都要做正确的事，同时要与客户建立并维护一种商业关系。你可以将每个客户视为"大客户"并为每位大客户开发战略。包括为这位大客户制定长远目标，制订如何达成那些目标的中长期计划，那些需要始终维系良好关系的关键管理者的姓名。每个项目机会都应比照大客户目标及战略来进行评估。

二、另一个概念

Tom Gilbert（1996）第一个定理于 1978 年发表，是这样的：

$$W=A/B$$

意思是有价值的绩效（W）是有价值的成就（A）除以有代价的行为（B）。这个公式也可以改写为

$$W=V（或 R）/C$$

W 是这个项目所值，等于项目的价值（V）或项目的结果（R）除以项目的成本

（C）。当然，目标是 W 要远远大于 1。

　　这个等式可用于概算一个项目的投资回报率，但或许更有用的是在与管理者探讨某一解决方案的需求时，作为一个话题："你认为这样做的回报是什么？我能大致告诉你这项解决方案的花费会是多少。你认为它所带来的价值会超过其成本吗？你若把那些钱用在其他地方能否换来更大的收益呢？如果我们这样做，资金从哪里来？"即便是围绕解决方案价值的一个非正式的讨论，也能够引发需求提出者的再三思考。

三、一个工具

　　建立一个业务案例。图 5-4 包含一个通用的业务案例模板，它适用于任何求助的需求或一名内部绩效顾问（或外部绩效顾问）可能接收到的项目需求。你能用这一工具来支持你与他人来探讨这个解决方案的真正价值（像上面第二点中所示）。

I.背景	
申请人： 　姓名： 　职务： 　组织： 资金： 方案筹备成本承担方： 接收方时间成本承担方：	申请单号： 　—最初号码： 　—变更后号码： 申请接收日期： 业务案例完成日期： 决策日期： 项目号码：
II.申请	
III. 申请方案的收益	

图5-4　业务案例模型

A. 此项提议活动将对公司带来什么益处?
　1. 更多销售收入,因为:
　2. 节约成本,因为:
　3. 其他,因为:

B. 将如何衡量这项/这些益处?

C. 依据在B中识别的衡量标准:
　a. 当前的绩效如何?
　b. 若采纳此介入方案,会对当前绩效带来哪些改善?

D. 总之,未来三年间此方案能够带来的预期经济利益是:
　1. 第一年____
　2. 第二年____
　3. 第三年____

IV. 方案具体内容

A. 为什么要实施这一方案?

B. 有何证据可以说明实施这一方案的必要性?

C. 这一方案的目标是?

D. 实施此方案预计带来的可衡量结果是?

E. 这一方案的接收方是?
　1. 组织
　2. 个人

F. 由谁来出资实施此方案?

G. 谁来负责通过此方案达成理想的结果?
　1. 代表接收方的组织?
　2. 代表实施方的组织?

H. 这一方案有关的利益相关方是谁?

I. 要达成理想的结果,实施这一方案都需要些什么?

J. 此项方案的实施要在什么时间前结束?

K. 到什么时间这一方案的结果将会显现?

V. 申请方案的成本

图5-4 (续)

	提供方组织承担的成本	接收方组织承担的成本
A.分析		
B.设计/开发		
C.制作		
D.交付		
E.方案维护/支持		
第一年		
第二年		
第三年		
F.评估		
G.管理层支持		
第一年		
第二年		
第三年		

VI.此方案的潜在收益

	第一年	第二年	第三年
利益			
成本			
净收入			
累计净收入			

VII.决策	后续步骤
A.根据申请,跟进所提议的方案	1.准备项目计划来开发所提议的方案
B.实施简要的分析来识别需求与适合的行动	1.为分析准备项目计划
C.现在未能很好地利用资源	1.暂停所提议的方案
D.重新思考所提议的方案与业务案例	2.申请方强化业务案例
E.其他	1.申请方重新测试明显的需求

VIII. 决策确认		
1.申请方签字:	日期:	意见:
2.提供方代表签字:	日期:	意见:

图 5-4 （续）

拉姆勒如是说 5-3

图 5-4 中的模板非常一目了然。但是，还是让我来指出真正的在第 III、V 和 VI 部分中可以看到的业务案例（"真的值得做吗？"）。有一点需要注意：通常情况下，培训需求（和其他介入方案）并没有计入他们去参加培训的人员成本、学员的直接劳动成本，或学员脱岗所产生的间接机会成本。第 V 部分将提供者的成本与接受者的成本分得十分清楚。第 IV 部分介绍了一些应当评估的重要非经济因素，并根据评估结果来决定是否要继续这个项目。我曾经看到过这份文件使得一些需求提出者撤回了没有意义的或轻率提出的需求，同时也让其他人理解了项目要有多大的投入，他们需要承诺有多大的回报来还清。

四、另一个工具

系统地评估实施绩效分析项目的可行性。图 5-5 包括一份检核清单与决策指引来帮助内部或外部绩效顾问决定是否要承接一个项目。问题是普遍适用的，因此你也许需要对其进行修订来满足你的需求。这个工具也许能够作为在下面第八点中所提到的战略性评估的一部分。

I.可行性问题				
问题/标准	回答			讨论
	是	否	不确定	
A.问题/机会				
1. 被大家认知的需要是否是真正的需要？				
2. 确实存在结果上明显的差距吗？				
3. 这个差距正是我们要攻克的吗？				
4.这个结果差距是与一个战略问题还是与关键业务问题相联系的？				

图5-5　项目可行性检核表

5.这个差距足够明显以至于可以从实施介入方案来获得充足的投资回报吗?				
6.此差距足够明显,而可以确保能够实施建议的变革吗?				
7.是否可能来衡量差距得以消除了呢?				
8.我们能够展示说明我们已经消除了结果上的差距吗?				
B. 客户				
1.客户的管理层是否赞同已识别的真正需求呢?				
2.客户管理层是否认同在此时消除此结果差距的价值呢?				
3.客户管理层是否倾向于与我们想提出的解决方案相对立的,某一具体的解决方案或方式?				
4.客户管理层对我们将就此项目所采取的做法是否支持?				
5.客户管理层能否为了这一项目的成功,而提供必要的领导力、资源与支持呢?				
6.我们是否已经正确识别出在客户的组织中,谁是担当着消除绩效差距这一使命的人呢?				
7.我们拥有正确的客户吗?				
8.客户的组织是否已准备好消除结果差距所需要的某一层级上的变革呢?				
C.项目环境				
1.实施这一项目所需的条件是否可以被接受?				
2.成功完成这一项目所面临的风险是否可以被接受?				
3.该客户组织是否足够稳定,足以支持项目取得成功?				
4.组织的文化是否对这样的项目支持呢?				
D. 项目设计				
1.我们对与结果差距相关的绩效剖析是否有充分的理解?				
2.我们对导致结果差距的原因是否有很好的假设?				
3.项目范围是否足够大到可以消除已识别的差距?				
4.我们是否能够得到必要的数据和人员来测试我们的假设并消除差距?				
E.我们				
1.我们是否有能力在较为合理的时间框架内成功完成这个项目?				
2.我们对导致结果差距的原因是否有很好的假设?				

图5-5 (续)

3.通过投入合理的努力,我们能否获得业务?			
4.我们是否能够请这位客户,以他的名义作为未来工作的推荐人呢?			
5.我们是否正在学到一些将来可以用在其他地方的东西呢?			
6.这个项目能否带给这位客户更多的生意?			

II. 结论			
问题/标准	答案		讨论
	是	否	
1.有可能带来不同吗?			
2.我们是否有可能带来不同的一个合理的机会呢?			
3.我们是否有获得这个生意的一个合理的机会呢?			

III. 建议决定	
决定	意见
"是"	(无必要的解释)
"是,但是"	(解释担忧并提出可以降低风险的行动)
"否"	(为什么?)

图5-5　(续)

五、概念及工具

NuPlant 项目是绩效分析的一个十分严谨的例子。其实,在第一次了解到需求之后,你就能够迅速地对是否需要实施绩效分析做出大致的判断。图 5-6 包括一些你能够用来快速识别绩效结果差距的问题,并决定从何处入手开展一些基本的分析。

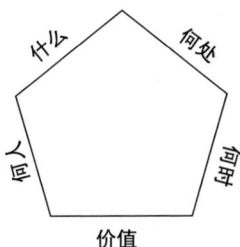

五边形顶点标注：什么　何处　人员　何时　价值

什么

有没有问题？
你是依据观察到的什么而判定存在问题的？

可接受的回答	不可接受的回答
很少按时提交报告	士气低落

如要进一步的分析，提问：	进一步挖掘以识别缺陷：
您所说的"很少"，意思是 10 次中有 2 次，还是 10 次中会有 5 次？您能给我确切的一个数字范围吗？	请给我举个例子说明什么人做的什么事情，而使你认为士气低落呢？

你怎么能够知道问题被解决了？（会有什么不同？）

可接受的回答	无法接受的回答
• 事故率会降低 $X\%$ • 申诉将减少 $X\%$ • 返货将减少 $X\%$ • 客户投诉将减少 $X\%$ • 销售收入将减少 X 美元 • 所需要的时间将减少 $X\%$ • 指数将达到目标	一切都会运行很顺畅 **进一步追问：** 您所说的更顺畅指的是什么？ 也就是说，如果您有 2 个部门，其中 1 个运行得很顺畅，而另一个运行得不顺畅，您怎么能知道它们之间的区别呢？对于您所说的区别，您所看到的是什么？

何处

判定问题是否普遍？
1. 在何处发生的？（例如区域、部门）
2. 是在一个区域内的某一个特定的地方发生吗？
3. 仅限于在这个地方发生吗？
4. 在其他地方为什么没有发生？

何时

问题是何时发生的？
你是依据观察到的什么而判定存在问题的？
1. 何时发生的？（例如：第三个班次，生产线启动时，新产品上市时）
2. 总是在同一时间发生吗？
3. 在什么时刻发生？
4. 多大的频次发生？（例如每天、每周、每月、每年发生）
5. 发生这个问题已经有多久了？

图5-6　问题分析五边形

何人

我们应当关注何人？
1. 谁是存在问题的绩效执行者？
2. 我们对其所期待的绩效是什么？
3. 该绩效执行者具体哪里做错了？

可接受的回答	期待的行为
当前错误的行为	
	回答客户提出的问题，如无法回答则转向能够回答此问题的班长
不回答客户提出的问题	

不可接受的回答	期待的行为
当前错误的行为	
以很差的态度对待客户	以好的态度对待客户

继续追问：
假设我们有两位销售人员，一个是你所描述的那种态度好的，而另一个是态度差的。我以客户的角色与他们两人打交道。你认为这两名销售人员将会以怎样不同的方式回应呢？

4. 绩效执行者做对了吗？

如果**是**，什么时间？
如果**不是**，是否有谁做对过？
何人？何时？何处？

价值

它重要吗？
1. 错误的绩效对以下诸多方面都带来影响了吗？

产品或服务？
□质量
□成本
□数量

绩效执行者或他的部门？
□安全
□工作的轻松
□绩效指标

组织？
□程序
□形象
□收入
□利润率

其他工人或部门？
□安全
□工作的轻松
□绩效指标

2. 这个问题每年给组织带来多少费用支出上的影响？

这个问题是否值得继续进行？

图 5-6 （续）

图 5-7 包括一份工作单和问题集，能够帮你快速判断存在问题的绩效执行者的人资绩效系统有什么不对劲的地方。（注：当你就某位特定的绩效执行者，通过提出和回答问题来识别理想的与不想要的绩效之间的差距时，这个工具显得最为有效。）当然，当内部绩效顾问理解绩效剖析的更大框架背景时，这些绩效分析评估工具也是最为有效的。

		HPS 元素	理想 HPS 的特点	HPS 故障问题与回答				HPS 改进行动
				问题	是	否	?	
绩效执行者	情况/输入	输出	有充分且适合的标准，可用于判断成功绩效	A.绩效描述				
				1.绩效标准存在吗？（如果"是"，填写第2和3项）				
				2.绩效执行者了解理想的输出与绩效标准吗？				
				3.绩效执行者认为绩效标准是可达成的吗？				
		输入	1.清晰或充分可识别出去执行的需要 2.极小来自于不相容或无关需求的介入影响 3.有工作所必需的资源(预算、人员、设备)	B.任务支持				
				1.绩效执行者能够简单地意识到有必要去做应该做的事情吗？				
				2.这项工作可以不受其他任务的影响吗？				
				3.工作程序与工作流程是否符合逻辑？				
				4.是否具备执行工作所需的资源(时间、工具、人员、信息)?				
		结果	1.充分的正面的结果(激励)来执行 2.即使有，也极少有负面的激励	C.结果				
				1.结果与理想的绩效一致吗？（如果"是"，填写第2项）				
				2.从绩效执行者的角度,结果是否有意义？				
				3.结果及时吗？				

图5-7 人资绩效系统(HPS)工作表

理想的绩效	不理想的绩效	反馈	频繁提供相关的反馈，让执行者了解其工作得有多好(或多差)	D.反馈				
				1.绩效执行者能得到有关其绩效的反馈吗？（如果"是"，填写第2项）				
				2.他们所接收的信息：				
				a.相关吗？				
				b.及时吗？				
				c.准确吗？				
				d.具体吗？				
				e.有建设性吗？				
				f.易于理解吗？				
		绩效执行者	1.有工作所需的必备知识与技能 2.有能力去工作(体力与心理方面) 3.有意愿去工作(给予所提供的薪酬激励)	E.知识/技能				
				1.绩效执行者是否拥有工作所需的知识和技能？				
				2.极小执行者知道为什么要达到理想的绩效很重要吗？				
				F.个人能力				
				1.绩效执行者从体力、智力及心理上是否有能力做工作呢？				

图5-7 （续）

六、概念及工具

为你的每个客户组织开发一份档案（例如，部门、地区、业务线、工厂、商店、部门）。这样的档案支持观点一并且也应作为客户策略的一部分。一份档案也许会包括你与这个客户工作关系的长期目标，以及这个组织的组织架构图，展示组织中所有的部门和关键的人物。你也会想要在档案中包括组织的宏观绩效剖析的一些大致情况，这些大致情况来源于你过往与这个组织所做项目时，所开发的更具体的流程图。你所服务的每个客户组织看上去都会像有个NuPlant在里面。开始先开发如同伯特为NuPlant所做的那份一样的图（图3-8）。

你的档案应当包括这个业务单元的一份业务概述，包括：

- 使命、愿景或两者都要

- 产品和服务

- 市场

- 商业模式

- 目标

- 战略

- 影响业务单元绩效的关键变量

- 大致的年运营预算

最终，你为你的客户组织所开发的文档应当包括你为这个组织所做的每个项目的简要介绍，以及从哪些方面来评估项目结案记录与项目成果。这样做是为了减少你用于响应需求所耗用的时间。如果你已经很好地完成了客户档案，你就无须当机会来临时而花上很多时间来赶上。

例如，设想一下伯特当前所处的情况，如果他是 Big Auto 集团或冲压系统的一位内部绩效咨询师。凭借自己对冲压工厂的了解，他就能够快速地对任何一家冲压工厂的未来项目需求作迅速响应，因为他知道哪里与绩效结果紧密相关，并且他有模型来理解业务、理解组织，使其能够更快地对绩效欠佳的原因作假设，并验证假设。他不会轻易被表象迷惑而提出一个对工厂毫无积极影响的解决方案。伯特也能够寻找正向的机会来改善工厂和系统的绩效。通过将冲压系统和工厂绩效结果的趋势与他所掌握的工厂绩效剖析（AOP）联系在一起，他就能够将自己对改进绩效的假设转化为结果改进的建议。

真正的目标是要了解客户的业务。如果绩效顾问不了解业务，那么他们就只能受需求提出者支配。如果他们了解客户的业务，那么他也就能够更加有效地拒绝客户提出的不妥当的需求，并提出更好的问题，盘问出其他更多的原因与解释，并提供其他的解决方案。了解业务是与客户建立信任的基础。

这些客户组织档案对于培养客户组织的内部顾问也是十分有帮助的。

七、概念与工具

你需要不断沿着一条学习曲线来推动你的客户管理层。你可以考虑用图5-8所示的客户管理层关系模型来跟踪进度。

管理者姓名：
管理者职务：
组织单元：
关系建立日期：
当前关系评估：

项目	评分						
	1 (低)	2	3	4	5	6	7 (高)
A. 对绩效咨询部门的信任度							
B. 理解绩效咨询部门正在做什么以及为什么要做							
C. 理解他们必须做什么以及为什么							
D. 已展现出来的结果							
意见(日期)							

图5-8　客户管理者关系模型

该模型不只是一条单独的学习曲线，它还对与客户建立成功的绩效咨询关系作四个基本维度的评估，目的是要持续地评估你与某一个关键的管理者的关系进展程度。

根据这个概念，要寻找机会用你的信念和对绩效与结果的看法去教育经理层的关键人员。比如把本书的相关章节讲给他们听，寄送些有关绩效结果和绩效咨询实践的文章给他们看，邀约一些对绩效改进概念接受度高的人安插到你主导的有针对性的培训课程或主题研讨会中。制作一张表格，把那些支持你的绩效改进方法，以及愿意接受新颖且适宜的绩效改进策略和绩效干预手法的经理们列入清单之中。

八、概念与工具

正如在前面所提到的，并不是每个项目需求都适合做流程绩效分析的。那么你该如何决定需要做绩效分析呢？对于绩效顾问所接收到的任何一个项目需求，都要应用图 5-9 所示的战略评估工具来将其分类（四个类型：A、B、C、D）。这样，绩效顾问就能够根据其所属的类别来采取适合的行动了（表 5-1）。

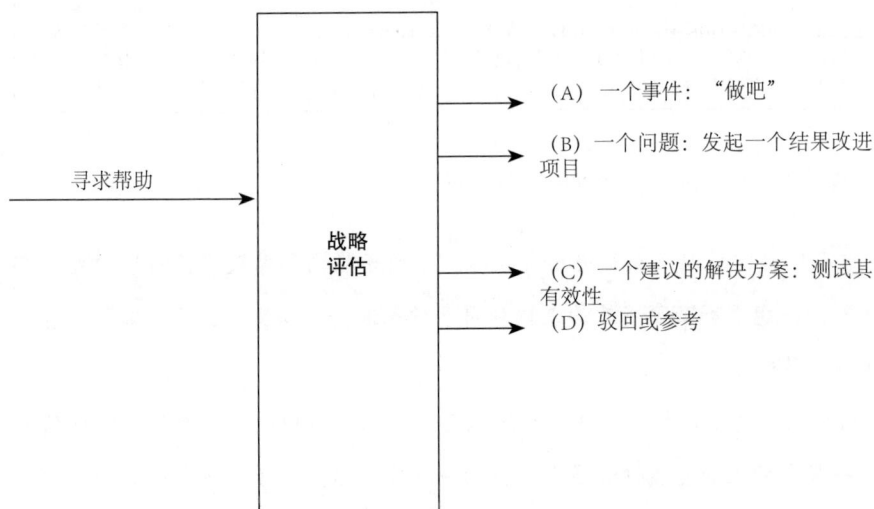

图5-9　战略评估流程

表5-1　区分内部客户需求类型并响应

申请分类	申请描述	建议的行动
A	对于某一活动的申请会涉及以下这些的组合： • 一次性活动,例如一次会谈,一次会议,简单的头脑风暴 • 根据Gilbert(1996)第一定理申请的活动,其结果达成的可能性很小 • 没有时间或资金来做任何分析 • 不能容忍任何分析	1. 如果产生结果的可能性很低,你可运用图5-4中所提供的工具来努力说服请求者放弃这个项目 2. 如果你说服不了请求者放弃项目,那么就只有交付项目(既然不会有结果,那就竭尽降本之能事吧),并且尽可能多地熟悉了解组织,以期待其下一次的咨询请求。记住要将你的所学所知添加入该组织的客户档案中
B	申请中明确了某个明显的现实问题,但并没有提出建议的解决方案。这样的申请基本上对于绩效咨询师来说是个较好的申请	建议采取的行动是提议实施结果改进项目阶段I,来明确结果差距并定义一个可行的项目
C	申请提出的同时带有一个建议的解决方案。对问题本身并不清晰,解决方案或结果差距似乎应该是正确的	建议的行动是用一些问题来测试这个申请,试图将其重新分类为A、B或D
D	根据一些提问而清晰地了解到,该申请没有价值或者说它是一个可以通过一些内部或外部其他资源来解决的一个需求	如果申请没有价值,尽力让申请者放弃申请。如果该申请可以更好地以其他方式达成,那么将客户引荐给更合适的资源

在绩效评估中,你应当考虑以下这些问题：

• 这个项目需求以及需求提出者在图5-3所示的内部绩效咨询模型中处于哪个位置？想一想是否必须将政治或权利因素考虑进去,以及依据你的客户合作策略应如何对待此需求。

• 该需求在绩效剖析（AOP）和组织的绩效结果链中处于什么位置？评估一下你能够带来变化的可能性有多大,预测一下客户组织对于变革或问题解决方案的看法与开放的接纳程度。

这样的一个战略性评估能够为绩效咨询机构的领导人提供一个强有力的管理工具。它使得按客户的不同纬度进行跟踪成为可能。

- 收到客户需求以及采取行动的数量

- 每一类别的需求或项目的数量以及所占比重

- 若干年的时间范围内，各类型项目的分布与趋势情况

跟踪分布趋势使评估咨询进度成为可能，确保客户针对解决问题和改进绩效来寻求帮助，而不是不断地寻求未必正确的解决方案。

九、观点与工具

这个点接续第八点。如果某一项目需求归属于类型 C（一个待测试的需求），然后它可能最终按照图 5-10 所示的路线图来操作，此图展示了一些推荐的问题、决定与行动。

让我们来更近一些看看此需求路书的主要决策点。以下用数字标注的内容对应图 5-10。

1. 首先要向需求提出者问的问题是"我们能去看一下吗？"如果可能，你要做些观察和访谈来获得一手信息，深入理解导致需求方提出某一解决方案的问题假设是什么。

2. 如果遭到拒绝，那么下一个问题就是需求方建议的解决方案对于消除绩效差距的可能性有多大。因为你不能亲自去探查，所以你就不得不依赖于客户告诉你的以及你自身的体验。你可以用图 5-6 中所示的问题来进一步深入洞察其所提议的解决方案对于消除绩效结果的潜在可能性。

3. 如果你相信存在一定的潜力来影响结果，你也许会觉得实现所需求的活动是很合理的。

4. 但是，如果没有证据证实所建议的解决方案能够影响结果，那么建议你劝说需求提出者放弃需求。你也许会用到 Gilbert 1996 年的 *First Leisurely Theorem* 或图 5-4 中的业务案例工具来帮助你作为论据。

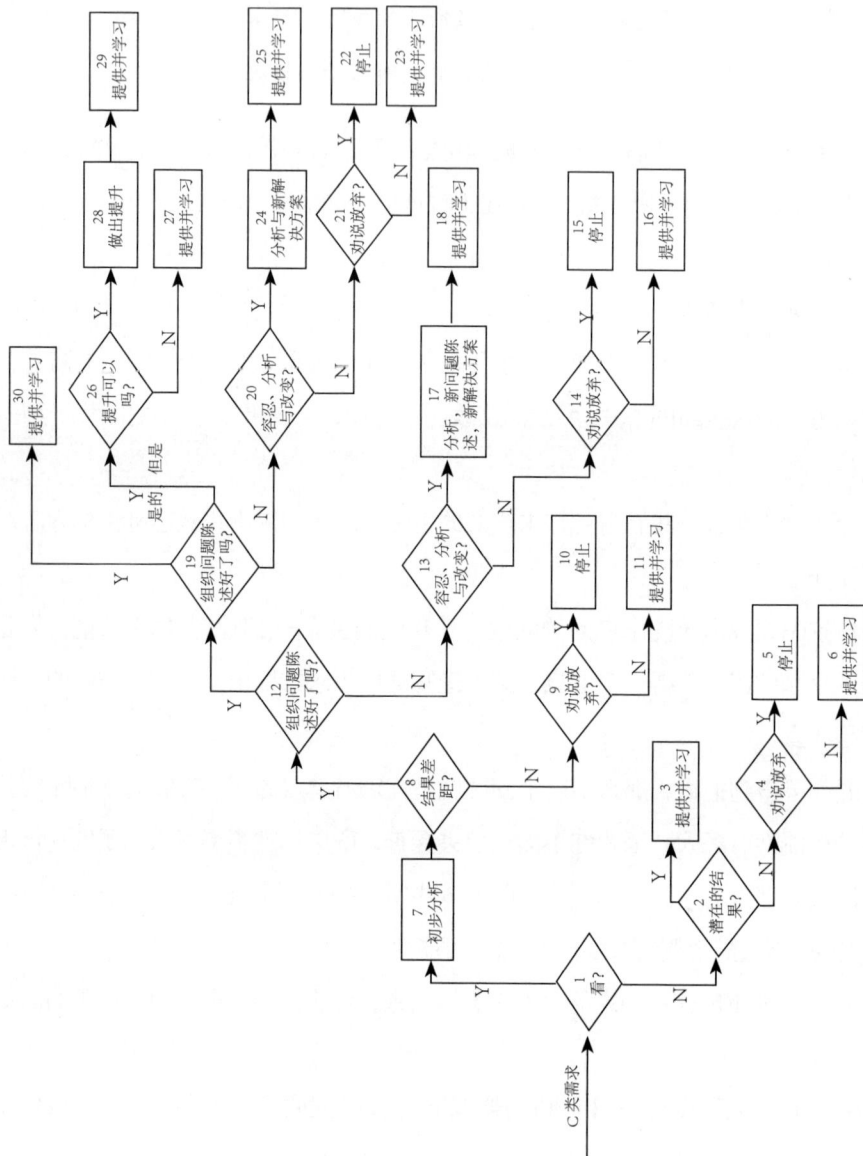

图5-10　C类需求项目路径图

5. 如果你能够说服需求提出者放弃需求，那么项目就到此为止，棒极了！

6. 如果你不能说服需求提出者放弃需求，那么是你该去做和学习一些事情的时候了。假设没有迹象表明这个解决方案可以影响结果，那么就要考虑尽你所能不用花费太多，来设计和实施一个解决方案。

拉姆勒如是说 5-4

拉姆勒的绩效经济原则：如果你不是要改进绩效，那么不要只是尽你所能以最低的成本去做改进。

7. 但是，如果你来看一看具体的情况，实施一个预先的分析，大约需要半天或三天来完成。理想的话，如果你的头脑中有明确的绩效剖析（AOP），那么你会知道从哪些角度去分析。你也许还会用到图 5-6 和图 5-7 中显示的问题。如果你的绩效咨询项目组已经开发了客户组织档案，那么这个初步的分析会非常容易。

8. 在初步分析结束之后，下一个问题是"存在绩效结果差距吗？"如果答案是"否"，那么你应该试着说服需求提出者放弃需求（9）。取决于这样做的结果怎样，要么你停止（10），要么你就去做和学习（11）。

12. 如果在最初的分析里发现绩效结果中的确存在差距，下一个问题就是"最初的分析是否支持在寻求解决方案的需求中潜藏的根本问题或问题假设？"

13. 如果回答是否定的，那么问题就变成"需求提出者能够容忍接受更昂贵的绩效分析来找出绩效结果差距的真实原因吗？"这正是伯特在 NuPlant 所遇到的情形。

14. 如果需求提出者不愿实施一个更昂贵的绩效分析，那么合适的做法就是尝试说服需求提出者放弃需求。取决于这样做的结果怎样，像以前一样，要么你停止（15），要么你就去做并学习（16）。

17. 如果需求提出者对分析和改变的回答是肯定的，认同绩效结果中存在严重的差距，那么就去实施流程绩效分析并提供具体的系列解决方案（18）。

19. 如果最初的问题陈述是 OK，那么问题提出时的解决方案也是 OK 吗？

20. 如果答案是否定的或者不确定，那么问题是需求提出者会不会容忍接受花更多的资金来做绩效分析，找出问题相应的解决方案呢。

21. 如果答案是否定的，那么最好你能够劝说需求提出者放弃需求的提出。取决于这么做成功与否，你或是停止（22）或是学习（23）。

24. 如果对分析和改变（20）的回答是肯定的，就是说绩效结果存在严重的差距，那么就要开展流程绩效分析（24）并提供具体的解决方案系列并学习（25）。

26. 如果对问题的答案是"是的，但是……""最初的解决方案可行吗？"（19），解决方案也许会在某些提升方面是有效的（譬如工作援助、改善的绩效反馈系统、更多的工具），那么问题就变成需求提出者是否认同建议的提升举措了。

27. 如果回答是否定的，那么去做并学习。

28. 如果回答是肯定的，就去实现提升，去做并学习（29）。

30. 如果对于决策点 19 的答案是肯定的，那么就去做并学习（30）。

不要被这个看似复杂的路书给搞得不知所措。有了一点经验之后，你就可以逐步地、自然地做出这样的决定。

十、观点与工具

内部绩效顾问不太理想的现实情况是他们的大部分资源消耗在回应求助的需求上，如路线图 5-10 所示的那些问题。对于内部绩效顾问来说，真正的挑战是超越这条曲线，将他或她的专业经验与能量用在即将对客户带来长期显著利益的方面。

一个不太被用到的技巧是，内部咨询团队主动去识别能够影响结果的机会。绩效剖析（AOP）和与之相关的模板为内部绩效顾问提供工具，使其了解客户的业务并找出能够带来变化的机会。

内部绩效顾问如何能够找到这样的机会呢？首先，了解你的内部绩效顾问模型（图 5-3）和每个客户的客户战略（带有客户档案，如第 6 点）。问你自己这些问题：

- 你要努力与客户组织达成什么目标？
- 以你的理解，哪些人是客户方的关键人物？
- 他们在谈论和担心什么？

其次，对于你的那些关键目标客户，用你对于他们的绩效剖析（AOP）的了解，来寻找可能存在机会之处：

- 在你客户的超系统里寻找正在发生的事情中，有哪些构成了潜在的关键业务问题或关键流程问题。
- 回顾提议的举措，看看这些举措与可能的关键业务问题和潜在影响的关键流程问题和关键岗位问题之间存在怎样的关系。
- 对战略上的调整和该调整对可能的关键业务问题、关键流程问题和关键岗位问题的意义要敏感，也包括你通过绩效分析设计适合的系列解决方案所能够影响的相关绩效结果差距。
- 检核一下客户经营团队的年度运作计划并寻找你能够影响的潜在关键业务问题、关键流程问题和相关的结果差距。

然后，当你已经在一个客户组织中确定了一个潜在的机会后：

1. 要建立一个业务案例和一个可能的攻克计划。

2. 找到一位经营者（即潜在的客户），他要有决心消除你所找出的绩效结果差距。

3. 调整项目的范围，准备适应客户经营者的影响范围和兴趣，或者如果在你的机会与客户之间找不到合适的匹配，那么……

4. 寻找另外一个更好的客户。

内部绩效咨询：一个例子

拉姆勒如是说 5-5

我已经向你介绍了内部咨询顾问所面临的独特挑战以及克服这些挑战的一些战略。另外，你的个人武器装备库现在也配备了很多观点和工具，你可以应用于自己对客户的服务中。现在让我把这些观点和工具引用到一个叫马克的内部咨询部门经理的例子中来，看看他是如何在自己的部门实施一些战略性的变革，由提供解决方案转移到了改善绩效结果。然后，我也将向你展示一个叫佐伊的内部绩效顾问是如何用这些战略、观点和工具来服务她的客户组织的。

马克是一个内部咨询部门的负责人，部门称作组织发展部，组织效率或组织培训与发展部。马克部门的名称并不重要，因为部门职能不重要，流程绩效咨询更多是一项使命或思维状态。

重要的是在三年间，他已经带领这个部门将使命，从仅仅提供很窄范围的解决方案（大部分是培训）转移到了提供绩效结果，适时实施流程绩效分析，以及协调广泛的绩效结果改进解决方案的实施。就像许多内部绩效顾问一样，这种使命转变的实现是一个挑战，因为客户经理们还是将这个部门看作是一个解决方案提供者并继续寻求解决方案而不是绩效结果的改进。

马克和他的绩效顾问团队运用外交辞令来引导需求提出者，争取不断地教育需求提出者改进绩效结果有多么的重要。马克部门的个体工作效率也通过执行本章中介绍的部分理念、流程和工具得以大幅提升。简言之，马克已经帮助了他的绩效咨询团队无论从战略上还是战术上都得到了演化和升级。

战略层面

马克已经在战略层面做了大量的努力来规范他的部门该如何运作从而为客户服务。

理念陈述。马克做了一系列理念陈述，以期在他的部门里强化绩效改进的思维：

1. 我们的最终目标是为我们的雇主改进绩效结果。

2. 对于任何既有的客户团体，我们的目标是要通过已改进的绩效结果作为印证，建立和维护一种业务合作伙伴关系。（图5-3中的内部顾问模式张贴在墙面上）

3. 我们的绩效改进工作基于流程绩效分析，接次基于绩效剖析（AOP）框架和结果改进流程（RIP）。（通用的分析方式对于部门是重要的，因为部门中每位绩效顾问都有其各自所在的领域背景，如组织发展、组织行为、全面质量管理、培训、流程再造，以及员工关系）

发现市场。马克为自己和他的下属明确了谁是他们的客户组织。虽然他的部门向集团行政副总裁汇报，但他把自己的"市场"细分为三个业务单元，即集团财务部、信息技术部和市场部。每个业务单元都有自己的工程设计、销售、客户服务以及生产运作职能。马克想要与每个业务单元建立一种业务合作伙伴关系。

计划。在工作的 6 个月期间，马克为了与每个客户部门建立理想的业务合作伙伴关系，已经制订了多年度计划。因为这种伙伴关系仅能通过可展示的结果才能形成，这些计划影响到马克团队在一年之中所做的所有项目。这些计划每年都要重审和修订。

专注于客户与责任。马克将他的领导团队成员安排成为每个客户团体的主要联络人（关系经理）。这些人负责对他们客户提出的所有需求进行战略性评估并且为他们的客户团体监督项目工作的质量。

组织档案。关系经理负责监督制作和维护他们客户团体的综合组织档案（按第 6 个观点所讲）。

战略性评估。所有潜在的项目——无论是客户提出的还是马克的团队主动提议的——都要经过战略性评估（按第 8 个观点所讲）。下面是这个流程的某些特点：

• 因为马克部门的资源稀少，每个需求都有可能对资源提出潜在的需要，所以要将每个需求配以编号，录入数据库，用于跟踪和分析。

• 战略性评估涉及对照整体客户支持计划与可用的资源，来对需求进行评估，以及其他事宜。

• 在战略性评估和需求明确之后，每个项目都会被分配一个项目号，数据库内的项目计划和预算也要做更新。

管理。马克与他的领导团队持续地对照他们的计划和预算，来监控和管理每一个项目的进展表现。他们也会跟踪每一个客户团队计划的完成情况以及取得的可印证的绩效结果与业务合作伙伴关系。他们每年都会监控每个客户团体所实施的项目类型并对未来几年的趋势进行分析。

战术层面

在战术层面，下面这个例子展示了马克的绩效顾问们在组织内是如何对需求进行响应、如何教育客户、怎样去做和学习的。

卢是马克的部门所支持的一个业务单元的区域销售经理。他向负责他这个业务单元的绩效顾问联络人寻求一些帮助，即在他的下一次区域销售经理会议上，演示一段有关教练训导的视频录像。卢在一次大会上看到过这个录像,感觉特别好。关系经理通过战略性评估流程对该需求进行了评估,判断这是属于类型 A 的一项活动。

之后,此需求被转至佐伊,一个在销售组织方面有一些经验的绩效顾问。佐伊清楚地知道这个业务单元正在受滞销困扰,她对总体业务状况足够了解,她也知道在会上放映 30 分钟的录像辅以讨论的这种形式,对于区域销售经理的行为或销售业务人员的绩效不会带来任何影响。简要地与卢交谈之后,佐伊能够看出他很坚持要放映这段录像,也不会接受考虑任何其他的可选择方式。

因此,她是这样回应卢的:"卢,这的确是个好主意。我也听说过这部录像,看上去这是一个非常棒的机会来做两件事情。首先,我们会满足需求,在区域销售经理会议上放映这部录像。其次,放映录像给我提供一个机会来评估它的效果。我想和你商定一个条件:我在你的区域销售经理会议上放映录像并讲解,同时请允许我在未来的几周内,到市场上与你的 3~4 名区域经理面谈,了解这部录像的效果。每次访谈时间不会超过 30 分钟,能成交吗?"

卢说:"当然。"佐伊按她所说的做了,也结识了几位很有观点的区域销售经理,后来他们接受了佐伊的访谈。她去到市场上访谈了两个人,另外两个人是通过电话访谈的。在访谈期间,她用那部录像作为谈话的开始,问询区域销售经理是如何管理他们的业务人员的,他们认为有关销售的主要问题是什么,他们认为业务单元应该做些什么来提升销量。她还问他们怎么看那段录像,并获得了他们的反馈。"还好。卢喜欢那样的事情。"

佐伊利用这个信息开始建立相关的模型,包括销售流程、销售管理流程以及当前的销售管理考核流程。简言之,她开始建立这个业务单元组织的"当前态"绩效剖析(AOP)。

在对市场的简要信息进行搜罗之后,佐伊现在可以做一些事情了。如果她把它当作一个特定的介入方案,比方说,一份客户资质检核单,可能会带来变化,她会以一种积极的状态，主动过来找卢，像这样说："卢，感谢你给我时间访谈了你的几位区域经理。正如你所料，他们看上去对那部录像很感兴趣，并且辅导也很有帮助。但是，我也了解到其他事情。他们指出其中一个关键领域是，他们不得不持续地训练新的业务员，来逐步具备能力服务于潜在客户。我问过他们可否考虑做一份客户资质检核表作为工作辅助工具。每名区域经理都认为这是相当棒的主意！因此我在想，你会不会赞同我来开发这个岗位辅助工具呢？这会将你的销售会上的高涨士气延续下去。"

佐伊能做的另一件事只是将她已开发的模型归档（例如对此业务单元的更新组织档案），并等待它主动发生的机会。这样的机会或许会是这样产生的：在佐伊与卢的区域经理面谈的 3 个月之后，该业务单元的销售副总裁找到了马克的部门，并提出销售培训的需求，希望通过培训来实现所有区域的销售流程上的统一。佐伊被派到一个团队来响应此需求。

有了她为销售组织所开发的模型，她对市场上问题的了解，以及过去 18 个月间业务单元销售业绩平平的现实表现，佐伊与销售副总裁见了面，并确定了真正的关键业务问题是"销量无增长"，目标是要将年销售增长回升到 8%（结果差距）。基于她前期与区域经理们打交道所掌握的情况，佐伊相信下面是导致问题的一些原因：

• 为了能够满足变化多样的客户需求，该业务单元已经用大量的新产品把市场上的销售人员给压垮了。

• 没有统一的销售流程用于集成销售有增长趋势的产品系列。

• 管理销售团队的系统支离破碎，缺乏一致性。

• 销售绩效数据不足以管理不断增长的复杂产品系列。

在与销售副总裁会面期间，佐伊提出就各种可能影响到关键业务问题的因素的担忧，并指明其实"销售培训"本身的影响会非常有限。对于佐伊的问题分析，副总裁感触很深，他们还就佐伊和她的团队下一步开展的绩效分析达成了共识，这是一个历时 4 周的短期绩效分析，目的在于找出影响关键业务问题的主要变量。下一步，他们将开发并演示一个能够使业务单元的销售恢复以往表现的综合性计划。

拉姆勒如是说 5-6

我想你能够看出佐伊是怎样将本章中提供的某些理念和工具集成地运用到她的内部绩效咨询活动中的。这个例子说明：

- 实践与学习的价值，即使最初的需求在一定程度上缺少价值。
- 你的基本目标是要创造变化（影响结果），这需要你持续地了解你客户组织的绩效剖析（AOP）。
- 随着你对客户组织的绩效剖析（AOP）深入了解，你就能够找到机会来提报一个绩效改进项目。你也能够准备好对寻求帮助的需求积极响应。

总而言之，内部绩效顾问在实施流程绩效分析方面确实是要面临一些巨大的挑战，要找到平衡点，积极响应并去做重要的事情。然而，绩效剖析（AOP）框架和结果改进流程（RIP）都能够帮到面对这样的挑战，正如马克和佐伊做出的努力所阐明的一样。

要点小结

1. 绩效剖析框架（AOP）与结果改进流程（RIP）同等适用于内部和外部绩效顾问的绩效分析工作。

2. 内部绩效顾问必须同时在两个层面操作：一方面响应求助需求，另一方面还要同时以可印证的结果，与客户组织建立一种长期的业务伙伴关系。

3. 内部绩效顾问常被视为解决方案的提供者，要求他们不得不将求助需求退回并教育需求提出者可以考虑其他的解决方案。

4. 内部绩效顾问对于他们接手的许多需求，都没法实施流程绩效分析。

5. 鉴于内部绩效顾问所面临的现实问题，他们就必须：

• 有选择地开展流程绩效咨询。

• 在积极响应需求与做正确的事情之间找到一种平衡。

• 持续地教育和影响他们的客户去选择做正确的事情。

• 对于每个求助的需求都测试一下，看是否有可能消除绩效结果的差距，测试客户所陈述"问题"的合理性，并评估他们提议的解决方案的有效性。

6. 做好无权选择正确的事情去做的准备。有时，你唯一的选项就是交付项目和从中学习。

7. 有大量的观点和工具能够帮助内部绩效顾问来实施有效的绩效分析并改进组织绩效结果。

第 6 章

流程绩效顾问之路

　　本章的焦点是你该具备些什么条件才能够去做流程绩效咨询。首先，简要概括一下：

　　在"介绍"部分里，流程绩效咨询相比绩效咨询在以下方面有所不同：

- 目标致力于消除可衡量的"当前态"与"未来态"之间的绩效差距。

- 使用一套系统化的结果改进流程。

- 严谨而可行的绩效分析。

　　你在"介绍"部分也了解到绩效顾问应该做的"正确的事情"包括：

- 致力改进可衡量的结果。

- 保持解决方案的中立。

- 能够使用全面而有效的方法来确定理想的可预期结果；系统地鉴别达成预

期结果过程中会遇到的阻碍；明确预期成果所必须启动的变革；并评估变革可能对结果的影响。

• 拥有结果改进战略及策略的丰富储备。

第 2 章介绍了实施绩效分析的一个框架，也是流程绩效咨询的关键。绩效改进项目的结果与绩效分析要同样棒。

在第 3 章里，通过一个例子阐述了流程绩效咨询——NuPlant 案例研究。你如同看到了伯特是如何把对生产主管提供员工关系培训的需求转换成了影响工厂效率的一个关键业务问题。他建议在职位设计、工厂管理系统、工厂生产系统和生产考核系统方面要做出改变。

第 4 章展示了，通过 NuPlant 案例研究所能总结出来的绩效分析方法是可资借鉴并应用到大多数的结果改进情形中的。

第 5 章探讨了在流程绩效咨询的实践中，如何寻求做正确的事情与明智办事之间的权衡。

流程绩效咨询的能力维度

首先，让我们看看界定流程绩效顾问开发性任务的一个框架。在第 4 章里你了解到，在绩效顾问从解决关键岗位问题到关键流程问题再到关键业务问题的过程中，绩效剖析（AOP）框架与结果改进流程（RIP）的可扩展性。同样的绩效剖析（AOP）原则与结果改进流程（RIP）原则适用于结果链的所有三个层次。

绩效咨询原则具可扩展性这一事实引发了一些有趣的问题：绩效顾问也是可扩展的吗？你是可扩展的吗？

图 6-1 显示了流程绩效咨询可扩展性与绩效顾问可扩展性的两个维度。一个维度是任务的范围——绩效顾问是从结果链的什么地方开始介入的。绩效分析师越是向结果链的上游移动，其面临的挑战就越大（表 4-1）。第二个维度就是分

析的严谨性，具体而言：

1.对任何关键问题都应用结果改进流程（RIP）的各个阶段使这个问题得以解决：当然，阶段 I 的界定项目范围与项目定义做得好坏决定了后续阶段的严谨性与效率。

2.实施分析的深度（阶段 II）：针对"根本原因"，对绩效剖析的所有潜在相关因素进行的排查深入到什么程度？调查涉及 50000 英尺定点飞越或是对实际的绩效数据进行了严密的彻底核查？

3.阶段 II 中所提出的以及在阶段 III 中开发与实施的解决方案的完善性：项目中所建议的改变是非常充分而成熟的解决方案还是一些尚挂在枝头的待成熟的水果呢？

	结果改进流程			
	I 确定理想的结果并定义项目	II 识别障碍并将变革措施具体化	III 设计、开发并实施变革措施	IV 评估、保持或改进结果
关键业务问题				
关键流程问题				
关键岗位问题				

范围

严谨性
- 所有阶段
- 分析的深度
- 解决方案的全面性

图6-1 流程绩效咨询的维度

你能够欣赏有关流程绩效咨询的这个观点所蕴含的意义。你在结果链上走的越高，那么改进组织绩效结果或真正带来改变的可能性就越大。在结果链的每个层面做得越严谨，那么达成那些潜在的组织结果的可能性就越大。

最起码，流程绩效咨询需要越过岗位层面或仅仅解决关键岗位问题。改进人的绩效是一项有意义的工作，但也必须在改进流程和组织结果的前提下，它才会变得重要。要确信增强你的绩效分析能力来解决关键流程问题和关键业务问题一点都不会减弱你在岗位层面上解决问题的功力。有效地消除关键流程问题与关键业务问题几乎必定要对岗位层面做出一定的改变。对你的能力范围进行扩展，是指要积累能力，而不是考虑其他的能力。

拉姆勒如是说 6-2

成为（或继续成为）一名有效的流程绩效咨询师意味着你要不断地提升你的能力，在结果链的所有层面都能有效操作并适度提升手头任务的严谨性。即使在 35 年以后，我还会继续在图 6-1 所示矩阵中的每个格子的方面探寻可以更加有效的方式。

打造你的流程绩效咨询能力

因此，你需要做些什么来精通流程绩效咨询的领域和各个方面呢？你能够通过以下方式来精进自己在流程绩效咨询方面的能力：

- 了解常规业务是怎样运作的
- 了解你的业务是怎样运作的
- 学习流程绩效咨询的操作技术

- 实践你所学到的操作技术

了解业务是如何运作的

业务在这样的语境下意味着营利和非营利组织如何去提供他们的产品或服务。要实施流程绩效咨询，你需要超越岗位层面，转向流程和组织层面。那就意味着你需要了解：

- **组织是如何运作的**：都有哪些零件，他们是怎样组装在一起的？

当然，绩效剖析（AOP）是一个了不起的框架，它能够引导我们思维的方式。首先从超系统开始，提问：谁是组织的客户？谁是组织的竞争对手？组织的财务需求是什么？需要什么关键的资源才能使组织运营起来？在总体的业务环境下影响该业务的因素是什么？对绩效剖析（AOP）内部进行探究：生产产品或提供服务的基本流程是什么？它们是怎样相互衔接的？运行或支持这些流程需要什么角色或职能？对这个该怎样管理？

拉姆勒如是说 6-3

我曾经的一位工程教授对班上的同学讲，如果我们对工程很严谨，那么我们需要对事情是如何运作的建立一种好奇心。他说我们应当从拆开球形门把手、锁头和橱柜插销开始去了解有哪些零件组成，它们是怎样组装在一起的。他的目的是要培养一种对于事物是如何构成和运作的思维模式，这样在未来，我们就能够既能诊断问题，又能为完成某项任务而进行小设计。接着，我的好奇心由橱柜插销转移到了组织，而且我也从工程学院转移到了商学院。但是，直到今天，我仍然着迷于组织如何运作。这家餐馆是如何运作的？这家酒店是如何运作的？这家医院是如何运作的？

• 业务的基本经济原则（事实上适用于各种组织，无论是营利组织或是非营利组织，生产产品或是提供服务）：运作生意的现金从哪里来（客户、投资人、贷款、慈善基金）？运作生意的现金去哪里（员工、材料、公共设施、营销）？现金收入与运营费用之间的区别是什么（纳税、再投资、投资人）？

• 业务的许多种语言：财务语言中的最基础和最常用的术语。各个职能领域都有自己的特定术语（例如，销售、市场、生产、信息技术）及行业（例如，零售、金融服务、保健服务）。为了能够学好生意业务，你也许要了解一下工商管理硕士学习班，通过 MBA 学习，可以获取大量的关于战略、财务、市场营销及生产方面的知识。作为初始入门，可以看一下 Silberger 的书《MBA 十日读》（*The Ten-Day MBA*）。

了解你的业务是怎样运作的

你必须去了解你的雇主和你的客户的生意业务，以及公司中的管理者。这些业务知识会使你从受某位经理误导，追究一个"本来不是问题"的问题中超脱出来，带你去聚焦和关注能使自己成为睿智英雄的一个高回报的机会。了解你的业务是你获得信任和尊重的途径。

拉姆勒如是说 6-4

我的一位同事最近成为了一家高科技公司的组织发展部门的一名内部顾问。在加入这家公司的前 3 个月里，由于她对业务表现出非凡的兴趣，而受工程副总裁之邀参加员工会议。另一位绩效顾问向我们推荐他所称作的"国际访谈"。他总是会对关键的管理人员提要求："您能给我 45 分钟吗？我需要对您的业务以及您本人的工作有更多的了解，这样我就能够更好地支持您。"很少有管理者会拒绝这样的请求。

当了解你的业务时，要首先聚焦于工作是怎样做的。了解组织是如何生产其产品或提供服务的，以及什么流程是关键的。这样，你就建立了一个基础，在此基础上，你可以去研究有关文化、社交情况等的问题。当然，绩效剖析（AOP）是一个非常棒的向导，可以带你去了解你的业务是如何开展的。

了解你的专业技术

除了要了解常规的生意以及你的业务本身之外，流程绩效顾问的专业技术都涉及什么内容呢？可以使流程绩效顾问受益的知识和技能的清单几乎是没有止境的。但是，如果要很好地履行一位流程绩效顾问的角色职责，最有必要完成哪些方面的学习呢？

> **拉姆勒如是说 6-5**
>
> 我更愿意把我们绩效分析师、绩效顾问以及绩效改进者所做的事情称作一门手艺而不是一个领域或学科。我们博采众领域和学科知识并应用各种不同的技术及工具。在这一点上，我们更像是工程师，将各科学领域和研究领域作为自己工作的基础，来接受真实世界的挑战。我已经坚持 30 年自称绩效工程师，虽然这个称谓尚未被广泛接受。

表 6-1 是图 6-1 显示的结果改进流程（RIP）和结果链矩阵的延伸。这张图表列出了在流程绩效顾问的工作中所涉及的需要完成的任务和成果，取决于什么样的项目情形以及解决哪个层面的关键问题。图表隐含的假设是，凡是有志成为优秀的流程绩效顾问的人，都会对绩效剖析（AOP）框架有着扎实而深刻的理解，他们也同样掌握第 2 章中描述的伯特所知道的一切。

这张清单并非是彻底的，它的内容会随着组织效率的新的发展而不断扩展。这个框架对分类和定位这样的变化非常有帮助。

表6-1　流程绩效咨询成果概览

		结果链		
		关键岗位问题	关键流程问题	关键业务问题
结果改进流程	I 明确预期的结果并定义项目	(A)项目范围界定——正确识别问题并清晰结果差距		
		(B)项目设计——明确目标项目结果，选择实施模型，识别相关的绩效剖析(AOP)，计划数据扫描并准备预算		
	II 确定障碍并将变革措施具体化	(A)分析相关的绩效剖析并识别达成结果的障碍		
		1.绩效改进空间(PIPs)与利害关系分析 2.识别典型标杆 3.实施岗位/任务/HPS/实践分析 4.分析流程 5.分析岗位PPMS	6.绩效改进空间与利害关系分析 7.跨部门流程分析 8.分析角色与职责 9.分析流程PPMS	10.超系统分析 11.分析业务方向 12.绩效改进空间与利害关系分析 13.分析价值链 14.分析组织PPMS
		(B)确定具体变革		
		1.明确具体岗位 2.明确具体角色与职责 3.明确具体实践 4.明确具体的人力绩效系统 5.明确岗位PPMS要求 6.识别解决方案设计资源	7.将跨部门流程具体化(要求/流程/政策/资源配置) 8.将角色与职责具体化 9.将流程PPMS要求具体化 10.识别解决方案设计资源流程	11.将超系统监控系统的具体要求具体化 12.将战略要求具体化 13.价值链一致化,将要求具体化 14.组织架构要求具体化 15.组织PPMS要求具体化 16.识别组织解决方案设计资源
	III 设计、开发并实施变革	(A)设计并开发变革		
		1.开发岗位模型 2.开发角色/职责 3.开发绩效支持 4.开发岗位PPMS 5.管理解决方案设计资源 6.开发评估系统	7.开发跨部门流程(要求/流程/政策/资源配置) 8.开发IT支持 9.开发角色/责任矩阵 10.开发流程PPMS 11.管理流程解决方案设计资源 12.开发评估系统	13.开发超系统监控系统 14.制定战略 15.价值链一致化 16.重新设计组织架构 17.开发组织PPMS 18.管理组织解决方案设计资源 19.开发评估系统
		(B)实施变革		
		(C)实施评估系统		
	IV 实施结果并保持或改进	(A)收集并分析绩效数据		
		(B)依据消除结果差距的要求,来分析结果并实施改变		

续表

其他	(A)管理项目
	(B)管理实施
	(C)维持客户关系
	(D)指引/管理项目团队

最后，完成表单进一步强化了这个观点，成为一名流程绩效顾问的过程是一段旅程——一个持续学习的过程。表 6-2 对每个绩效咨询所需完成的任务作某种程度上详细的描述。

表6-2　流程绩效咨询成果概览

结果改进流程 (RIP)阶段	绩效咨询成果	成果描述	注释
I	(A)项目范畴		
	纠正了识别出来的问题，清晰了结果上的差距(跨越结果链的所有三个层面)	• 确定问题 • 识别出来的问题处于结果链的哪个位置(例如岗位、流程或组织层) • 与某一关键业务问题(CBI)建立关联 • 识别结果差距 • 确定相关的绩效剖析(AOP)	随着项目范围由一个关键岗位问题扩大到一个关键流程问题，再进一步扩大到关键业务问题时，这一任务成果的复杂度也就随之增加。因此相应的，对流程绩效顾问技能水平的要求也就更高。这个成果在 NuPlant 案例研究中已有过阐述
	(B)项目设计		
	将结果具体化，选择实施模型，识别了相关的 AOP，计划了数据扫描并准备了预算(跨越结果链的所有三个层面)	依据问题，结果差距以及相关的绩效剖析，设计一个可以消除已识别出来的结果差距的项目。 • 具体明确项目结果 • 选择一个适合的实施模型 • 计划数据扫描 • 开发项目计划与预算	随着项目范围由一个关键岗位问题扩大到一个关键流程问题，再进一步扩大到关键业务问题时，这一任务成果的复杂度也就随之增加。因此相应的，对流程绩效顾问技能水平的要求也就更高。这个成果在 NuPlant 案例研究中已有过阐述
II	(A)分析相关的绩效剖析(AOP),识别出影响结果的障碍		

结果改进流程 (RIP)阶段	绩效咨询成果	成果描述	注释
II	1.绩效改进空间 (PIPs)与利害关 系分析	• PIP：确定哪里存在最大的绩效差异，那就是绩效改进的最大机会点(例如岗位间、一线督导之间、班次之间、区域之间，以及分店之间存在的差异) • 明确出的问题之中所涉及的经济上的利害关系(例如，废品成本、人工成本、材料成本)	注意，结果链的三个层面都需要达成这一成果。正是因为它为明确为什么一些单元要比其他单元表现优秀指明了方向，所以这是流程绩效分析项目期间所最先需要应用分析之一。"PIPs与利害分析"的概念来自于Gilbert(1996)，他在这一分析领域尤为出色。这一分析形式在NuPlant案例研究中并未阐述
	2.识别出典型标杆	识别出持续表现出所期待的全部或部分理想行为/绩效/结果的个人或集体。对其进行深入的分析和研究，明确为什么他们要比其他的个人/集体表现更为突出，以为"未来态"方法提供借鉴。理想的话，应通过目标绩效数据来识别出绩优的典型标杆	对于流程绩效顾问来说，识别并分析绩优的典型标杆是非常基本的一个原则。若要了解更多这一主题的内容，请参见Gilbert(1996)。在Nuplant案例研究中，老厂被树立为一个标杆，伯特对其绩效剖析(AOP)进行了研究
	3.岗位/任务/人资绩效系统(HPS)/实践分析	这是基本的"当前态"与"未来态"的岗位分析，包含： •岗位成果、输出和结果是什么？ •达成成果、输出和结果的任务有哪些？ •岗位"当前态"的人资绩效系统(HPS)是怎样的？期望的岗位"未来态"人资绩效系统(HPS)是怎样的？ •"当前态"和"未来态"的实践(参照Toosti和Jackson在1989年定义的行为模式)是什么？	这是绩效咨询的基本"攻防手段"。在NuPlant案例研究中有详尽描述
	4.流程分析	识别、记录、分析岗位所参与的流程。没有一个岗位是存在于真空中的，所有岗位都是最终为外部客户交付价值的流程的一部分。岗位分析若不了解其所服务的流程的背景，就不算是个完整的岗位分析。流程分析是岗位的成果、输出和结果可资建立的价值之所在	本成果在NuPlant案例研究中描述过

续表

结果改进流程 （RIP）阶段	绩效咨询成果	成果描述	注释
II	5. 岗位绩效规划与管理系统（PPMS）分析	确定"当前态"的构件和效能（参见第2章管理讨论）	在 NuPlant 案例的 A2、B3 和 B9 中可以找到例子
	6.绩效改进空间及利害关系分析	与1相同，不同的是要将分析工作聚焦于流程（流程内及流程间的利害与变数）	这个特殊的分析形式未在 NuPlant 案例研究中描述
	7.跨职能流程分析	记录并分析主要流程穿越多个职能的流程	这是绩效咨询的基本需求。然而，并未在 NuPlant 案例研究中描述。相关主题的更多信息，参加 Rummler and Brache(1995)
	8.角色与责任分析	确定"当前态"的各层级个体的角色与责任，通常参照特定的跨职能流程	案例研究的B9是这个成果的例子，尽管规模有限
	9.流程绩效规划与管理系统（PPMS）分析	确定"当前态"的流程及PPMS的构件和效能（参照第2章的管理讨论）	流程层的PPMS在 NuPlant 案例研究的B1、B2、B3、B4和B5中
	10.超系统分析	对问题组织所在超系统的相关构成元素进行了识别，并确定了它们是否可能对问题及结果差异有什么影响	若要了解更多有关于超系统的内容，请详见 Rummler 与 Brache(1995)。NuPlant的超系统在这一案例研究中进行了少量的阐述
	11.业务方向分析	• 确定组织目标、战略以及实施战略的运营计划 • 根据组织所在超系统的现实与当前的内部能力情况，评估方向的适合性	这一成果未在 NuPlant 的案例研究中阐述
	12.PIPs与利害关系分析	除了这个分析将聚焦于组织以外，其他与1一样（在各运营单元、产品、市场之间，以及其内部进行比较分析）	这一成果未在 NuPlant 的案例研究中阐述
	13.价值链分析	对构成组织价值链的主要流程（向外部客户提供价值的内部流程）进行建模与分析	这一成果未在 NuPlant 的案例研究中阐述
	14.组织PPMS分析	确定"当前态"组织层面PPMS的构成部分与效率（参看第2章中针对管理的讨论）	这一成果未在 NuPlant 的案例研究中阐述

结果改进流程 (RIP)阶段	绩效咨询成果	成果描述	注释
II	(B)明确变革		
	1. 明确岗位	• 明确"未来态"岗位，包括成果、输出、产出 • 开发"未来态"成果的关键维度、指标以及标准 • 开发"未来态"成果的支持任务	这一工作的推荐实施形式已由Gilbert(1996)描述出来。在NuPlant的案例研究中没有对"岗位具体化"进行正式的阐述
	2. 明确角色与责任	确定并记录下来支持"未来态"流程所需的部门与个人的"未来态"角色与职责	对角色与职责矩阵的一个大致描述已出现在NuPlant的案例研究中。拉姆勒与布拉奇(1995)提供了举例
	3. 明确实践	将支持已开发的"未来态"AOP的关键必要"未来态"实践或行为模式识别出来(例如表现出对客户业务的充分理解)(参见第4章中对组织文化与实践的讨论)	若要了解更多有关于实践的信息，参见第4章中的讨论，以及Tosti与Jackson(1989)以及Lineberry与Carleton(1999)
	4. 明确HPS	确定"未来态"人资绩效系统元素，用以支持已开发的AOP"未来态"的关键个人的"未来态"绩效	NuPlant案例研究中的建议1,2,3,4,8,9与10都是具体明确"未来态"HPS(人资绩效系统)
	5. 明确岗位绩效的PPMS	具体明确支持"未来态"岗位执行所必需的岗位层PPMS(参见第2章中针对管理的讨论)	在这方面，即使书中没有给出明确的例子，但在NuPlant整个案例研究中都隐含贯穿了此项工作
	6. 方案设计资源识别	将设计、开发与实施在结果改进流程(RIP)中已明确的各种岗位层改变所必需的资源识别出来	绩效分析师也许不具备设计所有岗位层面所建议改变的能力。如果是这样的话，分析师将需要识别各种能够指导RIP下一阶段所需的资源(客户组织的内部及外部)
	7. 明确跨职能流程	将"未来态"具体化 • 流程输出或产出，包括关键维度、指标与标准 • 流程流 • 运行与支持流程的资源 • 政策 • 技术	即使NuPlant案例中所提的建议都是为了要改进一些流程和子流程，但这一领域并未直接在NuPlant案例研究中阐述
	8. 明确角色与责任矩阵	确定并记录下支持一个"未来态"流程所需的部门及个人"未来态"角色与职责	在NuPlant案例研究中的附录B(表B-5)中所出现的角色与职责矩阵。拉姆勒与布拉奇(1995)提供了一些举例

结果改进流程 （RIP）阶段	绩效咨询成果	成果描述	注释
II	9.明确流程PPMS	具体明确支持"未来态"流程运行所必需的"未来态"流程层 PPMS（参见第2章有关管理的讨论）	在这方面，即使书中没有给出明确的例子，但在 NuPlant 整个案例研究中都隐含贯穿于此项工作
	10. 方案设计资源识别	识别在 RIP 的这个阶段中，设计、开发与实施所具体明确的各种流程层改变所必需的资源	绩效分析师也许不具备设计所有流程层面所建议改变的能力。如果是这样的话，分析师将需要识别各种能够指导 RIP 下一阶段所需的资源（客户组织的内部及外部）
	11. 明确超系统监控系统的要求	具体明确一个"未来态"流程能够得以在组织的超系统中系统地监控各构成部分的要求	这些领域在 NuPlant 案例研究中未被阐述
	12.明确战略要求	具体明确一个"未来态"流程能够达成组织目标的要求，基于其所在超系统的现实情况（即要与超系统的战略保持一致）	
	13.明确价值链一致化的要求	具体明确一个"未来态"价值链要实施组织战略并实现组织目标的要求（即与战略、目标及客户期待相一致）	
	14.明确组织架构的要求	具体明确一个"未来态"组织架构要支持价值链的要求	
	15.明确组织PPMS的要求	具体明确一个"未来态"组织PPMS 的要求（参见第2章中关于管理的讨论）	
	16.识别解决方案设计资源	识别设计、开发与实施各种组织层改变（在结果改进流程的这个阶段中已明确的）所必需的资源	绩效分析师也许不具备设计所有组织层面所建议改变的能力。如果是这样的话，分析师将需要识别各种能够指导 RIP 下一阶段所需的资源（客户组织的内部及外部）
III	**(A)设计并开发的变革**		
	1. 开发岗位模型	记录下支持关键岗位的"未来态"成果、关键的维度、指标、标准，以及绩效	推荐 Gilbert(1996) 描述的岗位模型。Nuplant 案例研究中未正式阐述岗位模型
	2.开发角色/责任矩阵	记录下支持一个"未来态"流程所需职能与个人的"未来态"角色及职责	在 Nuplant 案例研究中（表 B–5）提供了大致的角色与职责矩阵

结果改进流程 (RIP)阶段	绩效咨询成果	成果描述	注释
III	3. 开发绩效支持	设计并开发在阶段II中已明确的岗位绩效支持。这应当包括培训、岗位支持、激励措施、反馈系统与IT支持	绩效支持也许需要由各个领域内的专业人员来负责开发。但是流程绩效咨询顾问必须充分掌握这些支持领域,并有效指导及管理此开发工作
	4. 开发岗位绩效计划与管理系统(PPMS)	设计并开发"未来态"岗位层PPMS,包括一个计划流程、考核流程及行动指南	岗位PPMS可以由PPMS领域的专家来完成。但是流程绩效顾问必须对能够有效地指导和管理此项工作开发的系统要求,拥有足够多的了解
	5. 管理岗位方案设计资源	指导并管理项目所雇用的所有岗位设计与开发的专业人员	随着项目范围转移到结果链,资源管理的任务的复杂度将越发增加
	6. 开发关键岗位问题评估系统	设计评估系统,用于评估消除关键岗位问题结果差距项目的有效性	评估系统的设计开发会随着项目范围向上延伸到结果链而变得更为复杂。因此,流程绩效咨询顾问的技能也要随之扩展。这一成果未在NuPlant案例中阐述
	7. 开发跨部门流程	根据阶段II中所明确的要求,设计并建模"未来态"跨部门流程	这项工作也许需要与内部跨部门流程设计团队配合来完成
	8. 开发IT支持系统	为阶段II中所明确的流程,设计并开发"未来态"IT支持	IT支持基本上是要由IT专业人员来完成的。但是,流程绩效顾问必须掌握足够多的相关知识,以能够有效地指导和管理开发工作
	9. 开发角色与责任矩阵	就支持"未来态"流程所需的部门及个人的角色及职责,建立书面文档	在Nuplant案例研究中(表B-5)提供了大致的角色与职责矩阵
	10. 开发流程绩效计划与管理系统(PPMS)	设计并开发"未来态"流程层PPMS,包括一个计划及预算流程、考核系统、绩效监控、角色与职责、管理行为指南	PPMS流程也许需要由PPMS领域内的专业人员来负责开发。但是流程绩效咨询顾问必须充分掌握这些支持领域,并有效指导及管理此开发工作
	11. 管理流程方案设计资源	指导并管理该项目所雇用的所有设计及开发专业人员	随着项目范围转移到结果链,资源管理的任务的复杂度将越发增加

结果改进流程 （RIP）阶段	绩效咨询成果	成果描述	注释
III	12.开发CPI评估系统	为消除关键流程问题结果差距的项目，设计评估该项目效率所必需的评估系统	随着项目范围向上延伸到结果链，评估系统设计任务的复杂度也会增加。因此对绩效顾问的技能水平也会提出更高的要求。有关这一成果未在NuPlant案例研究中阐述
	13.开发超系统监控系统	设计"未来态"超系统监控系统	这些开发工作也许需要由特定领域内的专业人员来负责开发。但是流程绩效咨询顾问必须充分掌握这些支持领域，并有效指导并管理此开发工作。有关这些成果未在NuPlant案例研究中阐述
	14.制定战略	为组织制定一个"未来态"战略	
	15.价值链校正	将构成价值链的主要流程一致化	
	16.重新设计组织架构	重新设计组织架构从而支持与"未来态"一致的价值链	
	17.开发组织绩效计划与管理系统(PPMS)	设计并开发"未来态"PPMS,包括一个计划及预算流程、考核系统、绩效监控、角色与职责、管理行为指南	
	18.管理组织方案设计资源	指导并管理该项目所雇用的所有组织设计及开发专业人员	随着项目范围转移到结果链，资源管理的任务的复杂度将越发增加
	19.开发关键业务问题评估系统	为消除关键业务问题结果差距的项目，设计评估该项目效率所必需的评估系统	随着项目范围向上延伸到结果链，评估系统设计任务的复杂度也会增加。因此对绩效顾问的技能水平也会提出更高的要求。有关这一成果未在NuPlant案例研究中阐述
	(B)实施变革		
		• 计划如何实施 • 导入并管理改变 • 将改变制度化	随着项目范围向上延伸到结果链，这一任务的复杂度也会增加。因此对绩效顾问的技能水平也会提出更高的要求。有关这一成果未在NuPlant案例研究中阐述

续表

结果改进流程 （RIP）阶段	绩效咨询成果	成果描述	注释
III	(C) 实施评估系统		
		实施在阶段II-B中开发的评估系统	随着项目范围向上延伸到结果链，这一任务的复杂度也会增加。因此对绩效顾问的技能水平也会提出更高的要求。有关这一成果未在NuPlant案例研究中阐述
IV	(A) 收集并分析绩效数据		
		监督在阶段II-B中所明确的绩效数据的收集与分析	随着项目范围向上延伸到结果链，这些任务的复杂度也会增加。因此对绩效顾问的技能水平也会提出更高的要求。有关这一成果未在NuPlant案例研究中阐述
	(B) 根据消除结果差距所需分析结果并实施变革		
		监督结果分析，指导客户做出确保消除结果差距所需的决定	随着项目范围向上延伸到结果链，这些任务的复杂度也会增加。因此对绩效顾问的技能水平也会提出更高的要求。有关这一成果未在NuPlant案例研究中阐述
其他	(A) 管理项目		
		管理项目资源，并确保按时在预算之内达成项目成果	随着项目范围向上延伸到结果链，这些任务的复杂度也会增加。因此对绩效顾问的技能水平也会提出更高的要求。有关这一成果未在NuPlant案例研究中阐述
	(B) 管理实施参与		
		管理客户全面参与，也许需要同时兼顾几个改进项目	随着项目范围向上延伸到结果链，这些任务的复杂度也会增加。因此对绩效顾问的技能水平也会提出更高的要求。有关这一成果未在NuPlant案例研究中阐述
	(C) 维护客户关系		
		• 预想到并解决客户的顾虑 • 确保持续向客户沟通项目进展与问题	随着项目范围向上延伸到结果链，这些任务的复杂度也会增加。因此对绩效顾问的技能水平也会提出更高的要求。有关这一成果未在NuPlant案例研究中阐述

结果改进流程 (RIP)阶段	绩效咨询成果	成果描述	注释
其他	(D)指导/管理项目团队		
		指导、引导、支持并管理客户项目团队成员	随着项目范围向上延伸到结果链，这些任务的复杂度也会增加。因此对绩效顾问的技能水平也会提出更高的要求。有关这一成果未在 NuPlant 案例研究中阐述

实操练习你的手艺

那些能够成功走向流程绩效咨询顶峰的人都非常刻苦地学习和努力地操练自己的手艺。他们不会坐等别人要求去做什么事情。他们主动从组织内部和外部寻找或制造机会来扩展他们的能力。以下是我曾经见过的能够帮助有志成为流程绩效顾问的人实践和精进自己的手艺和学识的事例。

确定你要什么。你要乐意去做这项工作——去实现可衡量的差异，有时要面对无法抗拒的怪异问题。你应当对逆流游泳的挑战和克服巨大的组织障碍感到兴奋不已。激情很重要，因为它可以帮助你越过险滩，同时教你做正确的事情和创造变革。

在组织中启动变革和影响结果的可能几乎是无限的，取决于你的愿景、技能和时机。并非任何人都适合成为流程绩效顾问的。读过 NuPlant 的案例，应该可以帮助你确定这样的工作是否适合于你。

创造机会学习和实践。你必须抓住机会去实操练习自己的手艺，在你的组织内部和外部去发展你的技能。如果有必要，尝试去为营利性和非营利性的组织做一些公益的工作。对向你提供家用服务的小公司提供一些帮助。展示你对生意的兴趣，它是怎样经营的，经营得怎么样。而且，应该不会缺少为营利组织提供志愿者工作的机会。

意识到自己正处于学习曲线上。更多情况下，可能相当长的一段时间内你的影响力并不明显。你该从小的项目和小的成功逐渐进步到大的项目和大的影响。在这个过程中，一定要尽可能扩大自己从每个项目中所能学到的东西。应用表6-1来帮助自己。知道你要去哪里并确立一个可以到达的计划。问问自己，"我接下来要做什么项目？""我需要从那个项目中实践或学习到什么？"

应用本书中提供的观点和工具。第5章为你展示了许许多多你能够在你的实践中应用的观点和工具，包括战略性评估流程（图5-9）以及项目路线图（图5-10）。理想的话，这些观点可以在你的部门内作为正式的绩效咨询流程的一部分，但是你也可以单独应用这些观点来审核和评价项目。

最大化你的学习。你可以应用一些战术技巧来最大限度地从你的每次实践尝试中获取更多的经验。这里有一些主意：

• 在你开始这段旅行时，考虑与系统中的一位同事一起合作。

• 保留你所有项目的日志，列出你对问题和解决方案的假设，以及最终的现实结果和产出。对所有的项目做出事后评价剖析，写下从中吸取的教训，下次你该怎样做得不同。与你的伙伴一起回顾日志。

• 做一些正式的项目汇报，或进展回顾，与你的伙伴一起总结经验教训。

设立项目团队。与其他处于个人不同发展阶段、有着不同绩效咨询优势与项目经验的人一起协作。团队的形式确保客户在获得最佳结果的同时，也使得参与项目的个人能够继续学习和实践他们的手艺。

> **拉姆勒如是说 6-6**
>
> 　　正如你通过 NuPlant 案例研究所看到的，我使用了一部分图片（例如，流程地图或流程图、AOP 示意图），作为向客户提供分析与演示的一部分，尽管分析师往往更喜欢采用口头的方式。我推荐将一个应用"图片"和一个"口头"演示的人组合一起，来共同创造更加出色的项目汇报，同时也为（最初）不为人见的人提供锻炼的机会。这个建议同样适用于演示、项目管理和客户管理能力的发展。

　　拟订计划。思考一下，关于流程绩效咨询这门手艺，你最终需要学到什么。你可以应用表 6-1 任务成就清单来帮助你确定你在能力方面尚有哪些差距。在每个项目的开始与结束，都确定一系列学习的目标，花些时间来回顾你学到了什么以及下步需要再学习什么。

前面的路径

　　在第 2 章，你看到了绩效剖析（AOP）是如何像人体解剖图引导一名外科医生一样引导着伯特。流程绩效顾问就类似于一位手法娴熟的外科医生（表 6-3），他们都面对着别人向其寻求帮助这样相似的情形。他们的目标也很相似，两者都必须提供可衡量的改进（或者对组织，或者对病患）。他们也都需要关键的分析框架。

　　运用人体解剖学的知识，医生知道每位病患在其皮肤之下，都看似差不多（或者应该看着相似）。这是他们诊断程序与后续治疗确定的基础。同样的，流程绩效顾问运用绩效剖析（AOP）的知识来做手术。他们知道每个组织在表面之下（或在他们的墙里面），看上去什么样（或者应当看上去什么样），至少在决定组织结果的因素方面是相似的。绩效剖析（AOP）就是绩效顾问诊断程序与后续建议变革的基础。

表6-3　医生与绩效顾问的区别

	医生	流程绩效咨询师
情境	病患感到疼痛,走进诊室寻求帮助	客户感觉疼痛。客户提出"寻求帮助"的需求(例如,客户投诉增加)
目的	解除疼痛,解决导致健康问题的原因,使病患恢复健康	解除疼痛,解决导致绩效问题的原因,并重获可测量的改进结果
分析师的框架	掌握人体解剖学知识:提供人体/系统的各构件是如何相互作用的,以及这些构件中任何一个出现问题可能导致的结果。每位医生都了解决定人体健康的因素,任何一个因素出问题可能导致的结果,以及应该做些什么可以纠正一个出错的因素以使得病患恢复健康。医生也知道某一个器官所出现的体征也许是由于另一个器官发生的问题所导致的。这需要应用从系统的视角看待问题的思维	掌握绩效剖析(AOP)的知识——了解决定个人绩效与组织结果的所有因素
诊断测试	基本体检,包括: •X光 • 验血 •CAT扫描 • 核磁共振成像	针对组织的4个分析视角以及相关模型: • 业务视角 • 组织系统 • 管理系统 • 绩效执行者系统
诊断流程	1. 问询有关症状的描述 2.望闻问切并做必要的身体检查 3. 回顾检验结果并作出诊断 4.提供诊治的处方/程序或推荐给其他专家	结果改进流程: I.确定理想的结果,定义项目 II.确定障碍并将改进措施具体化 III.设计、开发并实施改变 IV.评估结果并保持或改进
处方	给出治疗与预防措施,从而消除身体健康的差距	给出纠正与防范措施,从而消除结果差异
治疗/程序	给予治疗/程序,或病患去找更适合的专家就诊	设计、开发并实施改变,并根据需要利用特殊的资源

　　医生依靠一系列诊断检查来判断需要做些什么能使病患恢复健康。绩效顾问运用诊断框架的四个观点（绩效设计实验室，2004）以及相关的模板，来判断需要做些什么才能消除客户组织绩效结果的差距。无论是医生还是绩效顾问都遵循一个诊断的流程，到最后，提供综合的建议行动来实现他们的目标。绩效顾问就

像一位内科医生，他们不仅做初步的诊断，然后还与相关专家探讨（比如外科专家或薪酬专家）来确定和管理适合的"治疗"。绩效顾问同样需要具备一定的职业素质和职业道德，这样继续依此类推下去。最后，要想在各自的领域出类拔萃，医生和绩效顾问都必须持续地学习和精进他们的技术——了解新的疾病、掌握新的诊断方法，以及新的治疗方法或解决方案。

那你呢？

你有兴趣成为一位流程绩效顾问吗？你想在你的组织中带来变化吗？你准备好接受风险并挑战最初的问题陈述吗？寻找"究竟谁谋杀了成果"的想法对你有吸引力吗？你有没有好奇心和足够的勤奋去探究组织目标和衡量标准以及人资绩效系统的所有细节，搜索欠佳绩效的根本原因？你有勇气展示你的发现？你拥有创造性的精神来设计有效的解决方案吗？如果是这样的，欢迎来到流程绩效咨询的世界！

拉姆勒如是说 6-7

除了采取本章中所描述的其他步骤之外，我还要建议你研究一下由绩效设计实验室提供的绩效咨询系统课程。这些工作坊是为那些致力于分析绩效问题和找出适合解决方案的人们设计的。然而这个案例研究说明了一位绩效顾问应做什么，这些工作坊会讨论有关这门技术的操作层面的内容，并提供伯特在 NuPlant 所采纳的那种分析可用的 30 种工具。你还可以在 www.performancedesignlab.com 对这套课程了解更多。

如果你投身于绩效咨询，你也许会考虑由国际绩效改进学会（ISPI）主办，由 ASTD 协办的人资绩效技术（HPT）认证流程。该认证流程基于与 NuPlant

案例研究中展示的 10 条要点相似的绩效标准。认证通过提交项目而获得（如同 NuPlant 项目），说明应用 10 条绩效标准。你可以通过 www.ispi.org 或 www.astd. org 了解更多关于 HPT 认证流程。

　　在这本书的前言中，我解释了为何在这么多年以后，我依然从事流程绩效咨询。这个职业是很富成就感、富挑战性和有趣的。但更有意义的是，这份工作对我所服务的组织很重要并且能够为其带来价值。流程绩效咨询是与更好的组织结果、更好的工作环境以及更有效的人强相关的。我希望你能够被打动，因为我们需要你。

要点小结

1. 绩效剖析（AOP）与结果改进流程（RIP）是可扩展的。它们同样可应用于关键的岗位、流程以及业务问题上。同样，流程绩效顾问也必须是可扩展的，要能够在结果链的所有三个层面进行操作。

2. 流程绩效咨询有两个维度：

• 项目的范围，关于项目，聚焦的是结果链的哪个位置

• 咨询活动的严谨性，包括应用结果改进流程（RIP）的所有阶段、分析的深度以及解决方案的全面性

3. 以下四点对于流程绩效咨询的能力至关重要：

• 了解生意是怎样经营的

• 了解自己的业务

• 学习自己应掌握的技术（流程绩效咨询）

• 实践自己的手艺

4. 在你学习你的技术时，思考一下随着你的项目工作范围向结果链的上部发展，你必须能够做些什么。

5. 在你实践你的技术时，记住以下几点：

• 对自己所从事的工作拥有激情是非常有帮助的

• 抓住学习和实践的任何机会

- 把自己作为绩效顾问的职业当作一段旅程

- 应用本书所介绍的观点和工具

- 考虑在你开始这段旅程时邀请一位同事一起参与协作

- 对所有的流程绩效咨询项目的过程做日志记录，记下你最初的假设与项目结果

- 做正式的项目汇报并与你的伙伴一起总结经验

附录 A　NuPlant 项目结论

本附录包括了 NuPlant 项目结论的详细内容，与项目最终报告中呈现的内容一样。项目结论中以字母 A 开头的部分是有关生产班长表现的内容，而以字母 B 开头的部分则是 NuPlant 有关老厂的工厂整体业绩的内容。

拉姆勒如是说

在看到这些结论时，注意一下它们的特异性，有关支持证据的详细讨论，有关变革的争论，以及应用了各式图表来呈现出论据与变革的论点。在展示这些结论时，对于那些对最终报告持怀疑和戒备态度的人，伯特一直在事先考虑到他们对项目结论的如下反应和质疑：

- "您这样说是什么意思？我不确定我理解了。"
- "您是怎么知道这个的？您是怎么得出这个结论的？"
- "那又怎么样？您为什么认为这个有那么重要？这样的事儿一直在发生啊。"

结论 A1

生产班长们对于影响工厂生产效率的关键因素的控制甚小。（见附录 B 中的

建议 4）

　　基于观察及与工厂管理层之间的深入访谈，我们形成了一份关于任务结果与条件的清单，这些都是生产线成功运行所需的最基本的任务结果与条件。这份清单见表 A-1。基于这份清单的分析，我们能够判断出什么没有完成，有哪些没有完成的是与生产班长职能有关的。最后，我们能够判断出未能完成的原因。

　　这些任务结果显示是根据他们对每日生产的相关影响度或关键性来划分的。换句话讲，如果任务没有完成，当天的生产能否被中断？这样的分类是基于与生产管理各层人员的访谈，以及观察一线生产班长和总班长的行为而得出的。

　　假设生产（产量、废品率、直接人工成本）是生产班长的首要目标，此分类着重体现了生产班长们最关注的那些任务结果。接下来，这些任务结果又被根据生产班长们实际对其的控制程度大小来分类（相当大的控制、很小的控制、无控制）。

　　表 A-1 中的前两列揭示了一些有趣的结论。对于前 10 个高影响或关键的任务结果，生产班长只对其中 3 个有控制——诊断问题、沟通生产线状态和生产线停线。钢板是否有料，辅料是否有料，机架是否已备好，所有这些都是对于生产线启动至关重要的条件。生产班长对余下的 4 项高影响度任务结果不可控。在生产班长所能达到的相当大控制的 13 项任务结果中，有 3 个是高影响的，5 个是中度影响的，另外 5 个是低度影响的。

　　图 A-1 中的流程图阐明了生产线的基本流程并总结了一条生产线常见的出错问题。另外，也根据生产班长对于这些出错问题的控制程度进行了分类。该图表阐明了生产班长的普遍困境，因为生产班长都几乎依赖于运作系统（计划好工作，制模任务，钢板的质量，人手是否充足），他或她能够直接影响和控制生产的人为因素非常少。

表 A-1　生产线与班长绩效分析

生产线管理产出(与输出)	影响(1)	控制(2)	缺陷?	班长问题?	原因(3)
1. 生产线启动					
a. 指派人员					
b. 提供钢板					
c. 备好支撑材料					
d. 备好支架					
e. 确定就绪					
2. 生产线运行					
a. 协同跟进					
b. 诊断问题					
c. 纠正问题					
d. 记录停机时间					
e. 记录废品情况					
f. 保留人力					
3. 沟通生产线状态情况					
4. 停线					
5. 重新分配人力					
6. 对人员进行奖惩					
7. 处理时间卡					
8. 对人员进行说明					
9. 清洁现场					
10. 记录缺勤					
11. 分配加班					
12. 维护工人(工会)关系					
13. 清除障碍					

关键:

(1)影响当日的生产:(H)高,(M)中,(L)低

(2)由班长对产出/产量的控制:(C)全部控制,(MC)控制很小,(NC)无控制

(3)由于班长自身的问题的原因:(K)问题,(C)结果,(FB)反馈,(TI)任务干扰

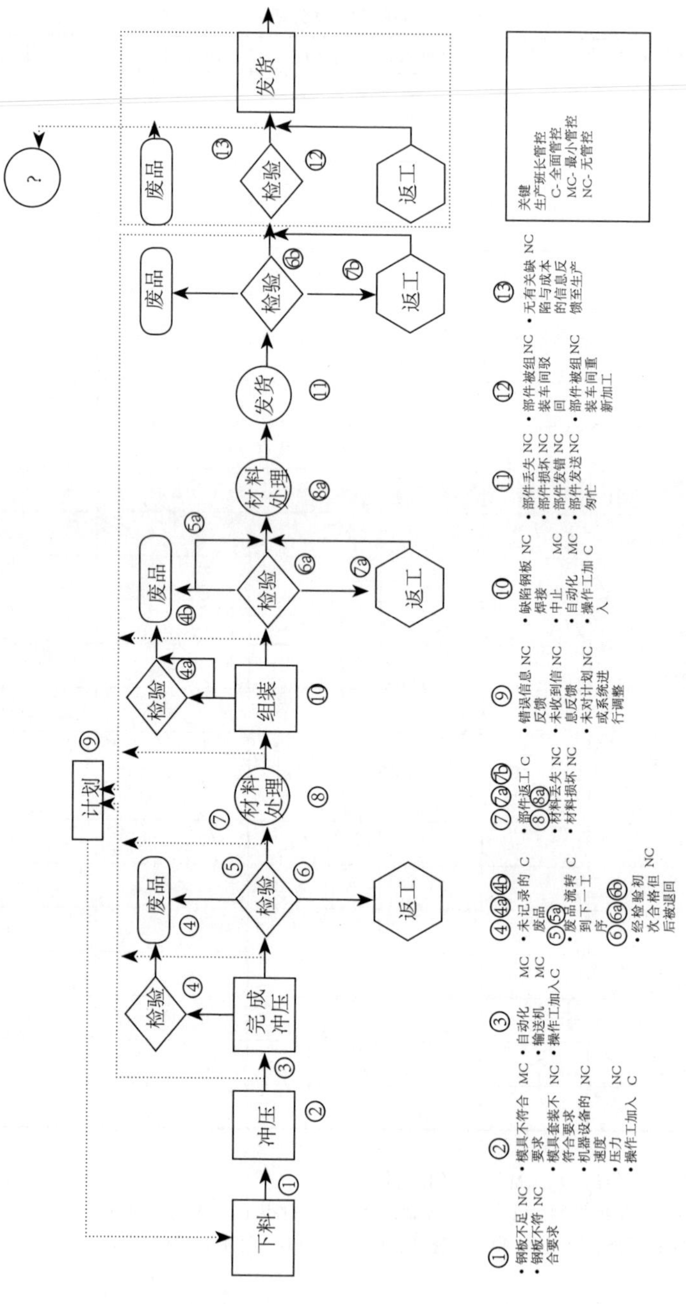

图 A-1　生产线与班长绩效分析

对关键变量缺少控制开始解释了生产班长的挫败感。生产班长怎样以不同的优先次序来安排他们工作的不同方面，也可以透过生产班长们能够影响的变量的相对影响度的大小得到一定的解释。

结论 A2

生产班长们常规上得到很少的客观绩效反馈。他们不能即时了解到自己班组的绩效数据，因此也无法对自己班组的效率做出客观的评估。（见附录 B 的建议 3）

在单个班次结束时，生产班长向总班长递交了他们的停机时间报告（也包括废品数字）以及他们粗略计算的直接人工／非标准（DL/OS）成本。如果数字不一致，总班长就会告诫生产班长要再做得好一点。除非生产班长上报的数字与生产控制和财务部门所分析的数据有极大的偏差（如果是这样，他或她就必须在第二天做出解释），否则这将是生产班长最后一次听到当天工作的结果。

次日，生产班长多数情况下会操作另一条不同的生产线，也会遇到不同的问题。等到生产班长下一次操作这条生产线时，他或她也许还会想起总班长那天的告诫，但多数情况下会不再记得。

生产班长们没有客观的工具来随时掌握自己班组的整体绩效；他们不能将某一天的绩效与他们正常的绩效情况进行对比（事实上，他们也许并不知道正常的绩效是啥分值）。还有，他们也无法说清他们所做的变革对绩效造成了多大的变化。简而言之，生产班长不大可能评估他们对于绩效产生的影响效果。缺少这样的信息，生产班长一定会感觉没有效率并变得更加有挫败感。

当原本就缺乏客观的信息，再加上总班长和"系统"的极为主观的信息时，问题就变得更糟糕了。因为生产班长无法看到他们的绩效的任何客观数据，他们就必须把他们总班长的反应作为他们的绩效与效率的唯一参照标准。

因此，总班长对他们的频繁批评就对生产班长显得特别重要，甚至于当总班长的反应更多是一种瞬间的压力的表现，而不是什么重要的问题时，结果就是生产班长要确保他们不要去做任何可能导致负面反应的事情。然后，生产班长的主要目标就变成了尽可能减少被总班长抓到他或她出现问题而挨批的概率，因为那是反映他们绩效的唯一晴雨表。此外，生产班长的绝大部分工作重心，是围绕DL/OS直接人工/非标成本这个作为绩效指标而言基本毫无价值的指标而展开的。

当班长们（或任何一位班长）在一个缺乏客观反馈的系统里工作时，仍会存在另外一个问题。缺少实际的数据来反映他们行为上的改变对于绩效带来的变化，他们会推断或在他们的行动与结果之间建立一种明显的因果关系。因为他们没有真实的数据可以看，他们开始记住这样小的短路，记住工人和生产辅助工的怪异安排，或对时薪工的特殊严厉责备可能会招致报复、更低的人工成本等等。

简言之，生产班长开始精心构思他们该如何完成他们工作的邪说。同样的，没有任何客观的数据，他们将陷入古老的组织诅咒，就像"如果你不得不担忧家务，生产将去地狱"。（这个诅咒仅在工厂一线管理的最低层存在。在更高的层级，其信念是："你只有做好家务，你才能够得到好的生产。"这是另外一个迷信说法）但是，如果有客观的绩效数据提供给生产班长，那么他们就能够看到事实上过去三个月里发生的事实，即使有 5 到 6 天搞砸了家务大扫除，生产上也没有出现任何的明显下滑。这样就终结了一个迷信说法。

总之，生产班长接收不到对于他们行为和绩效效果的反馈。他们得到的是他们总班长的反馈。这种反馈一般都是以一种非常不愉快的甚至斥责的形式传递出来的。基于缺少客观数据以及主观数据的说服力，他们开始编造能够成功完成他们工作的谬论说辞。

结论 A3

NuPlant 的生产效率不会通过培训生产班长而显著改善。生产班长的绩效不佳对于工厂效率的影响微乎其微，也与他们不知道如何做并无关系。

表 A-1 展示了被认为频繁有缺陷的生产任务结果，并分类为由于班长的表现而导致缺陷。生产班长过失背后的原因被分为四类，见表 A-2。

表 A-2　生产班长绩效欠佳的主要原因

绩效欠佳的原因	解释
缺少知识(K)	班长不知道如何去工作或什么时间去做适当的事情
任务干扰(TI)	在生产现场环境或运营系统中存在一些影响班长表现的因素
缺乏沟通(FB)	班长接收不到他的绩效层面的反馈信息或他的表现对于工厂系统内其他方面所带来影响的反馈
惩罚或缺少正向的激励结果(C)	来自管理层或系统对班长的反应基本都是负面的结果或批评。如果有短期正面结果(例如，管理层少发些"火")，和更长期负面的结果(低利润率)，那么短期正向结果就会占据控制地位

假设一位班长表现得不好，那是因为他或她不知道如何能做好（K），体能上无法很好地表现（TI），没有足够的具体的信息来改进绩效（FB），或者他们最大的个人乐趣是不想按照要求去做（C）。

根据这一分类，关于班长的表现不佳，我们得出以下结论，这些结论对于表 A-1 是一一对应的。

1a. 分配工人

TI：由于缺勤，没有足够的人手，生产线不能够很好地操作。

C：生产班长也许有意地让生产线缺少人手（例如，在地下室的废水溜槽处），来尽可能减少他们的直接人工 / 非标准（DL/OS）成本。

2b. 诊断问题

K：许多生产班长不知道如何去识别机器的潜在故障或者对故障快速诊断查找出可能的原因。结果是某层级的生产管理者或召集一些服务部门，或者一起叫上生产管理者和服务部门来进行诊断。

C：由于对直接人工成本极为重视，因此只要确保生产线持续运行，忽略生产线上的潜在问题对于生产班长也是有利的。为了最大限度减少 DL/OS 的机会，冲压线上的班长会一直让生产线运行下去，记录下印模的次数即可，尽管其质量是会受到质疑的，设备也在遭到损坏。如果停线了，则需要班长重新安排工人（首先要决定是否重新安排，然后什么时间安排，往哪里安排），然后预测一下工资点数的潜在损失。基于那些原因，停线会频繁地导致总班长发火。DL/OS 导致的结果使得生产班长们会告知工厂的工程维修人员，如果生产线停线了一段时间（一般超过 1 小时），他们也许会让它一直停下去。这会为下一班次的班长带来生产线启动的问题，这样，避免了不得不去找其他的工人来操作已修复的生产线（通常不会在这条线上发生）。

2e. 汇报废品

C：有缺陷的部件没有被上报（在质检部门备案，贴上废品标签）。原因是设定了可接受的废品限度，当超出了这个限度时，会在组织内传导大量的麻烦，并落在总班长和生产班长的头上。这些限度和超出这些限度的负面结果对于止住废品的数量的影响微乎其微（主要是因为按印模的数量结算，而不计质量）。但它们确实相当大程度地影响着废品的上报。主要的结果是无效的废品数据和库存短缺，以及由此而产生的额外物流运输费用。生产班长倾向于将未登记备案的废品送到打捆机处理（放到已经被驳回的部件存放的半空的架子上或者偷换标签）或安排运出去（通过偷换标签）。

FB：对某一班次生产线上生产的净部件没有考核（非废品，非返工），因此对系统和管理层不会反馈该生产线或班长的表现。没有这样的信息，就没有任何数据来评估问题，因此也就没有机会去修正它。同样，也没有信息反馈给生产班长，他们不上报废品情况会导致什么样的影响，例如需要回收，额外的运输费用以及组装工厂的扣费。总之，隐瞒废品情况短期上没有优势，长期上也无直接优势。

4. 生产线停产

K：没有清晰的决策依据来判定合适停止某一特定的部件的生产。理想的话，停止的时点应该会根据缺陷的程度、废品的成本、返工的成本以及对该部件需求的不同而不同。情形也会因对部件的需求量和质量控制标准频繁变化而变得更加复杂（例如，"那种情况的我们可以接受 4000 个，但不能更多了"）。

5. 工人重新分配

C：一旦理想的话，工人就不会被重新分配，因为班长更希望把他们留在手里以备生产线需要再次重新启动。如果生产线修好了并重新启动了，但那条线上的工人已经被重新分配了，那么班长就必须为这条线配备上相对缺乏经验的工人。如果已经停了的生产线有机会在一定时间内得以重启（通常一个小时），班长就会把他们留在现场。一些总班长们试图让生产线开机空转，这样他们能够安排未被分配的工人，尤其当他们正在加工复杂的、易出废品，而且停机时间会高的部件时。

TI：工人们经常不会被重新分配，因为没什么地方（其他生产线）可供他们停留。时薪工们也更乐意于不被重新分配到新的部门，通常他们宁愿去医务室，而不会从组装线调到冲压线，反之亦然。

6. 被惩治的工人

K：无视正式的合同规定和管理层的公告，钻空子瞅机会惩戒员工，依然是一个问题。压力下的生产班长总是看上去有更多的各种因素要考虑。这种情况在 NuPlant 显得更加复杂，因为在 NuPlant，有三位生产班长由于他们施加管教的方式而被调离。大多数班长是清楚惩治程序的，但并不清楚什么时候惩治是适合的。

C：生产班长们的惩治行为更大程度上与他们的上级和所在的系统承受的积极与消极结果成正比。通常，劳资关系小组也发挥很大作用。他们会从管理的层级和时间所造成的心理距离角度来诉求克制性和稳定性；总班长作为生产层的主管，与生产压力的心理距离和物理距离都很短；而系统却会惩罚主管对工人旷工的惩戒行为，因为惩戒旷工就意味着辞退员工。

8. 受教导的工人

K：新任班长显然并不具备基本的技能来教导新工人怎样做好他们工作的关键方面。

FB：大多数班长并不认同用在教导新工人的时间可以带来他或她的生产效率上表现的差异。

C：新工人被重新分配，从而导致缺人和高流失率，这些问题的高发性使得班长即便花大量时间培养新员工也不会带来什么对自身有利的结果。如果一名新工人能坚持几周的时间未辞职，班长或许会投入时间和精力来了解和培训他或她。

TI：启动生产线的问题及其导致的需要在头一到二个小时内重新分配工人，使得班长很难花时间来培训新工人或对职能部门培训后进行跟进。去做其他的、更关键的事情的压力太大了。

9. 现场整洁

TI：造成环境保洁差的大多数因素并不是在班长的控制之下的，而是在服务部门的职权范围内：材料供应和工厂工程部门。生产班长对于工作现场的整体混乱，所能直接控制的微乎其微。

　　C：相比废品率、生产效率和人工成本来说，将现场搞得整洁对于生产班长来说相对的回报价值很低。当一名班长在生产上出了麻烦，他或她是不会考虑现场整洁的，除非受外部压力所迫。在 NuPlant 的更高层级，大家迷信于如果搞好了现场整洁，那么就会导致高生产效率和低废品率。这简直是谬论。整洁的现场通常会伴随着高生产效率和低废品率，但它们之间并不存在因果关系。高生产率和低废品率是一个有效系统的结果，高效率使得大家会有时间来参与清洁现场。

12. 保持工人（工会）关系

　　C：除了所有行业关系部门的重视，工会关系是生产班长关注优先级低的领域。低生产率的结果会导致高废品率和高人工成本，这些结果都非常直接，负面并且有影响力。而处理不好工会关系却并不常发生，也不太直接，影响也没那么负面。

　　正如表 A-1 所示，生产班长的绩效不佳只有四种情况是由于缺少知识，而且在那些案例中，每一个都存在其他的因素影响着问题。因此，结论是：培训不会是影响生产班长效率的唯一要素。

结论 B1

　　生产系统近期在衡量和强调一个不适合的绩效指标——直接人工成本。（见附录 B 的建议 1）

直接人工成本考核指标的优点

由于班长的绩效几乎都是由直接人工 / 非标准（DL/OS）成本差异所反映的，

我们寻求找到这个绩效指标的重要性。对于这一分析，我们依赖老厂的数据，因为这样的数据在 NuPlant 是没有的。但我们相信，通过对老厂的研究发现是可以适用于 NuPlant 的。

首先，我们看了一下 DL/OS 的大小来确定它自身是否是一个大的可观的经济变量。其次，我们分析了 DL/OS 与其他变量（印模和废品）之间的相互关系，来确定它是否是这些变量的一个有用的预报指标。最后，我们比较了相同生产线（第一和第二班次）的班长之间在过往 16 周时间内的绩效差异，来确定是否有明显的绩效范围存在。

DL/OS 作为一个经济衡量指标。直接人工差异对于一家冲压工厂来说，其所起的经济作用极其微小，很明显，DL/OS 自身毫无意义。人工成本的预算值低于总预算的 10%。DL/OS 的差异计算起来非常小，以至于，如果一个人能够使业绩最差班长的 DL/OS 表现达到最佳表现班长，那么算下来一年的实际节约也不过是几十万美元。这意味着除非 DL/OS 与更相关的衡量标准相关联，那么它只是没有用的甚至于会起误导作用。如果一名班长能够以通过运行一条生产线，以更低的废品率来生产更多的车门，即使用了更多的直接人工，我们仍应鼓励他或她去这样做。但是，现在考核班长表现的系统倡导的则是不鼓励这样的劳动力使用策略。

DL/OS 作为一个指数。我们通过对 6 名班长的 16 周工作情况的研究发现，DL/OS 与印模或废品率之间并不存在任何关联性。所以，DL/OS 不仅本身作为一个指标就不堪，而将其作为衡量更加重要的生产率指标就更是不配。

班长之间的 DL/OS 差异。要比较班长之间的绩效差异，我们需要对比在相似作业条件下工作的几对班长样本。我们通过对比白班和夜班生产可识别的车门生产线（第一和第二）班次，获得了班长比对样本。因为我们曾听说过，在 DL/OS 方面，第二班次的绩效要好于第一班次，我们试图验证这是否是真的。统计计算表明，即使在生产线启动的前一个和两个小时内，白板和夜班的 DL/OS 并没有明显的差异。就连我们单独对在过去的 16 周里，所采用的 DL/OS 方法存在最大差异的车门班长一组进行比较，结果也是没有多大差异的。

班长之间在其他指标方面的差异。在废品率或所制成的印模方面，几组车门生产班的班长之间，在统计数据上是没有差异的。那么，这一发现，支持我们其他更深入观察到的结果，即班长之间的差异对工厂的生产并无巨大的影响。我们进一步研究了总班长在现场的表现，结果是总班长的差异对工厂的生产也没有巨大的影响，这也同时完全印证了我们对一线班长的研究发现。

对 DL/OS 指标使用的看法

1. 直接人工 / 非标准成本为绩效提供了一个扭曲的视角。DL/OS 数字是基于冲压的次数，并会受合格品的数量所影响和调整。一个班长如能够带领着一班人在每个班次内生产标准的 2000 个好的部件（冲压次数），减去未上报的废品数量、已上报的废品数量和返工数之后，其合格部件数量为 1600 个。这样相比一名做了 1800 个印模，其中有 1750 个实际合格部件的班长，他的 DL/OS 数值更好。

2. DL/OS 衡量指标偏离了绩效评估的重点。一旦重视 DL/OS，那么生产班长就会被引导去为了记录印模数量而生产次品。班长们也会出于同样的原因而生产过剩。即使这部件不是需要的，而且过剩的库存会导致严重的仓储问题和材料处理问题，在每个班次结束时，班长的 DL/OS 依然看上去非常不错。

3. DL/OS 指标对绩效控制非常小甚至没有控制。这一指标一直被当作绩效考核的一个非常重要的指标。直接成本占生产预算大约 10% 的比例这一事实一定程度上说明了其真正的重要意义。但根据我们实施的数据分析来看，它不仅不是一个重要的指标，而且对绩效来说还是一个很差的指标。

4.它会导致为绩效方面的决策提供误导的信息。由于考核重点在冲压数量上，并没有对现有部件的其他任何信息，那么，结果就会造成很大的库存差异，也没有为更好排产计划提供足够的历史参考数据。因为 DL/OS 是绩效的一个很差的指标，所以并没有能够真正说明班长表现好的真实数据。

结论 B2

没有可作为生产系统的"记忆"的数据积累。(见附录 B 的建议 2)

在这家工厂里，没有可以跟踪绩效情况的相关历史信息的系统。那就是，没有关于过往时间里生产线运行情况以及部件生产情况（例如，实际产量比较计划产量，实际成本对比预算的或允许的成本）。绩效数据很少保留一周以上，而且一般在高层以下的层级也得不到这样的数据，也没有按照班次和生产线分开来收集这些数据。

结果就是缺少积累的记录，或称过往绩效的"记忆"。如果有"记忆"，就可以分析趋势、诊断问题和评估结果。个人（班长和总班长）和部门（质量控制部门、材料管理部门和工程部门）也都会关注和记忆问题部件，努力去纠正和弥补，经常会为其他部门和工厂的业绩考核带来不利。

例如，当计划生产某一个问题部件，班长会试图找一些借口不要去生产它，总班长也试图去保留一条空闲的生产线，以备一旦某条线关闭了，他可以将从线上下来的工人们安排到这条线上来。质量控制部门也许还会少些麻烦，也不至于因有缺陷的部件而被投诉。但是，也没有系统范围内的记忆用来记录和回顾，分析和后续的更正。（唯一可能的例外是由财务部整理的"10 个最差的部件"记录并用于更正最差的部件。但是，当某一部件不再体现在这份清单上时，它也就不

会再被监控的）

结论 B3

对系统劣绩所带来的影响，生产管理者仅能得到一点或几乎得不到反馈。（见附录 B 的建议 3）

应该对过度浪费负责的生产管理层的每一成员，自己得不到有关返工成本、运输延迟的成本和组装工厂次品扣费的任何信息反馈。生产班长以及总班长总是忽略他们所做事情的影响，并且不对自己的结果负责任。

生产和服务部门管理层得到的唯一关于扣费和延迟发货的信息沟通，是在生产会议上，以对总班长的通报形式出现的。这种信息不常有也非常概括笼统，类似于"上月的成本超标，最好注意一下"这样的通报。

这个问题的主要原因是缺少对这些成本的具体数据。如果能够建立起所建议的记忆系统，那么这就不会再是个问题了。

结论 B4

NuPlant 计划系统（对比老厂）无必要的数据来有效地安排生产。（见附录 B 的建议 5）

计划系统缺少：

- 必要的数据来实际而有效地安排生产
- 与生产和服务部门之间的一个有效沟通系统
- 与生产部门之间一个足够好的工作关系

　　基本上，计划和生产控制方面存在两个问题。首先是计划系统本身，其次是没能将计划和生产管理系统整合到一个富有建设性的工作关系，拥有一致的使命，即有利润和富有效能的生产。在每日的生产与计划运营中存在大量的低效，都是源于这些基础的问题，这些问题在结论 B5 中详细进行了探讨。

　　图 A-2 展示了现在的计划和生产控制系统的基本要素。这个系统由一个程序需求开始，之后转化为一个每日的计划。计算机记录下冲压数，调整废品数，将信息反馈回来，并有针对性地调节该程序的需求。

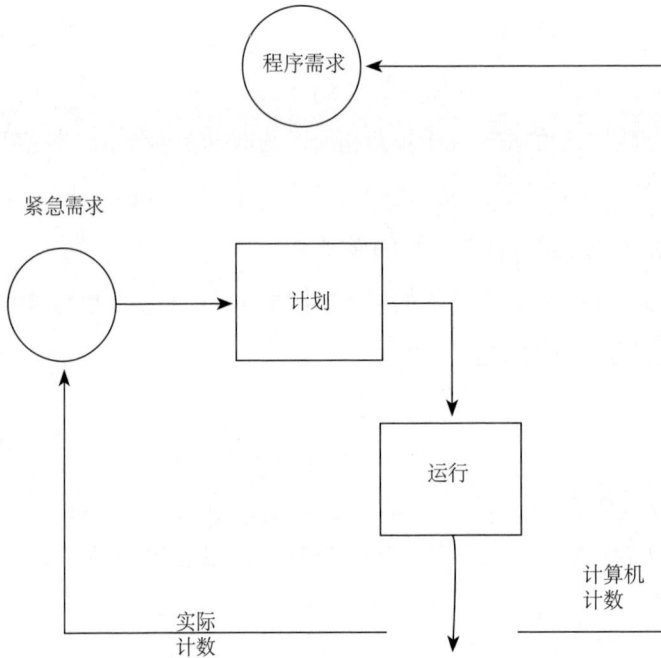

图A-2　冲压/组装系统的潜在问题

　　可惜的是，由于之前讨论过的诸多原因，实际可用的合格部件数量与计算机计数的数量相差悬殊。结果是程序需求会根据极不正确的数据而调整；部件没法被组装或发货。最后，实际的计数会以紧急需求的方式来实现，日计划也被调整，用以弥补短缺。这种情形必然会阻碍程序发挥作用，也许还会需要周末加班。

因为从未实际地计数并将实际计数结果按照有秩序的方式反馈至系统，程序需求从来没有为了实际的产出而增加过，也从未有人去调研过产量低的原因，并采取相应的改进措施。系统持续地没人去做变更，一直在错误信息的基础上运营，远远地偏离现实。结果就是不断地更换模具，低生产率，人们彼此之间发生结论 B5 中描述的种种冲突问题。受计划和生产部门相互敌对的影响，问题还在不断加剧。

结论 B5

NuPlant 的生产计划工作环境也是导致计划有效性差的一个原因。（见附录 B 的建议 5）

经我们对老厂和 NuPlant 之间的观察，其中一个关键的差异是在计划和物料控制方面的执行情况。我们对这一差异进行详尽的描述，是因为这和生产班长和总班长的绩效有着一定的关系。

计划的逻辑，到目前为止我们所能看出来的在这两个厂是很明显的，但是我们花时间观察这两个工厂现实运作中的计划系统是有显著不同的。这些观察不仅限于访谈：我们与生产计划员在一起坐上几个小时，夜间和白天，同时我们跟踪了几位总班长与计划部门沟通的过程。表 A-3 呈现了我们所观察的情况。

结论 B6

生产线启动的第一个小时无效且成本高。（见附录 B 的建议 7）

这个观察意味深长。但我们相信这个大致观察到的问题的原因在于生产的第一个小时期间所能做的和应当做的事情。生产的第一个小时，依此类推，是超出生产班长和总班长的控制的，即使他们频频因此而感到气恼。

我们确信这个问题存在多种原因。持续的问题很大程度上是实际换模时间和实际的运行净产量预测数据缺乏的表现。结果就是设定了不切合实际的计划（接下来也未能达成计划），同时真正的问题从未得以纠正解决。

对生产班长严厉是无法解决问题的。我们建议生产管理人员要更进一步深入研究一下问题的系统原因。

结论 B7

生产线不间断的运行，而停线是更经济的。（见附录 B 的建议 8 ）

各种原因都在促使生产班长边际运行，废品件的问题也在前面有过探讨。在许多案例中也非常明显的是，班长和总班长只是不知道什么时候停止生产线是最经济有利的。

结论 B8

在压力紧张时期，间接预算系统趋于不利于生产。（见附录 B 的建议 6 ）

在间接人工成本预算中所发现的问题在通常情况下不会出现。然而，这些问题往往在压力下浮现这一事实，表明间接人工成本预算存在着一个基本缺陷。

我们理解将预算间接人工作为生产的一部分这其中的基本原理。显然，如果你运行的生产数量很低，那么你所需要的间接人工就会更少。但是，批准间接人工的系统应当更加对生产运营的实际情况及时响应。例如，为什么产量下降了？如果是由于需求量降低了，那是一种原因，但如果是由于不断发生的机械故障而不断停线从而导致产量低，则就是另一回事了。如果生产线是由于这个原因而停线，那么是时候该增加工厂的工程维修部门的人力了，而不是减少。因此，工厂工程部门在不断地要求生产淡季将生产线停下来进行维护。产量低的时候正是需要更多维护人员的好时机，但是增加人力却没有获得批准。

当巨大的压力指向人工成本的时候，这些问题就不断被激化。任何服务部门的主管都不愿意人工成本的数据长时间（连续 2 天）处于红区运行。这一压力给像工厂工程部这样的部门造成了严重的问题。假设工厂是按 80% 的产量计划运行，工厂工程部的人员也相应比例地减少。如果，在运行的第一个小时，工程部的班长观察到足够的生产线停线了，而且将继续停着，致使其很难趋近 80% 的产量，那么基于对可能的减员指令的预测，他或她就会开始对下属进行重新安排（重新分配到项目工作去）。如果没有采取这一行动，则那一天的人工成本就会处于红色区，从而带来负面的结果。因此，在系统最最需要工程维护部门帮忙的时候，工程主管会因缺少人手来解决问题而受到处罚。（我们不是有意要说明这在工程部门是常规的做法。我们是要说，这样的情况发生过，而且在这样的预算系统和人工成本的压力下，还将会持续发生）

系统中的另一个潜在问题是，工厂工程部门知道为了让上级能够批准最大限度的人力，哪些大的生产线必须保持运行。自然，这些生产线就会得到最优先的对待。不幸的是，这些生产线也许对于生产计划来说，未必是关键的生产线，也将会导致生产线维修优先次序上的矛盾。

能够说明间接预算系统不负责任的第二个例子是，管理层对待物料处理部门申请人力的方式。物料处理部门的人力申请是基于产量，而不考虑部件的大小和结构。因此，依据 X 量的部件，批准 Y 数量的工人。如果大多数生产线都在生产小部件，Y 数量的工人能够处理得很好。实际上，工人可以被借调到其他部门，物料处理部门在那个班次的人工成本的数字就处于黑色区。但如果大多数的生产线在生产大的部件，如引擎罩和叶子板分段等部件，那么 Y 数量的工人就无法达到理想的工作效果了。然后，材料处理部门就必须借工人来做这项工作，结果那个班次的人工成本数字就处于红色区了。当压力指向人工成本时，这种情形就又变成了一个大的问题。材料处理部门的主管们就会试图以保障安全和质量的名义而走捷径。

结论 B9

组织中比较低的三个生产管理层的组织职责不足以应对现在的生产问题。（见附录 B 的建议 4）

某些方面的生产管理投入严重过剩（例如，解决今天的生产问题），但是很少投入精力在其他方面（例如，纠正长期形成的问题）。很明显，在当前系统所处的压力下，这个问题部分涉及了生产班长、总班长，以及更高级别的管理层。但是，问题实质的原因是缺少对每个管理层澄清一个基本的使命和责任的分解。以下是我们所观察到的：

• 生产班长对他或她的生产线的废次率和 DL/OS 负责，但对影响那些指标的因素却毫无控制。生产班长们所掌握的唯一资源就是人力，但这一因素对生产的影响却非常之小。

• 总班长们对他们所管理的生产班长的废次率和 DL/OS 负责。他们一般所行使的是"高级管理"的权力。他们的工作与生产班长的工作之间的唯一区别是管辖范围规模和提交处理办公文件的不同。由于他们可以获得其他生产线的相关信息，所以相对于生产班长，他们拥有调配人力的更多选择。因为想象他们控制着更多的资源，所以大家会认为他们能够将服务部门的资源调配过来解决这些问题。

但实际上，他们并不一定能够影响服务部门和使用哪些资源。

• 更高层级的管理者们对向他们汇报的总班长的废次率和DL/OS负责。这是第一个实际拥有管理资源的机会的管理层。但是，这一层主管的成功取决于他或她能够影响服务部门和人力调配部门管理者的能力。

总而言之，前两个层级的管理者所拥有的管理权力微乎其微。这三层管理者都有非常明确的，而且是单一的降低废次率和DL/OS的目标。

单是建立这些层级管理者的岗位职责描述是不能够解决这个问题的。岗位职责描述是非常抽象的，不能为每一层级提供一个使命的陈述，也很难在动态的工作流中进行诠释。

表A–3　老厂与NuPlant计划系统的对比

特点	老厂	NuPlant
氛围	安静，平静。计划人员专注于其工作，几乎不会被任何事情所干扰。几乎没有部门以外的人在办公室内；很多情况下没有其他人存在	混乱。生产管理各层级称之为当地所说的"密林"。典型的情形是，半数以上的座位上坐着班长或领班，或者在通电话，或者在与计划人员或其他人说话。办公现场极为嘈杂，没法令人专注，因为总是不时出现怨骂，混杂一片。有时甚至很难从房间中穿过
与一线班长、领班之间的沟通风格	98%的时间应用电话沟通。仅一部电话且由一个人控制。除非电话占线或被叫上来，否则不鼓励领班来到办公室。领班的办公室与计划人员的办公室相邻，一般在2个小时之内，不会有任何领班光顾计划人员的办公室。计算机控制室是禁止入内的	领班一般有一半时间待在计划人员的办公室，和不同的人寻求帮助或了解信息。每名计划人员办公桌上的电话几乎被领班占用，用来与一线现场的班长进行沟通。同样，有许多班长也在计划办公室。领班的办公室也往往站满了一半的人。领班经常进入计算机控制室找寻信息
与领班之间沟通的内容	如果领班没法将工人安置在相邻的区域里，他们就会打电话给计划办公室。几分钟之内，计划部门就会提供解决方案。类似的方法也会应用于解决供应或工程部门的问题	领班被迫用一个发现系统。当他们无法立即安置他们的工人时，他们就会去计划办公室。当他们陈述一个问题时，他们通常会去找另外的人。他们对每个人说，也许会偶尔遇到其他需要他们工人的领班。或者，在计划办公室里，他们也许会遇到材料供给部门的班长，告诉他们本来要用的支架，库里缺货，即使曾有两名计划人员刚刚告诉他们是有货的

续表

特点	老厂	NuPlant
领班与计划部门之间的部门职责分工	"当目标计划制订完成后，缺陷往往就在这儿。"两名计划人员这样告诉我们。计划办公室的职责是要确保工人合理分配到任务，获得真实准确的库存信息，做许多基本的决定，是关停生产线还是不关。解决生产、工程、材料供给部门之间矛盾的主要职责是由材料控制部门负责。计划部经理与助手经常下达指令，相当于生产经理的手臂	"我才不管材料供给部门和你说了什么。刚刚告诉我们库存里是有支架的！"这样的话在计划部门里非常普遍。基本的态度就是只要显示是这样的，那就必须是这样。如果是其他人搞砸了，那就根本不关我们什么事。计划部门不会发出指令，看上去是对生产经理让步的
信息的可靠性	要求计划人员每天用20%的时间在生产现场，来验证数据的真实性。他们与频繁上报库存、停线等信息的库管员们紧密沟通。材料控制部门的成本分析员每天都在生产现场检查核实生产报告的准确性	理论上，NuPlant 的计划人员与成本分析员有职责深入到生产现场。但现实是，似乎很难做到而且几乎从未这样实现。即使每个人都知道数据并不准确。库存清单只起到表面的价值。领班的态度是"我们只知道别人告诉我们的"

结论 B10

一线生产班长和管理层人员缺乏某些方面的知识。（见附录 B 的建议 10）

在以下方面缺少认知：

• 缺少对工作职责的理解（那场斗争中所真正发生的事情明显地违背了对工作职责界定的理解）。

• 缺少很好的分析运行系统的能力（包括工人绩效问题及其原因）。

• 未能对工人提供有关他们工作质量的足够反馈。

• 未能对工人主动提出的富建设性的意见进行鼓励。例如，思考一下这个对话：工人："我发现生产援助方面的服务在不断下滑，物料阻塞在那里。"班长："哦，看在老天的份上，快把它修好吧！"或者"你只管做好你的事就好了，我去操心其他的事情。"而老厂却积极引导工人提出改进建议，以使得早点撤离生产线成

为可能。（"早 - 停"政策）

结论 B11

在生产线每天启动的第一个小时内引荐新上岗的工人，是极其缺乏效率的，往往适得其反。

正如在前面所提到的，生产班长所面对的最主要的挑战，是在生产线启动的第一个小时内让他或她所负责的生产线要么运行起来，要么正式宣布停线，以期避免在直接人工成本指标上的数字呈现红色。如宣布生产线停线，生产班长仍然要受人工成本考核的处罚，除非 20 名或更多的工人被完全调配到其他的生产线工作。这种情形往往会导致生产班长和被重新调配的生产工人简直小跑一样奔向几百英尺外的一条新冲压线去。

同时，在当个班次的第一个 15 分钟期间，人力资源部的某个人就会在生产线上出现，并向生产班长引荐重新被分配来到这条生产线的新工人，来填补这条线由于缺勤所造成的空缺。此时可能发生的一两件事情是：

• 第一，新上岗的工人们（注意，这是他们来到 NuPlant 工作的第一个 15 分钟）一下子就要半路中穿插加入到一条完全不同的生产线和面对不同的班长。

• 第二，班长说："很高兴见到你们。请你们先暂时站立一旁，我一会儿就会回来把你们安置到生产线的岗位上。"当这条生产线最终启动起来了，班长回到新的工人这边，把他们安置到生产线的某些岗位上，将他们引荐给同事，为他们提供最最基本的指导然后就离开了，在那个班次的其他时间里几乎就再也看不到班长再次出现了。

正如前面所提到的，生产班长不愿花时间来培训新上岗的生产工人，因为他们很可能在上岗后的一两天内就会离职。一个工人在岗位上工作两三周之后，班长才会努力去了解和培训这名员工。当然，在这里有互相矛盾的情形，即正因为在新员工上岗的头一两天中，主管对他们疏于了解且缺乏培训，反而导致高离职率。NuPlant 可供选择的"新生代"工人的显著特点是，他们宁愿失业也不愿被滥用或失去尊重。

结论 B12

老厂有一个"早一停"政策，这明显激励了工人们更高的生产率和生产量。在 NuPlant 是没有这样的系统的。

老厂有一个"早一停"政策，这个政策使得生产工人在当个班次完成生产和废品目标后就可以离开生产线。即使工人们不能离开工厂，但是他们可以在当班余下的时间里，在咖啡间里休息。这样的空闲时间极大地激励了这些生产工人来更高效地操作，提醒工长关注潜在的问题，在生产线上培训和训练新上岗的工人。

附录 B NuPlant 项目建议

本附录包括了 NuPlant 项目建议的详细内容，与项目最终报告中呈现的内容一样。你会发现这些建议正是对附录 A 中提出的项目结论的解决方案。如要了解这些建议之间的结构关系，请详见图 3-18。

项目建议概要

1. 依据产量与净生产率来考核绩效。

2. 安装导入一个数据系统，来提供一个生产系统"记忆"功能。

3. 为全体生产管理者提供反馈信息。

4. 改变生产管理人员的职责分工。

5. 改变生产计划系统。

6. 调整决定所谓间接人工预算的制定基础。

7. 改变当前的生产线启动的程序。

8. 在关停生产线方面，为班长及总班长提供决策参考指导书。

9. 培训生产管理者，来掌握新的工作职责。

10. 针对一些精选的主题，为生产班长和总班长提供培训。

提炼并展示这些建议的目的在于驱动客户采取行动，实施这些建议。通常，接受这些结论与建议的人都会由于采纳这些建议与实施改变可能会导致的更多大量工作，而持怀疑、抗拒和谨慎的态度。这些人自然的倾向会是去找到任何合适的借口，而不去跟进实施伯特所提出的建议。为了能够提高这些建议被采纳和实施的概率，伯特做了一些重要的事情。

第一，每条结论都会附带相关建议而一起展示。它们彼此间不是分开的，就像它们在这一案例研究中，在附录部分所呈现的形式一样。（在案例研究中，是为了便于讨论而将其分开显示的）因此，首先确立需求（即项目结论），接着提供具体的建议来为需求提供解决方案。

第二，你会发现每条建议都远不止一个概括的要点，而是会包含详细的内容，必要的时候，也应用了图表来阐述。对于项目结论，伯特尽力减少收到报告的人会提出"再告诉我一次，为什么这点重要？"以及"你的意思是？"这类的问题。详细的阐明还能进一步增进伯特的可信性，因为这表明他与客户一样了解他们的业务——如果不是更多，至少在某些领域懂得很多。

第三，有一些项目建议是配以一些样板或建议形式的，正如你在本目录中即将见到的。伯特称这些解决方案为原型。他已了解到，如果你以"追踪绩效表现并向工长提供反馈"的形式提出建议的话，客户很可能只会点头表示赞同，但不会采取任何行动去实施。为什么？因为这样的建议听起来更像毫无意义的陈词滥调或商务辞令。其次，客户很可能不会确切理解你真正的意思，而且还担心实施你的建议会引发大量的工作。当你将这两种反应放在一起时，结果就是保守的——没有任何实施可言。

伯特已将这样的建议上升到另外一个层次的详尽程度，即"让我给你看它看上去会是什么样子"。当你这样做的时候，客户的回应往往会是，"哇，你是这个意思呀！这应该很有用。实际上，我们早已有那些数据，但是我们就是没怎么去应用这些数据。"当然，如果你能够同客户说你已经试过与一些班长探讨过这样做，他们表示这样的文件或流程会很有帮助的话，那么这个建议就更加容易被接受了。

建议 1

用材料产出率与净生产率指标来考核绩效。（见附录 A 的结论 B1）

基于我们的分析，我们建议对 NuPlant 考核绩效的方式做出相应的改变：

1. 降低直接人工费 / 非标费（DL/OS）作为绩效衡量指标的重要性。

2. 开始衡量材料产出率与净生产率。

3. 通过一组考核指标来衡量并管理绩效，包括材料产量、净生产率与废品率。

图 B-1 呈现了生产系统的所有主要投入与产出。当前对绩效的衡量指标是非标准直接人工（C/D）以及记录下来的废品率（H）。

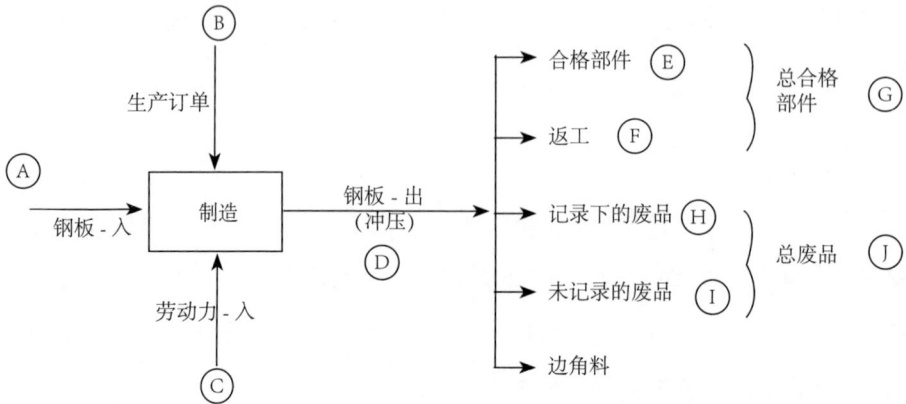

图 B-1　NuPlant 生产的输入与输出

如果衡量钢板的产出率、净生产率以及利润率（表 B-1），那么工厂应该有更好的成本、部件生产率、库存、计划以及工长的绩效数据。

表 B-1　建议衡量生产率的绩效指标

建议的衡量指标	描述
钢板产量	E/A 与 G/A，可以评估最昂贵的资源——钢板被使用得怎样
净生产率	E/B 与 G/B，显示可供组装或发运的部件，以及为能够实际制成部件的预测计划提供数据
利润率	$\dfrac{\text{G 单品的标准成本}}{\text{G 单品的实际成本(A+C-H)}}$

除了对后续的绩效决策有更好的数据，考核产量及净数据将会使数据更加准确。例如，班长不会被引导去隐藏废品情况，因为真实的废品数据（J）需要用 D - G，而且很容易通过生产控制来影响。同样，几乎没有意义去操纵 C（人员短缺，愚蠢地重新分配人员）或 D（生产非主流的边缘部件），因为 G/B、G/A，以及利润率是衡量绩效的真正指标。

当前对废品率以及 DL/OS 的衡量指标相对属于大概的总指标，对于监控工厂业绩的部门来说，无疑价值不大。

建议的绩效指标对于工厂的日常内部管理极有价值。两个数据系统都将被用到。这很重要，但是，要理解它们不同的功能。建议的指标是对重要变量的衡量指标，工厂必须要确保利润率。相比之下，DL/OS 却是一个总的滞后的指标，仅能表现出工厂的绩效出了些问题。对建议的这些指标作出一些积极的调整，可以改进 DL/OS 数据，但反之亦然。

在采纳应用任何推荐的衡量指标之前，应对这些指标在某些预设的工厂情境下进行彻底的测试和调整，或者与现行的这些衡量标准进行平行测试。

建议 2

建立一个数据系统，来提供一个生产系统"记忆"功能。（见附录 A 中的结论 B2）

建立一个数据存储与检索系统（"记忆"）将期望绩效数据与实际绩效数据同步持续存储。这一系统将作为诊断和纠正运行问题，以及评估生产与服务方面绩效的基础。

特别是，我们推荐按照表 B-2 所示来收集和储存信息，同时也应提供计算机打印版。打印版提供有关于某一部件每次生产运行的完整系列信息。数据可按照部件（如表 B-2 所示）或按班长姓名或按生产线进行查询。这对以下诸方面都有价值：在工装模具会议中（基于过去的运行来预估问题）；在排程调度中（每个运行周期的实际产量数据）；在编程过程中（周期时间需要多长）；在在预算协商中（部件生产的实际成本）；系统调校中（为何计划与实际值存在差距）；在全体主管评估中（为何问题持续存在或反复发生）。

表 B-2 部件绩效记录

部件编号：					
指标		运行			
运行编号					
日期	开始：				
	停止：				
班次：					
生产线：					
领班：					
生产班长：					
计划件数：					
发货件数：					
发货时间：					
调试时间：	标准：				
	实际：				
冲切：					
提供给组装车间的件数：					
废品数：	代码：				
	频次：				
返工件数：	代码：				
	频次：				
冲切/发往组装车间件数：	标准：				
	实际：				
冲切/发往组装车间总件数：					
第一个小时冲切/发往组装车间件数	标准：				
	实际：				

续表

第一个小时人工:	标准:				
	实际:				
第一个小时废品:	标准:				
	实际:				
冲压人工:	标准:				
	实际:				
冲压废品:	标准:				
	实际:				
$冲压返工:	单个:				
	总计:				
$冲压废品:					
$冲压人工:					
冲压停机时间:	代码:				
	频次:				
经过冲压部件的单位成本:	标准:				
	实际:				
从冲压线出来的件数:					
发货的件数:					
废品件数:	代码:				
	频次:				
返工件数:	代码:				
	频次:				
件数(入)/件数(发出)	标准:				
	实际:				
件数(入)/总发出件数(返工后):					
第一小时(入)/发出总件数(返工后):	标准:				
	实际:				

续表

组装人工：	标准：				
	实际：				
组装废品：	标准：				
	实际：				
组装返工：	标准：				
	实际：				
组装废品 $：					
组装人工 $：					
组装停机时间：	代码：				
	频次：				
经过组装的部件单位成本：	标准：				
	实际：				
延迟发货费用：	代码：				
	金额：				
组装车间扣费：	代码：				
	金额：				
需要回收？					
单位成本总计：	标准：				
	实际：				
获利：					

　　另外，应当对关键部件建立一个问题记录清单（此类记录的形式参见图 B-2）。记录清单应由总班长来保管。他们使用此文档，针对某一部件容易出现的问题向班长们进行阐述，并对他们解决这些问题的情况作以总结点评。这些清单还应当作为向更高管理层提出改进需求的记录，同时也可作为针对工厂管理提出改进建议的参考来源。

问题预测与解除记录

部件号：×× - ××××

关键组件：
- 所需的特殊支架
- 撑压压机后要自动化，需要更坚固的手柄
- 需要对撑压压机的操作工进行更精确的计时
- 2 号冲压压机之后的输送带必须要调试适当来进行冲压
- 钢板是关键，在第一个小时期间要密切关注

操作注意事项：
1. 废品成本高（＄X）
2. 返工修复费用高昂（＄X）
3. 由于部件的需要以及考虑钢材的成本，停机 50 分钟以内是可以接受的

问题记录

运行日期	问题	建议或行动	解决方案

图 B-2　问题预测与解除记录范例

有了部件生产情况的记录与问题记录，生产管理层就可以运用必需的数据来改进和确保生产。

建议 3

为全体生产管理者提供反馈信息。（见附录 A 中项目结论 A2 及 B3）

建立一个能够向班长及总班长提供关键绩效信息的反馈系统。为了使系统更为有效，该反馈系统必须：

1. 每日提供反馈，在下一天的班次开始之前，为生产班长和总班长提供当天的绩效情况。

2. 提供关键绩效指标的数据（即产量、净生产率及次品率）。

3. 要做数据累计，这样信息的接收者才能够基于他或她的行动看出有关变化。

4. 要便于理解。曲线图比起数字列表来说应该更为直观。

5. 应由生产班长与总班长共同来回顾这些反馈信息，并找出规律、趋势或问题，并针对问题来讨论纠正措施。（总班长与他们的上级主管应用同样的方式来互动）

图 B-3 包括一份建议的反馈文件。这份文件应在班长们容易看得到、较为中心的位置展示出来。此表单应提供当前的衡量指标（左轴）和建议的衡量指标——产量（右轴）。还应当记录累计的由于延迟而造成的费用（在左上角）以及停线时间。停线时间的类别名称在日期线下部显示，也可包含一个代码（C）代表某一类型的停线时间，以及每种类型停线时间的频次（F）。此表应每天由生产班长以及他们的总班长来更新和回顾。

每名总班长应有每位向其汇报的工长的独立反馈表的复印件，并且统一格式。总班长将应用反馈表中的信息每天与其上级进行有关改进等事宜的讨论。

这里推荐的表单还有另外一个功用，它可以作为非常有用的管理工具。绩效记录不仅可以作为评价生产班长绩效的反馈表，同时也可用于对生产线运行情况的反馈表，也可发给所有负责该条生产线的班长（右上角）。这样，就可以实现一些管理：

• 让各个服务部门开始对他们配合的班长和总班长进行评估，评估他们所负责的生产线的绩效

• 为工厂里新近成立的现场区域委员会提供更好的问题解决数据

产量

时间: 4 月 1—18 日　　　　生产线号: Z　　　　班次: 2

延误成本:		
返工:	$24 (12)	$117 (15)	$300 (17)
延误发货:	$900 (12)	$200 (17)	
扣费:	$1300 (1/16)	$200 (1/13)	$78 (2/3)

职责	
生产班长	Brown
总班长	Smith
T.D. 班长	Tycel
P.E. 班长	Jones
M.H. 班长	Black
Q.C. 班长	Lewin

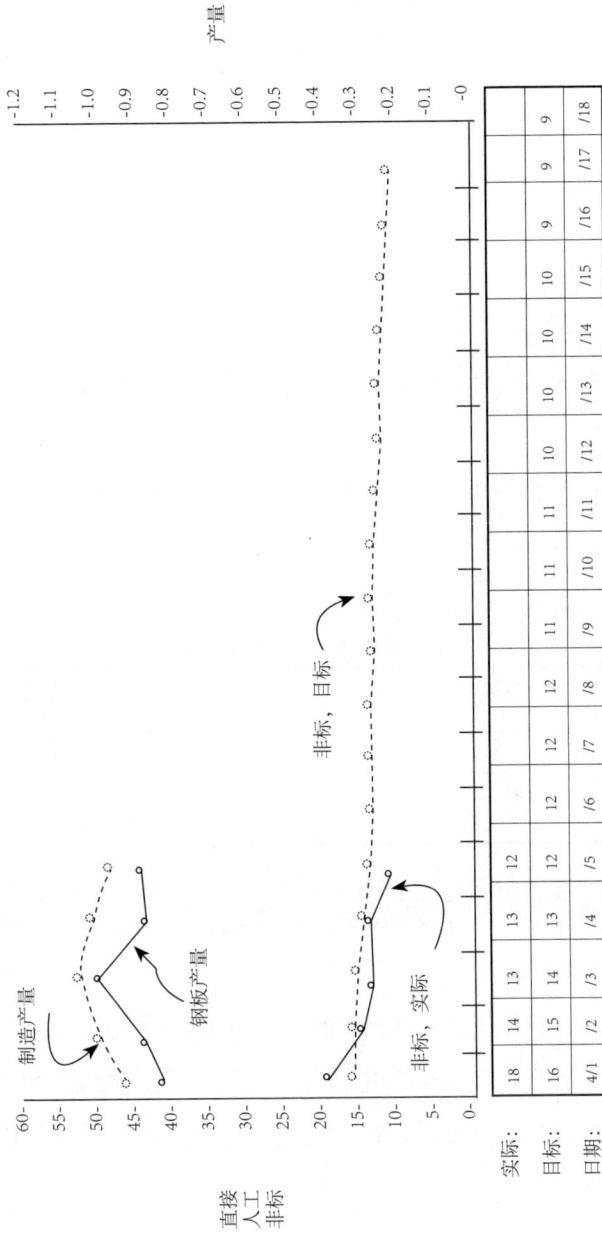

制造产量

钢板产量

非标, 目标

非标, 实际

直接人工 非标

-1.2
-1.1
-1.0
-0.9
-0.8
-0.7
-0.6
-0.5
-0.4
-0.3
-0.2
-0.1
-0

60-
55-
50-
45-
40-
35-
30-
25-
20-
15-
10-
5-
0-

实际:	18	14	13	13	12	12	12	11	11	11	10	10	10	10	10	9	9	9
目标:	16	15	14	13	12	12	12	12	11	10	11	12	13	14	15	16	17	18
日期:	4/1	/2	/3	/4	/5	/6	/7	/8	/9	/10	/11	/12	/13	/14	/15	/16	/17	/18

停机时间 C F C F C F C F C F C F
7 2 6 2 6 1 7 4 6 3
3 1 3 1 3 2 2 1 2 1
2 1 2 1　　4 1
1 1 1 1

图 B-3　运行情况记录

259

•也为工厂经理提供解决问题以及评估生产线结果的一个方法

除了上述所介绍的、持续的、累计的日反馈系统，生产班长们应当可以查询到所有或部分部件的生产情况记录（在图 B-2 中所推荐的"记忆"系统），这样他们就能够看到某一部件在不同班次里的运行情况。

建议 4

改变生产管理人员的职责分工。(见附录 A 中项目结论 A1 及 B9)

我们建议基于表 B-3 中所建议的统一一致的总体使命，重新分配三个管理层之间的职责。

表 B-3 管理层职责与使命

层级	使命
班长	确保生产线开动起来并保持顺畅运行
总班长	保持生产线顺畅运行
生产主管	关注问题不再出现

表 B-4 概括总结了建议的使命、职责与评估标准。如同表 B-5 中所显示的，这三个层面的差异体现在三个维度上：绩效的衡量指标、运作时间区间以及控制的资源。图 B-4 呈现出三个层面理想的重点内容与信息流情况。

即使在当前的生产问题被纠正以后，所建议的职责重新划分依然保持有效，生产班长与总班长的职责重点在于确保生产系统有效运行，而更上一级的管理者关注于监控生产系统的运行。要想成功地进行任何这样的职责调整，都要取决于工厂经理以及生产经理对调整的监控，以及他们通过建议的标准来对管理者进行一致的评估。

表 B-4　提议对各层级生产管理者的职责分工

职位	使命	职责	评估
生产班长	让生产线启动起来并确保顺畅运行	• 给工人分配任务 • 培训工人 • 监控绩效 • 对工人与设备进行调整 • 应用提供的资源解决问题 • 对问题进行初步诊断 • 预测问题 • 向领班发出预警:(1)当遇到麻烦时,(2)需要避免麻烦而做出改变时	• 使用资源(钢材、直接人工) • 向领班汇报数据的价值
领班	确保生产线有利润地运行	• 提供资源(服务) • 做停线的决定 • 将问题与所需改变的情况向主管汇报 • 实施改变 • 维护部件问题系统 • 应用部件问题系统与部件表现记录清理生产线	• 使用资源(产量、获利) • 问题诊断的准确性
主管	确保问题不再发生	• 管理生产信息系统 • 与服务部门及一线办公室一起解决问题 • 批准在生产方面实施改变 • 监控改变与结果	• 问题得以解决了吗? • 情况有所好转吗? • 总生产效率,按产量、净生产效率与部件成本来衡量

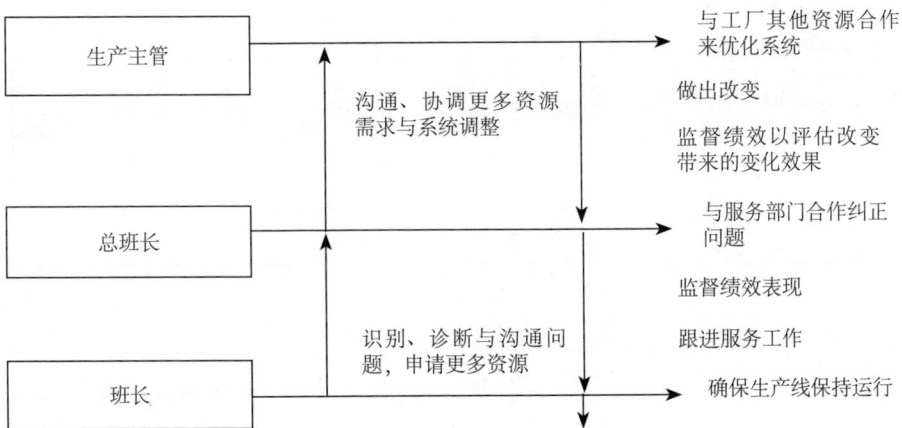

图 B-4　建议职责重点与信息流

建议 5

改变计划系统。（见附录 A 中项目结论 B4 及 B5）

我们提议对基础的生产控制系统做出一个改变，使其包含图 B-5 中所示的一些元素。流程由已经转化为日计划的程序需求开始，然后该日计划经一个小组审核后来做运行前的准备工作（基本上有关模具更换的会议，只能在拥有更好的数据支持与管理下才会更为有效）。这个小组可以根据模具、生产线、钢板以及材料供给等综合状况来调整生产计划。之后，生产计划就开始运行了。但是，压模情况与实际的次数都被记录下来了，同时也对不符合标准的情况进行了分析（分析这项职能可以由某一个人、某一部门、一个专门工作组或来自生产控制与生产部门的代表构成的小组来担当）。对结果进行了分析，并且：

表 B-5　对生产管理各层级实施不同的绩效指标考核

层级	绩效指标	考核周期	信息来源
生产班长	• 停机时间 • 废品 • 净生产效率	每天	时薪工
领班	• 产量 • 净生产效率 • 获利	几天	服务部门
主管	• 获利 • 循环损失 • 部件绩效改进	不定(直到问题被纠正)	工厂

1. 对导致实际与目标结果之间差距的问题采取了纠正措施。

2. 将数据与纠正行动记录在一张表上，正如（表 B-2）部件情况记录一样。运行准备前的回顾会用到这些信息。

3. 任何新的计划决定因素（例如，"因更换模具导致的换模时间增加一倍，所以这项工作要运行 2 天而不是 1 天")。

4. 需要紧急运行。不同于现有的系统，这一行动意味着要采取一些步骤来看这个问题不会再次发生。

5. 将计划的与实际的压模次数输入到系统程序中，会导出对更为精确的需求数量，以及基于实际数量所能预测出的下次运行此部件所需要的更为切合实际的时间。

为了获利与高效生产的共同目标，这样的系统可以为生产控制、生产以及各个服务部门提供一个非常有效的协作平台。

建议 6

调整决定所谓间接人工预算的制定基础。（见附录 A 中项目结论 B8）

应修改决定间接人工预算的公式，这样管理层可以针对生产过程中所产生的关键差异进行审批决策。例如，批准工厂维修（PE）人员的依据公式应当考虑到最近（2 周）的停线时间情况。停线时间越多，则应分配更多的维修人员（当然在一定限度之内）。当然也会有一条底线，要始终保持维修人员的数量不能低于这个水平。运行数量与维修人员配备之间的关系一定不会是呈线性的。批准配备材料供给人员也会包括一些困难的因素。每个不同的部件都会有这样特定的人工配备原则。

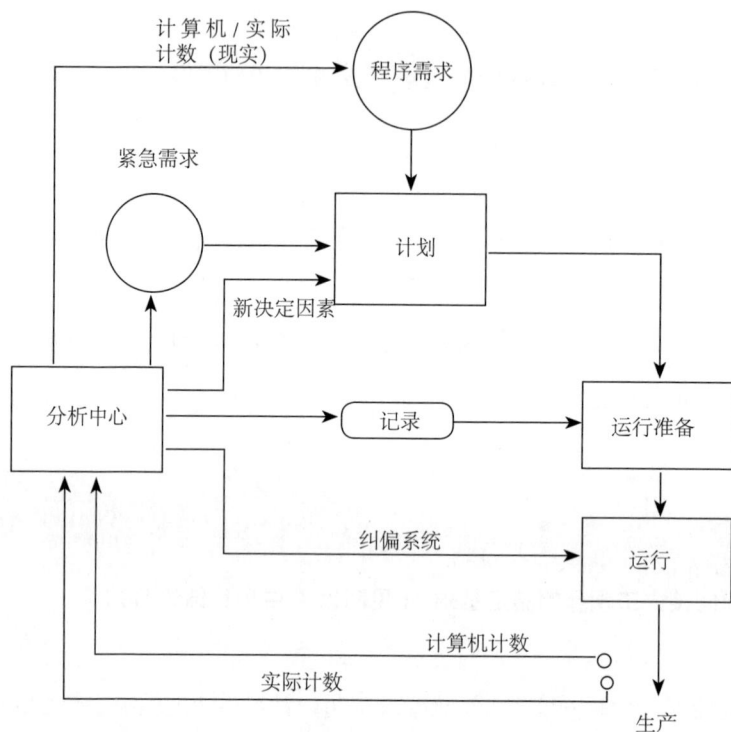

图B-5　建议的计划/控制系统图

　　另外，像生产维修这样的一些服务部门审批间接人工成本的时间应适当延长。也就是说，要求服务部门到月末的时候摆脱处于黑色状态的境地，而不是每天都要对处于黑色而承担责任。这会留给那个部门一些使用人力的空间，使严重缺少人力成为问题之前，就可以得以解决，不至于在未来某一不确定的时候突发紧急缺人的问题。

建议7

　　改变当前的生产线启动的程序。（见附录 A 中项目结论 B6）

只对生产班长们发火是无法解决这一问题的。我们建议工厂的管理层更认真地从系统的角度看一下导致问题的原因。可以通过实施总体的生产控制系统来进行问题的调查，以及避免未来的问题。（应用之前提到的部件生产记录与分析）

建议 8

在关停生产线方面，为班长及总班长提供决策参考指导书。（见附录 A 中项目结论 B7）

针对某些部件提供有关合适启动和关停生产线的决策参考，考虑废品及返工的成本以及没生产出来的后果。图 B-6 展示了如何将这些数据放在一张卡片上，便于生产一线的工长们携带和参考。

冲压线班长决策辅助模板					
部件	钢板成本	人工成本	返工成本	可接受的废品数（#）	可接受的返工数（#）

图 B-6　冲压线班长的决策参考卡——样板

建议 9

培训生产管理者，来掌握新的工作职责。（见附录 A 中项目结论 B9，以及建议 4）

根据建议 4，生产管理的三层人员都应理解他们的新职责，他们应如何履行那些职责，需要哪些资源和信息来支持他们履行职责，以及未来将以什么方式来评估他们的绩效。

建议 10

针对一些精选的主题，为生产班长和总班长提供培训。（见附录 A 中项目结论 B10）

针对岗位职责的培训应当等到对相关的管理岗位重新定义，以及创建一个能够带来运营的变化的系统，能够使那些概念转化为现实。执行培训的时候，应当简明，直达需要完成的具体任务，评估每项任务完成情况的方式，举些特别界定不清的任务的例子，并解释下一步对学员的期待，哪些是提倡的行为，哪些是不能接受的行为。这一变化得以成功的关键因素是接下来由工厂的最高管理层对生产一线管理层绩效的监督管理。

另外，也应当开发一些简单的、直观的指导书来协助生产班长和总班长们更有效地检查生产设备。就如何使用这些指导书，班长们应接受简要的培训。培训过后，应当对于班长们和总班长们对设备的实际诊断结果经常给予反馈。

但是要注意，在当前的条件下，培训他们如何向时薪工反馈，如何对时薪工表达重点强化和赞许也许意义不大。然而，随着系统的改变和压力的减小，针对以上方面的简要培训（几个小时）会是十分有助益的。此类培训的成功应用完全取决于总班长们及其上级主管能否学着去使用并在现实工作中去实践这些概念。

其他资源

下面推荐一些对你成为一名流程绩效顾问会非常有价值的专业组织、网站及书籍资源。

专业协会

我发现通过与下列专业协会保持联络并同其他有关从业人员进行交流，可以学习和了解到绩效改进方面很多新的发展趋势。每个协会都设有美国和国际分会，每年都会举办年度大会。每个协会也都会提供期刊来帮助你了解绩效咨询领域的最新动态变化。

•ASTD：创建于 1944 年，ASTD 是一领先的世界级实践团体，主要由职业领域的学习培训与绩效发展方面的专家组成。ASTD 最早被称为美国培训与发展协会。近些年来，该协会已将其行业聚焦进一步扩展，将学习和绩效同可测量的结果联系起来。登录 www.astd.org, 可了解更多相关信息。

•ISPI(国际绩效改进协会)：创建于 1962 年,ISPI 是一家领先的国际协会组织，专门致力于工作场所中的绩效与生产效率改进。绩效改进领域方面的卓越实践者将被邀请在年度大会中发表演讲。在相对小型的会议上，经常可以有机会在权威人士的演讲结束后与其互动交流。登录 www.ispi.org，可了解更多相关信息。

• OBM 网络（组织行为管理）：OBM 网络是行为分析协会的一个特别利益集团（ABA, www.abainternational.org）。 OBM 网络，由富有贡献精神的、经验丰富的实践人士创建于 1982 年，是以调研为主的一个专业组织。登录 www.obmnetwork.org，可了解更多相关信息。

网站

互联网可以提供大量丰富的有关绩效咨询的资讯，形式多样，包括文章、案例研究、工作坊以及新闻通讯。以下列出了一些网站（这本书出版时正在运营中），这些网站提供了有关绩效咨询主题的各类信息。这里列出的每个网站中，括号中所提供的是该公司的创办人。

• www.performancedesignlab.com（Geary Rummler, Cherie Wilkins, Rick Rummler, Kimberly Morrill, Mark Munkey）：该网站提供有关于本书中核心专题的论文、演示、工具，以及由 PDL（绩效设计实验室）提供的最新绩效咨询工作坊。

• www.seekvalueadded.net（Dale Brethower 与 Karolyn Smalley）：访问该网站的价值在于可以申请到网站发行的两份内部通讯。一份是免费订阅的 *The Moving Window* 月刊，提供在绩效改进领域里当月的最新动态。另一份是为绩效改进专业人员提供的双月刊，叫做 *The Driving Force*。

• www.businessprocesstrends.com（Paul Harmon and Celia Wolf）：这个网站对于紧跟流程改进、流程管理及最佳实践方面的最新资讯来说真是极好的选择。你也可以订阅该网站的月度通讯，它提供了流程应用与新趋势方面的相关信息。非常难得的是这个网站不是为了销售任何东西，因此相比其他网站来说，它所提供的信息是少有倾向性的。

• www.behavior.org（行为研究剑桥中心）：在这个网站上进入绩效系统分析

（PSA）版块，了解 PSA 方面的描述、文章与书籍分享。

• www.vectorscan.com（Bob Carleton, Eugene Drumm, Ian McGrath, Christopher Geczy, Lynne Goulding, Alan Stevens）：访问该网站，了解有关文化审慎调查、组织效率、变革管理、领导力、高级管理人员发展、360 度反馈、流程再造、反馈与绩效管理方面的信息。

• www.megaplanning.com（Roger Kaufman）：该网站提供有关绩效咨询、在线需求自测、绩效改进竞争优势、组织在线学习的意愿、评估、文化与绩效激励方面的文章。

• www.vanguardc.com（Don Tosti 与 Stephanie Jackson）：访问该网站可以了解内部品牌打造、战略与文化协同、领导力、流程协同、文化协同、客户导向与灵活性方面的资讯。

• www.performanceinternational.com（Danny Langdo 与 Kathleen Whiteside）：访问该网站可了解到由绩效国际所应用的工作模型语言（条件、投入、流程、产出、结果与反馈）。

• www.train.de（Klaus Wittkuhn）：该"培训"网站提供绩效咨询以及在德国、瑞士和南非的培训资源。

• www.binder-riha.com（Carl Binder 与 Cynthia Riha）：这个有用的网站资源提供与销售知识管理、绩效技术、结果衡量以及教育方面应用的文章与资源。

• www.parners-in-change.com（Dana 与 Jim Robinson）：此网站包含绩效咨询方面的论文，以及展示专业的绩效顾问该如何去做他们工作的关键方面的示范视频。

• www.franklincovey.com/jackphillips（Jack Phillips）：访问此网站来了解培训的投入产出率的测量、人力资源方案，以及绩效改进解决方案。

书籍

流程绩效顾问的图书室里，即便不能全部拥有，也应当有以下其中一部分
书籍：

• *The Basics of Process Mapping*: Damelio, R.（1996）. 这本书介绍了流程图制
作的工具，向你展示如何将流程图应用于你的组织。这是一本直接的、对那些刚
刚接触流程图制作的人来说，非常易于使用的工具书。

• *Human Competence: Engineering Worthy Performance*, Gilbert, T.F.（1996）.
Sliver Spring, MD: 国际绩效改进协会。Tom Gilbert 被普遍推崇为"人力绩效技术
之父"。这本书中的尤为有用的主题包括：专注产出而不是行为，行为工程模型
（类似于拉姆勒的人力绩效系统与其他个人绩效模型），以及一个工作模型形式。

• *Mega Planning: Practical Tools for Organizational Success*. Kaufman,R.（2000）
Thousand Oaks, CA: 这本书中介绍了重要的利益相关方对成功的定义，以及作为
每个人，一个组织的一部分，必须做到什么来取得成功。Kaufman介绍了质量管理、
需求分析、差异分析、标杆、重组以及持续改进的一些基础内容。Kaufman 的关
键方式是关注于任何改进或改变的影响对于社会作为一个整体而言的影响。

• *Performance Consulting:Moving Beyond Training*. Robinson, D.G., Robinson,
J.C.（1996）San Francisco:Berrett-Koehler. 这本书提供给读者，由传统的培训师的
角色转型到绩效顾问这个过程所用到的概念性框架与相关指导。这本书包括数十
个有用的工具、说明性练习，以及在一个组织的框架下如何应用书中所介绍工具
的具体案例。

• *Moving from Training to Performance: A Practical Guidebook*. Robinson, D.G.,
及 Robinson J.C.（1998）San Francisco: Berrett-Koehler. 这本书的有些章节是由不
同作者创作的，旨在服务于不断出现的培训及人力资源部门，帮助他们寻找由提

供培训解决方案转型为提供整体绩效解决方案的路径。其中有一章节题为"The Tree Levels of Alignment",出自 Geary Rummler。

• *Improving Performance:How to manage the White Space on the Organization Chart*, 第二版。Rummler, G.A. 与 Brache, A.P.(1995)San Francisco: Jossey-Bass. 已在全球畅销 150000 册。该书被人们公认为是一本引发流程改进革命的书。它首次在组织战略与个体之间架起了桥梁。现在,这本书经过修订已经扩展到了新的版本。拉姆勒与布拉奇两人洞察到并响应了组织面对当前变革管理巨大挑战的关键需求。辅以大量的图表、工作清单、实用工具以及案例研究,两位作者展示了他们是如何将他们的绩效改进方法论成功地应用于 250 多个与像惠普、3M、壳牌石油和花旗银行这样的客户之间合作的成功咨询项目中的。

• *The Ten-Day MBA: A Step-By-Step Guide to Mastering the Skills Taught in America's Top Business Schools*, revised edition. Silbiger, S.(1993). New York: Quill William Morrow. 亚马逊网对此书有着完美的书评:"本书自发行以来一直再版,这是一本能够使你精通美国顶尖商学院所教授所有技能的实操手册,轻松获得并且循序渐进。这本书以就读商学院所需成本的 1%,为您提供在美国排名前十位商学院的所有主要科目。工商管理硕士的申请者和学生将此书用于入学面试及考前准备;无须花同样的高昂学费或大量的时间,商业人士、律师和医生通过读这本书同样可以获取工商管理知识方面的优势。"

• *Handbook of Human Performance Technology, second edition*. Stolovitch, H.D., 与 Keeps, E.J. editors.(1999).San Francisco: International Society for Performance Improvement and Jossey-Bass. 这本指南中的一些章节里包括一组对绩效顾问非常有用的主题,包括人力绩效技术(HPT)的基础、HPT 的流程、HPT 的干预、HPT 的专业实践以及 HPT 的未来趋势。

• *Figuring Things Out:A Trainer's Guide to Task, Needs,and Organizational Analysis*. Zemeke, R. 与 Kramlinger, T.(1982).Boulder, Co:Perseus Publishing. 作者

们勾画出了一个评估工作绩效的系统，评估培训需求，改善员工积极性及对工作组织进行分析。这对于那些想要超越培训而转型到更广泛的绩效咨询的人来说，实属非常有用的一本指南。

《流程绩效实战》书评

在精益、全面质量管理、知识管理、一分钟治疗这些理念出现之前,拉姆勒就早已在传播和实践绩效技术。他的敢为人先,清晰的思考以及对协作的开放态度,对于这个领域的发展与成熟至关重要。有了这本书,我们看到了这门技术是如何得以正确应用和发挥价值的。

Ron Zemke, 注册绩效师,培训杂志高级编辑,
Service Magic:The Art of Amazing Your Customers 合著者

《流程绩效实战》这本书的想法简单而精彩:用一个成功的咨询项目,让读者跟随绩效顾问贯穿项目全程。拉姆勒,一位拥有 30 多年咨询经验的资深绩效顾问,将自己的亲身体会和能够对读者带来的益处,语重心长地告诉给读者。新手将藉由本书增进对支撑绩效咨询的基本概念的理解,而专家们亦可更加深入地加深对绩效咨询的理解。所有这些都通过纯粹的拉姆勒方式,即"帮助人们习得而非教会"来达成。

Klaus Wittkuhn, 注册绩效师,管理咨询师,德国与南非

正当绩效顾问看上去在纠结应当如何称呼他们自己的时候，拉姆勒博士的这本书真正地聚焦在了真正问题的本质：他们应当做些什么以及为什么。没有烟，没有镜子，没有自相矛盾的话。它更像是提供给咨询顾问团队管理者的一本工具书，同时也为任何想要精通绩效咨询之道的绩效顾问提供了一个全面的职业发展计划。

John Cone, 戴尔电脑前任首席学习官，组织学习顾问

拉姆勒又一次针对如何改进个人与组织绩效提供了实用和全面的指南，这本书是必备的。

Roger Kaufman, 注册绩效师，名誉教授，
佛罗里达州大学，罗杰·考夫曼 & 合伙人

如果你正在寻找可以快速解决你的绩效问题的捷径，那这本书并不是你所需要的。这本书是有关于真正的流程绩效咨询。拉姆勒博士对绩效咨询项目中涉及的真实工作以及要实现长久可持续的绩效结果到底需要具备哪些条件有着深入的阐释，同时也帮助你来判断作为一名真正的流程绩效顾问，你当前所具备的是否还有所欠缺。

Debbie Titus, 注册绩效师，
人力资源业务合伙人，威廉姆斯集团

如果你追求更佳的业绩，如果你想要比以往更竭尽全力做到最好，那么买下这本书，学习并把你所学的应用于实践。拉姆勒清晰地划清了"浅层"绩效咨询与真正的流程绩效咨询之间的界限，他用平实的语言阐述了所谓"做正确的事情"

意义何在，并为指明道路给出清晰的例子。读者们不赞同没有关系，但是他们一定会深刻懂得拉姆勒在这个领域里长达 30 多年的经历中所学到的精髓。

Dale M. Brethower, 名誉教授，西密歇根大学，

高级咨询师，基于绩效系统，LLC

基于几十年来丰富的绩效咨询经历，拉姆勒应用了一个实际的绩效改进项目，以详尽的案例研究方式，与读者们分享了丰富切实的、从实践中总结出来的经验和教训。他全面地描述了一个系统的流程，以及不可避免导致现实结果的一套可行的、严谨的方法论。他还挑战了传统上被普遍接受的观点——文化与领导力的影响是导致绩效问题的原因与解决问题的突破口。无论对于新入行的绩效顾问还是在这个行业里已经很资深的人士，这都是一本非常值得珍藏的书。

Pat McMahon, 注册绩效师，6 西格玛黑带，太阳微系统公司

《流程绩效实战》清晰地阐明了一个模型，为内部及外部的组织绩效专业人员设定了标准。通过将组织超系统与个人绩效系统之间的整合，为成功改善组织绩效提供了路书。书中所采用的案例阐述方式为读者提供了能够更快内化这些概念和工具的方法。

A. William Wiggenhorn, 摩托罗拉大学，摩托罗拉前任总裁

参考文献

Adams, S.（1999）. *Don't Step in the Leadership.*Kansas City, MO: Andrews McMeel Universal.

Addison, R.（2003）. *Performance Technology Landscape.*《绩效技术概览》 *Performance Improvement*, 绩效改进 42（2）:13–15.www.ispi.org/publiations/pitocs/ piFeb2003/Addison_Four.pdf.

Burke, W.W., 与 G.Litwin.（1989）.*A Casual Model of Organizational Performance.*《组织绩效的因果模型》In:J.W. Pfeiffer（编辑）。 1989 年度： *Developing Human Resources* 开发人力资源. 圣地亚哥：University Associates.

Gilbert,T.（1996）.*Human Competence: Engineering Worthy Performance,* 人的 能力：打造有价值的绩效 tribute edition. Silver Spring,MD: 国际绩效改进协会。

Lineberry, C., 与 J。R.Carleton（1999）*Analyzing Corporate Culture.*《分析集 团文化》。 In: H. Stolovitch 与 E. Keeps（编辑）。*Handbook of Human Performance Technology,*《人力绩效技术手册》第二版。旧金山：西贝斯图书出版社

Performance Design Lab（2004）. 绩效设计实验室 "Methodology" 方法论。www.performancedesignlab.com. 2004 年 2 月 29 日

拉姆勒, G.A., 与 A.P. 布拉奇 .（1995）*Improving Performance: How to manage the White Space on the Organization Chart.*《绩效突破：如何消除组织构架中的空白地带》旧金山：西贝斯图书出版社

拉姆勒，G.A., 与 D. Brethower.（无年份）。未出版的思考。

Schein, E.H.（1992）. *Organizational Culture and Leadership.*《组织文化与领导力》旧金山：西贝斯图书出版社

Silbiger, S.A.（1999）. *The Ten-Day MBA: A Step-By-Step Guide To Mastering the Skills Taught in America's Top Business Schools*, 修订版。 纽约：Quill William Morrow

Tosti, D.T. 与 S.F. Jackson.（1989）. *Organizational Alignment.*《组织协同》Larkspur, 加州 :Vanguard 咨询集团

图书在版编目（CIP）数据

流程绩效实战：《流程圣经》续篇 /（美）拉姆勒 著；杜颖, 王翔 译. —北京：东方出版社，2016.2

书名原文：Serious Performance Consulting:According to Rummler

ISBN 978-7-5060-8966-1

Ⅰ.①流… Ⅱ.①拉… ②杜… ③王… Ⅲ.①企业管理 Ⅳ.①F270

中国版本图书馆CIP数据核字（2016）第049925号

本书中文简体字版权由John Wiley & Sons 公司代理

中文简体字版版权属东方出版社

著作权合同登记号 图字：01-2015-7504号

流程绩效实战：《流程圣经》续篇

（LIUCHENG JIXIAO SHIZHAN: LIUCHENG SHENGJING XUPIAN）

作　　者：［美］吉尔里·A.拉姆勒

译　　者：杜　颖　王　翔

责任编辑：申　浩

出　　版：东方出版社

发　　行：人民东方出版传媒有限公司

地　　址：北京市东城区朝阳门内大街166号

邮　　编：100010

印　　刷：万卷书坊印刷（天津）有限公司

版　　次：2016年8月第1版

印　　次：2023年3月第5次印刷

开　　本：710毫米×1000毫米　1/16

印　　张：17.75

字　　数：230千字

书　　号：ISBN 978-7-5060-8966-1

定　　价：46.00元

发行电话：（010）85924663　85924644　85924641